교회 건설 매뉴얼

교회 건설 매뉴얼

초판 인쇄	2020년 9월 3일
초판 발행	2020년 9월 8일
발행인	박신웅
지은이	개혁교회건설연구소
발행처	도서출판 생명의 양식
등록번호	서울 제22-1443호(1998년 11월 3일)
주소	06593 서울시 서초구 고무래로 10-5(반포동)
전화	02-533-2182
팩스	02-533-2185
홈페이지	www.edpck.org
디자인	CROSS-765
ISBN	979-11-6166-099-8 (03230)

책값은 뒤표지에 있습니다.

이 책은 저작권법에 의해 보호를 받는 출판물입니다.
기록된 형태의 출판사의 허락이 없이는 무단 전재와 복제를 금합니다.

교회건설 매뉴얼

개혁교회 건설연구소

생명의 양식
THE BREAD OF LIFE

교회건설매뉴얼

목차

추천사 7

발간사 11

1부 우리가 세우려는 교회

　1장 우리가 세우려는 교회 17

　2장 집 세우기로서 교회 세우기 27

　3장 한눈에 보는 교회 건설 원리 35

　Tip 교회의 4가지 속성 41

　4장 교회 건설 사례: 온생명교회 45

2부 예배, 이렇게 하면 된다

　1장 주일에 집중하기 55

　2장 공예배 기획 65

　3장 성례 시행 방안 75

　4장 평생 설교 계획 85

　5장 예배 교육 방법 95

3부 교회 교육, 이렇게 하면 된다

1장 교인이 되는 절차 105

2장 출산에서 입교까지 115

3장 새가족반 운영 125

Tip 다음세대 신앙교육, 이것만은 꼭! 133

4장 교회 교육 사례: 고덕장로교회 137

4부 직분자 세우기, 이렇게 하면 된다

1장 직원을 세우는 절차 147

Tip 직분자 세움 오답 노트 155

2장 직무에 대한 이해 159

3장 당회 제직회 운영 169

4장 직분자 교육 사례: 광명교회 179

5부 신앙 생활 지도, 이렇게 하면 된다

1장 교회 봉사 지도 189

2장 결혼식 지도 197

3장 가정예배 지도 205

4장 직장 생활 지도 215

5장 장례식 지도 223

6부 전도와 선교, 이렇게 하면 된다

1장 교회 건설을 위한 전도 원리 233

2장 교회 건설을 위한 선교 원리 243

3장 지역 사회에 교회 알리기 251

4장 교회 알리기 사례: 시광교회 259

5장 교회 전도 사례: 관악교회 269

7부 교회 개척 프로세스

1장 장로교회 교회 개척 원리 281

2장 교회 설립까지 행정 및 법적인 절차 289

3장 교회 개척에 있어서 재정의 중요성 303

Tip 교회 개척 오답 노트 311

4장 교회 개척 사례: 올곧은교회 315

부록

코로나 시대의 교회 건설 전략 326

코로나 위기, 교회의 체질을 개선할 수 있는 좋은 기회이다 330

추천사

출산할 준비도 안 된 채 아기를 낳은 산모처럼 교회를 개척했습니다. 교회의 머리되신 주님께서 '내가 내 교회를 세우시겠다'고 하신 말씀을 믿고 출발했지만 무엇을 어떻게 해야 할지 몰랐습니다. 그저 설교하고, 전도하고, 심방하고, 교육하는 것이 전부였습니다. 36년 전 이 책이 곁에 있었다면 역사는 달라졌을 것입니다.

이번에 개혁교회건설연구소에 참으로 좋은 책을 출간했습니다. 가뭄에 단비 같은 책입니다. 우리가 세워야할 개혁된 교회(장로교회)를 어떻게 세워야 하는지 보여주는 설계도와 같습니다. 무엇보다 예배와 관련해서 주일과 공예배, 설교, 성례를 어떻게 준비하고 실행해야 하는지, 교회 교육은 누구에게 어떻게 해야 하는지, 바른 직분자 세우기, 당회와 제직회 운영, 신앙생활을 지도해야할 영역들(교회 봉사, 결혼식, 가정예배, 직장 생활, 장례식), 교회 건설에 없어서는 안 될 전도와 선교를 어떻게 해야 할지 알려 줍니다. 또 교회로서 가장 중요한 재생산 곧 교회 개척 지침도 제공합니다.

몇 년 전 개혁주의(성경주의) 신학이 담긴 "개혁교회 청사진"을 만들어 달라는 청원이 있었습니다. 이제 이 책이 그 해답이 될 것입니다. 우리의 사명인 개혁된 교회(장로교회)를 바르게 세우기 위해 교회를 개척하는 이들과 이미 교회를 섬기며 더 나은 교회를 꿈꾸는 모든 이들에게 마음을 다해 추천합니다.

박영호 목사(창원새순교회, 고신 부총회장)

교회는 거저 세워지지 않습니다. 교회는 삼위 하나님의 사랑과 은혜로, 직분자들과 성도들의 헌신과 수고로 세워집니다. 그런데 막상 우리 자신이 교회를 어떻게 세워야 할지 잘 알지 못하고 좌충우돌하는 경우가 많습니다. 이 매뉴얼은 교회를 어떻게 세워야 하는지에 대한 큰 그림을 선명하게 그려주고 있습니다. 이 매뉴얼을 따라가다 보면 교회가 반듯하게 세워질 뿐만 아니라 성도들이 온전해져서 이 세상에서 하나님 나라 일꾼으로 살아갈 수 있을 것이라 확신합니다. 조국교회가 아름답게 세워지는 것을 기대하며, 이 매뉴얼을 적극적으로 추천합니다.

이찬수 목사(분당우리교회)

이 책은 개혁교회를 이 땅에 세우기를 간절히 원하는 저자들의 신학과 교회 설계와 구체적이고 실제적인 지침을 담고 있습니다. 한국교회의 일그러진 모습을 비추어 보는 거울이 되고, 현재 서 있는 지점을 확인해 보는 지도가 되며, 미래로 향해 길을 찾는 분들에게 내비게이터가 되어 주길 바랍니다.

강영안 교수(미국 칼빈신학교)

교회는 그리스도의 몸이며 지상에서의 천국모형으로 말씀의 반석 위에 아름답게 지어져야 하는 집입니다. 성경말씀대로 믿음과 열심으로 집을 건설해야 하지만 교회를 바르게 건설하고 섬기는 성경적 원리와 방법에 대해 잘 알지를 못하고, 무엇을 어떻게 해야 하는지를 교회 구성원들과 함께 공유하지 못하는 데 대한 아쉬움이 늘 있었습니다. 교회 중직자로서 작은 책임감으로 헌법도 읽고 교회 정관도 만들고 봉사 분야별 규정이나 세부적인 지침과 절차도 세워 시행하고 있으나 방법론에 치우쳐 성경적 원리에 맞게 시행하고 있는지에 대해서는 늘 아쉽고 부족한 마음이 있었습니다.

이러한 때에 이 『교회 건설 매뉴얼』은 교회 건설의 성경적 원리와 구체적인 방법론뿐 아니라 모범 사례들도 소개하고 있어서 큰 도움이 될 것이라 확신합니다. 특히 교회를 개혁주의 신앙 원리에 따라 새로 건설하는 데 쓰임받기를 원하는 분들에게 아주 중요한 지침서가 될 것입니다. 뿐만 아니라 현재 섬기는 교회가 부분적으로 잘못 지어져 주께서 원하시는 모습으로 개축하고자 하는 분들도 많은 유익을 얻을 것입니다. 이 책이 교회 개척을 준비하시거나 기존 교회의 사역자나 중직자들의 교육 교재로 크게 활용되길 기대합니다.

전우수 장로(분당매일교회, 전국장로회연합회 회장)

하나님의 거룩한 백성이 된다는 것은 계시된 말씀, 성경을 통해 교회의 근본 원리를 바로 알고 실천하는 것입니다. 교회가 성경적인 공동체가 되기 위해 반드시 기억해야 할 기준인 성경과 역사적 표준문서에 기초해서 합리적이고 현실적인 매뉴얼이 만들어졌습니다. 매뉴얼이 주는 여러 유익이 있습니다. 보편교회 안에 개체교회 서로 서로가 책임을 지고 함께 세워져가는 데 교회의 역할과 방향을 제시합니다. 현실 교회에서 놓치거나 사각지대에 놓인 채로 방치됐던 문제들도 다시 정리해 주고, '교회 개척' 진행과 방법, '장로교회 원리,' 올바른 '교회론'과 '직분,' '예배모범' 같은 구체적인 주제를 조망해 줍니다. 실제 정도를 걸으려고 분투하는 다양한 교회의 사례를 담아 '할 수 있다' 아니 '해야 한다'는 도전을 줍니다. 교회가 하나님을 경외하고 말씀이 선포되고 이웃에게 봉사하고 세상을 섬기는 데 있어 이 책이 귀하게 사용되면 좋겠습니다.

서자선 집사(광현교회)

발간사

　교회 건설은 교회 건물을 잘 짓자는 것이 아니라 주님의 몸 된 교회를 이 땅 가운데 우뚝 세우자는 것입니다. 교회 건설은 성도와 직분자들에게 주신 은사일 뿐만 아니라 과제입니다(엡 4:11-12; 신앙고백서 25장). 그리스도께서 이 땅에 계실 때 끊임없이 하나님 나라를 가르치셨지만 부활 승천하신 후에 성령님을 보내셔서 세우신 것이 교회라는 것은 시사하는 바가 큽니다. 하늘 보좌 우편에 앉으신 그리스도께서는 성령의 능력을 힘입은 이 땅의 교회를 통해 온 세상을 하나님 나라로 만들기 원하십니다. 바로 이것이 교회 건설의 중요성입니다.

　역사를 확인해 보면 이 땅의 교회는 수많은 굴곡을 겪어 왔습니다. 성령께서 강림하심으로 말미암아 세워진 초대교회는 핍박 중에도 예배하면서 성장했습니다. 고대교회는 이단사설의 성행 가운데서 분명한 고백을 하면서 신앙을 변증했습니다. 중세교회는 로마 제국의 비호를 받으면서 제국의 종교가 되었지만, 직분과 신학의 타락으로 말미암아 미신이 횡행했고, 구원에 대한 지식에서 멀어지는 어두운 시기를 보냈습니다. 하나님께서는 말씀에 붙잡힌 개혁자들을 사용하셔서 주의 교회를 새롭게 세우셨고, 우리가 지금까지 그 교회에 속해서 은혜를 누리고 있습니다.

　하나님께서 개혁자들을 사용하셔서 교회를 새롭게 건설하신 지 500년이 지났습니다. 이제는 개신교회를 다시금 새롭게 세워야 할 때가 되었다는 목소리가 커지고 있습니다. 현대개신교회는 세속 원리에 쉽게 매몰되고, 대부분의 교회는 생존을 위해 힘겹게 투쟁하고 있습니다. '꿩 잡는 게 매'라고 '교회는 자립하고 성장만 하면 된다.'고 말해서는 안 됩니다. 세상이 교회를 조롱하는 시대가 되었으니 우리는 그동안 어떤 교회를 세웠는지, 앞으로 어떤 교회를 세워야 하는지 근원에서부터 다시 살펴야 하겠습니다. 모든 거품을 걷어내고 우리가 어떻게 교회를 세워야 할지를 차분하게 정리해야 할 때가 되었습니다.

본서는 제68회 고신총회(2018년)의 요청에 의해 개혁교회건설연구소가 만든 매뉴얼입니다. 사실, 『헌법』(교리표준-웨스트민스터표준문서들, 관리표준-예배지침, 교회정치, 권징조례)과 『헌법해설』 자체가 교회 건설 매뉴얼입니다. 그것들만 손에 들고 있으면 교회 건설을 잘 할 수 있습니다. 그럼에도 불구하고 교회를 개척하는 이에게 분명한 청사진을 보여주고, 교회를 세우고자 하는 이에게 성경과 헌법을 적용한 구체적인 사례를 보여줄 필요가 요청되었습니다. 교회 건설에 대한 큰 그림을 그려줄 뿐만 아니라 구체적인 실행방안까지 소개하는 매뉴얼이 필요하다는 말입니다. 처음에는 교회 개척만을 염두에 두고 집필을 시작하다가 점차 개척만이 아니라 기존 교회를 든든히 세우는 것까지 포함한 『교회 건설 매뉴얼』이 되었습니다.

본서가 매뉴얼이라는 제목에 걸맞지 않게 교회 건설 이론을 서술한 것에 불과하다고 말할지 모르겠습니다. 본서는 교회 건설 방법론을 서술한 책이 아니라 교회 건설 원리와, 그 원리를 가지고 교회를 세워간 사례들을 소개하고 있습니다. 우리는 끊임없이 공교회 건설 원리를 확인해야 하겠고, 그것에 근거하여 토착화된 교회를 세워 세계 교회를 풍요롭게 할 수 있어야 하겠습니다. 향후 이 매뉴얼의 각 장을 좀 더 구체화시킨 매뉴얼들이 하나씩 발간되어 교회 건설에 좀 더 적실한 도움이 되기를 원합니다. 교회를 개척하고 건설하면서 겪은 소중한 경험들을 나누어준 집필자들, 편집을 위해 수고해주신 최만

수 목사, 생명의양식 윤웅열 강도사께 감사를 드립니다. 하나님께서 이 작은 매뉴얼을 사용하셔서 교회 건설에 큰 도움이 되기를 바라마지 않습니다.

2020년 8월
개혁교회건설연구소장
안재경 목사

1부
우리가 세우려는 교회

1장 우리가 세우려는 교회

2장 집 세우기로서 교회 세우기

3장 한눈에 보는 교회 건설 원리

Tip 교회의 4가지 속성

4장 교회 건설 사례: 온생명교회

"우리보다 앞서
주님의 교회를 건설하고자 한
교회가 있다는 것은 참 유익하다."

1장
우리가 세우려는 교회

들어가면서

'나는 어떤 교회를 세우려 하는가?' 교회를 개척하거나 청빙 받았을 때 누구나 물어보는 질문일 것이다. 왜냐하면 가장 기초적이고 당연한 질문이기 때문이다. 어떤 교회를 꿈꾸는가? 어떤 교회를 바라는가? 어떤 교회를 세우려는가? 이 질문이 왜 중요한가 하면, 이것이 앞으로 건설할 교회 조직, 교회 질서, 교회의 방향, 교회가 추구할 목표, 설교 방향, 성경 공부, 신앙훈련 등을 좌우하기 때문이다. 매뉴얼 첫 장인 만큼, 여기서는 우리가 세우려는 교회에 대해 가장 본질적이고 가장 중요한 문제를 언급하려 한다.

1. '개혁신앙' 노선에 있는 교회

우리가 세우려는 교회는 어떤 교회일까? 지난 역사 동안 전혀 발견할 수 없었던 '특별하고' '새로운' 교회일까? 그렇지 않다. '특별한' 교회, '새로운' 교회란 가당치도 않은 말이다. 왜냐하면 우리가 세우려는 교회는 성경에 그 원리와 실례가 이미 나와 있고, 또 시대 시대마다 교회의 왕이신 주 예수 그리스도께서 자기 백성을 불러 자기 교회를 세우시고 보전해 오셨기 때문이다. 특별히 '우리가 세우려는 교회'를 생각하며, 우리가 주목하는 교회는 종교 개혁 당시 생겨난 '개혁된'(reformed) 교회이다. 개혁된 교회에 주목하는 이유는, 이 교회가 성경이 말하는 교회, 나아가 우리가 세우려는 교회의 토대와 원리, 방법과 형태를 가장 잘 구현했다고 보기 때문이다. 교회 건설을 위해 '개혁된' 교회를 주목할 필요가 있다.

간단히 배경을 설명할 필요가 있겠다. '개혁'(혹은 '개혁주의')이라는 용어의 기원은 500년 전 종교 개혁으로 거슬러 올라간다. 당시 부패한 로마 가톨릭교회를 개혁하려는 무리가 일어났다. 이들을 가리켜 '프로테스탄트'(Protestant, 항의파)라고 했다. 이 진영 안에도 여러 그룹이 있었다. 특별히 마르틴 루터를 따르는 교회들과 구별되는 무리가 있었는데 이들을 '개혁된'(reformed) 교회라 불렀다. 따라서 루터교회가 아닌 오늘날 개신교회 교파와 교단은 모두 이 개혁된 교회에서 시작된 것이다. 그럼에도 불구하고 지금 각기 다른 모습이 된 것은 시간이 지나면서 이 개혁된 교회에서 점점 벗어났기 때문이다.

당연한 소리지만 원리에 따라 교회를 세워야 하고, 원리가 구현된 실제 사례가 있다면 그것을 참고해야 한다. 그렇다면 우리가 바라보아야 할 원리와 실례는 어디인가? 바로 성경과 종교 개혁 당대의 '개혁된' 교회이다. 특별히 주목할 사람은 대표적인 종교 개혁자 장 칼뱅이다. '개혁주의 = 칼뱅주의'라는 등식이 있을 정도로 칼뱅의 영향력은 대단했다. 칼뱅과 그를 따랐던 교회들은 성경의 가르침을 반영한 신앙고백과 교회의 모습을 문서로 남겼다. 그 문서들은 다음과 같다. 프랑스 신앙고백서(1559), 네덜란드 신앙고백서(벨직 신앙고백, 1561), 팔츠교회정치 및 하이델베르크 교리문답(1563), 스코틀랜드 제1/2 권징서(1560, 1578), 도르트 신조 및 교회 질서(1618), 영국의 웨스트민스터 표준 문서들(신앙고백서, 대소교리문답, 예배지침, 교회정치)이다. 특히 웨스트민스터 표준 문서들이 특별한데, 이 문서들이 미국장로교회를 거쳐 한국 교회로 들어왔기 때문이다.

2. '바른 교훈'을 따르는 교회

개혁된 교회는 '바른 교훈'을 추구했다. 다른 교훈(딤전 1:3)이 아니라 바른 교훈(딛 1:9)이다. 바른 교훈은 성경의 전체 교훈 그 자체인데, 특별히 종교 개혁자들은 이것을 몇 가지로 정리했다.

첫째, 하나님의 주권 신앙이다(롬 11:36). 이 세상에서 한 치도 주님의 소유가 아닌 것이 없다. 만물이 주에게서 나오고 주로 말미암고 주에게로 돌아간다는 신앙, 우리가 살아가는 모든 일에서 오직 주님께 영광을 돌리는 신앙이다. 이 신앙을 가진 교인의 모습이 어떻겠는가? 행복이든 불행이든, 건강하든 질병을 앓든, 비가 오거나 가물거나, 풍년이거나 흉년이거나, 그래서 풍족해지거나 어려워지거나 어떤 상황이든 전능하신 창조주 하나님 아버지 주권 아래 있다는 것을 믿었다. 비록 당하는 모든 일을 이해하지 못하더라도, 인내하며 감사했다. 장래 모든 일에도 하나님의 사랑을 확신하며 평화를 누렸다. 그리하여 먹든지 마시든지 살아가는 모든 일에서 하나님께 영광을 돌렸다.

둘째, 오직 성경이다. 하나님의 말씀인 성경만이 믿음과 생활의 절대적이며 유일한 법칙으로 고백하는 신앙이다. 교회의 생명과 신앙생활의 능력은 바로 이것과 비례한다.

셋째, 하나님의 기쁘신 뜻이다. 사람의 경험이나 우리의 믿음 이전에 하나님의 기쁘신 뜻을 강조하는 신앙이다. 그래서 교인의 삶 속에서 일어나는 하나님의 섭리와 하나님의 계획, 하나님의 인도, 하나님의 손을 더욱 강조한다.

넷째, 성령의 사역이다. 성령의 인도하심, 성령의 역사, 교회 안팎을 구분하지 않고 온 우주에서 일하시는 성령님을 고백한다. 만물에 생명을 주며 교인에게 지혜와 능력을 주신다. 믿음을 일으키며 주님의 말씀에 순종케 하신다. 죄를 깨닫고 회개하게 하신다. 직분자와 교회, 교인 간의 교제를 세우시며 예수 그리스도 안에 있는 구원의 은혜를 적용시키신다. 이 모든 일이 성령님의 사역이다.

다섯째, 오직 믿음이다. 자기 의를 의지하는 것이 아니라, 오직 예수 그리스도 안에 있는 하나님의 의를 강조한다. 자랑하지 않고 겸손하게 하나님의 은혜만 고백한다.

여섯째, 교회중심의 생활이다. 특별히 교회중심의 생활이란 치리회의 지도와 관할에 복종하는 것이다. 치리회는 주님께서 교회를 세우기 위해 주신 직분자들로 구성된 회(會)이다. 바른 교훈에 따라 직분을 세우고 귀히 여겼다.

일곱째, 거룩한 삶이다. 개인의 사적인 거룩한 삶뿐만 아니라 교회와 사회 전체의 성화(聖化)를 강조한다.

여덟째, 신앙고백을 강조한다. 여기서 말하는 신앙고백은 성경을 잘 요약한 신앙고백서와 교리문답이다. 신앙고백이 소중한 이유는 성경의 교훈을 담고 있기 때문이다. 설교와 교육을 통해 신앙고백을 마음으로 믿을 뿐 아니라 입으로 고백하게 한다.

아홉째, 은혜의 방편이다. 은혜의 방편은 곧 말씀(설교)과 성례(세례와 성찬), 기도이다. 은혜의 방편을 부지런히 사용할 것을 강조한다.

3. 질서 있는 교회 조직과 운영

그렇다면 개혁된 교회에는 바른 교훈이 어떻게 분명하게 가시적으로 드러났는가? 우리가 모델로 주목할 만큼인가? 개혁된 교회의 질서 있는 교회 조직과 그 운영을 살펴보자. 앞서 언급한 칼뱅의 예를 살펴보겠다. 그는 근본 토대와 원리를 실행하기 위해 질서 있는 교회 조직을 세워 운영하고자 했다.

그가 세우고자 하는 교회의 구체적인 청사진을 알기 위해서는, 교회 조직에 대해 그가 작성한 문서들을 살펴보아야 한다. 먼저 <제네바교회 조직 및 예배지침들>이다. 이것은 그가 제네바에 온 지 6개월이 채 지나지 않은 1537년 1월에 제네바 시 의회에서 통과된 것이다. 흔히 '교회설립시안'이라 불린다. 하지만 칼뱅은 교회 개혁의 높은 벽을 실감했다. 결국 그는 개혁을 완수하지 못하고 제네바를 떠나게 되었다. 이 문서에서 칼뱅은 무엇을 말하고자 했는가? 총 네 가지이다: (1) 권징 시행, (2) 시편 찬송 도입, (3) 어린이 교리문답 교육, (4) 혼인 규정. 하나씩 구체적으로 살펴보자.

첫째, 권징 시행이다. 권징과 출교는 마태복음 18장에서 예수님께서 자기 교회에 주신 명령에 토대를 둔다. 특별히 성찬을 순수하게 지키기 위해 권징을 시행하고자 했다. 성찬에서 온 회중이 큰 위로와 열매를 얻고, 서로 한 마음과 한 영으로 연합하는 거룩하고 탁월한 신비가 나타나기 때문에, 이 성찬을 거룩하게 지켜야 했다. 이를 위해 교인 중에 몇 명을 선출하여 교인들의 생활을 감독하게 해야 한다.

둘째, 시편 찬송 도입이다. 이것은 초기 교회의 모범을 따르는 것이다. 시편으로 찬송하고 기도할 때 신앙이 더욱 자라고 성숙한다. 시편은 우리 마음을 하나님께로 끌어 올리고 열렬히 하나님을 노래할 뿐 아니라 찬양으로 그 이름의 영광을 높이도록 돕기 때문이다.

셋째, 어린이 교리문답 교육이다. 이 역시 초기 교회의 모범을 따르는 것이다. 어린이들은 일찍부터 교리문답을 배워 자신의 신앙을 공적으로 고백하게 될 것이다. 공적 고백이 중요한 이유는, 마음으로 믿어 의에 이르고 믿은 것을 입으로 시인(=고백)함으로 구원에 이르기 때문이다. 이 교육의 책임은 특별히 부모에게 있다.

넷째, 혼인 규정이다. 결혼과 이혼에서 질서를 세워야 하는데 그 일은 교회의 일이다. 당시 부당한 결혼과 이혼이 가득했기 때문이다.

제네바에서 추방된 칼뱅은 개혁이 진행되고 있던 스트라스부르로 갔다. 그곳에서 많은 것을 배우고 경험했다. 후에 다시 제네바교회의 청빙을 받아 돌아왔는데, 돌아오자마자 칼뱅은 시 의회에 <제네바교회정치>를 제출했고 통과되었다. 이 문서에서는 이전보다 성숙한 교회의 모습을 볼 수 있다. 그 내용을 다섯 가지로 정리할 수 있다.

첫째, 네 직분이다. 칼뱅은 교회를 세우기 위해 주님께서 주신 직분을 네 가지로 제시한다. 목사, 교사(신학교 강사), 장로, 집사이다. 로마 가톨릭교회식의 성직자와 평신도의 구분을 철폐하고 장로, 집사를 교인 중에서 선출하여 교회 사역에 참여시켰다. 특별히 말씀을 선포하고 성례를 집례하며 장로들과 함께 권징을 시행하는 목사의 직무는 중요하다. 사람 자체가 우월한 것이 아니라 직무가 중요하다. 여하튼 목사 직무의 중요도에 따라 목사로 세우려는 자는 교리와 생활을 검증하고 목사회의 검증을 통과해야 했고, 이후 임직식을 통해 취임하게 했다. 교사는 신학교에서 신학을 강의하는 일을 맡았다. 장로는 교인을 돌아보고 감독하여 책망하고 교훈하게 했다. 권징을 맡은 것이다. 집사는 가난한 자와 병자를 돕게 하였다.

둘째, 네 직분에 근거한 교회 조직이다. 각각 목사회, 신학교, 치리회, 종합구빈원이다. 목사회는 성경과 교리를 배우고, 교회 일을 처리하기 위해 매주 금요일에 모였다. 치리회는 12명의 목사와 12명의 장로로 구성되어 매주 목요일에 모였다. 재판과 교육, 목회 상담을 했다. 재판은 절차에 따라 이루어졌는데, 은밀한 범죄는 은밀하게 했다. 신학교는 목사와 전문가를 양성하기 위해 세웠다. 제네바에서는 1559년에 설립되었다. 신학교는 칼뱅에게 중요했는데, 그가 하나님 나라를 세우는데 교육이 가장 효과적이라고 보았기 때문이다. 종합 구빈원은 칼뱅 이전에 이미 있었다. 칼뱅은 구빈원 사역과 운영에 성경적 근거를 제시하였다. 즉 이 기관을 집사 직분과 연결한 것이다.

셋째, 성찬의 순수성을 지키는 것이다. 신앙고백을 한 자만 성찬에 참여하게 하였다. 성찬은 1년에 4회 가량 시행되었다.

넷째, 질서를 따라 결혼과 장례를 시행했다. 혼례는 주일이나 평일 예배에서 설교 직전에 시행했다. 장례는 예의를 갖추되 말씀을 위배한 미신적인 것들을 피하도록 하였다.

다섯째, 환자 심방과 죄수 방문을 하는 것이다. 방문 사역을 통해 유익한 교훈과 참 위로를 주고자 하였다. 그래서 환자는 사흘이 지나기 전에 목사에게 통보해야 했다. 죄수 방문은 토요일 식사로 정했고, 그들에게 교훈할 뿐 아니라 위로도 전했다.

4. 이 시대에 '개혁된' 교회의 의미

과연 오래된 '개혁된' 교회를 교회 건설의 모델로 삼는 것이 이 시대에 의미가 있을까? 적어도 '개혁된' 교회가 성경에 근거한 토대와 원리에서 교회를 세우려 했다는 점에서 의미가 있다. 특히 바른 교훈, 올바른 성례 시행과 이를 위한 정당한 권징을 시행하려 한 것이다. 이것들은 시대가 변하더라도 결코 변하지 않는 것이다. 급격한 변화를 겪고 있는 우리 시대, 4차 산업 혁명에 따라 교회가 변하더라도 이것은 변할 수 없고 양보할 수도 없다. '개혁된' 교회 역시 모든 점에서 완벽한 교회는 아니었다. 전도와 선교가 부족했을 수도 있고, 또 사랑이 모자랐을 수도 있을 것이다. 그러나 여전히 의미가 있는 것은 '개혁된' 교회에서 교회 건설의 가장 중요한 원리와 토대를 볼 수 있기 때문이다. 이 원리와 토대를 제외한 것들은 오늘날 우리 정서에 맞거나 시대의 특성에 맞게 과감하게 바꿀 수 있다.

교회 건설과 성장을 위해 여러 프로그램과 시스템을 사용하는 열정과 열심은 대단하다. 그렇지만 그런 것들이 근본 토대와 원리인 바른 교훈, 성례 시행과 권징 시행을 약화시키고 심지어 무너뜨린다면, 진지하게 다시 살펴보아야 할 것이다.

주께서 세우고자 하시는 영광스러운 교회를 건설하는데 우리를 부르셨다. 이 영광스러운 일을 어떻게 잘 감당할 수 있겠는가? 우리보다 앞서 주님의 교회를 건설하고자 한 교회가 있다는 것은 참 유익하다. 성경의 교훈과 역사 동안 나타난 실례를 모델로 삼아 주님께서 부르신 일을 잘 감당하도록 하자.

이것만은 꼭!

1. 우리가 세우려는 교회는 특별하고 새로운 교회가 아니라 '개혁신앙' 노선에 있는 교회이다.

2. '바른 교훈'에 주목하라.
   - 하나님 주권 신앙
   - 성경의 권위
   - 하나님의 기쁜 뜻
   - 성령의 사역
   - 오직 은혜
   - 직분과 교회 중심 생활
   - 성화(聖化)
   - 신앙고백서와 교리문답
   - 은혜의 방편 강조

3. 질서 있는 교회 조직과 운영에 주목하라.
   - 바른 교훈
   - 올바른 성례 시행
   - 정당한 권징 시행

"교회에 대한 청사진이
분명하지 않거나 제대로 되어 있지 않으면
아무리 목회에 열심을 내더라도
엉뚱한 결과가 나올 수밖에 없다."

2장
집 세우기로서 교회 세우기

들어가면서

교회 개척이나 교회 건설은 무조건 믿음으로 하는 것이 아니다. 지금은 열심히 전도해도 예전같이 전도가 잘 안 된다. 게다가 조금 성장하더라도 교회 안에 조금만 문제가 일어나면 금방 무너진다. 이렇게 교회가 금방 무너지는 이유는 든든한 기초 위에 세워지지 않았기 때문이다. 따라서 교회를 건설하려는 자들은 교회에 대한 기본적인 청사진을 반드시 가지고 있어야 한다. 교회를 실제로 개척하고 건설한 경험에 비추어 보았을 때, 교회를 건설하는 것은 집을 세우는 것과 유사하다. 바울은 디모데에게 이 점을 아주 분명하게 말하였다(딤전 3:15). "이 집은 살아 계신 하나님의 교회요 진리의 기둥과 터니라." 하나님의 집을 세운다는 개념을 가지고 있으면 구체적인 교회 건설의 청사진을 마련할 수 있을 것이다. 특별히 이것은 개척자들에게 더욱 중요하다.

1. 기초: 튼튼한 반석

1) 바른 성경 해석

집을 세우기 위해서 가장 먼저 해야 할 것은 기반을 잘 닦는 것이다. 이 기초가 잘 놓이지 않으면 그 다음에는 아무리 열심히 해도 소용이 없다. 사상누각이라는 말이 있듯이 예수님도 비유를 통해서 모래 위에 세운 집이 얼마나 무익한지를 잘 가르쳐 주셨다. 교회를 세우는 것에도 먼저 기초를 잘 준비를 해야 한다. 의외로 많은 개척자들이 이 기초의 중요성을 잘 모른다. 왜냐하면 이 기초는 눈에 보이는 것이 아니기 때문이다.

교회를 세우기 위한 기초는 무엇인가? 그것은 바로 하나님의 말씀이다. 여기서 하나님의 말씀은 단지 성경을 의미하지 않고 성경에 대한 바른 해석을 의미한다. 그리고 이 바른 성경 해석은 성경의 바른 교리를 의미하고 그것은 구체적으로 웨스트민스터 신앙고백서를 의미한다. 예를 들어, 설교를 할 때 그냥 자기가 은혜 받은 대로 설교하는 것은 연약한 기초 위에 세우는 것이다. 신앙고백의 틀에 따라 지속적으로 설교를 할 때, 그 설교가 힘이 있다. 이 기초가 없으면 "자기 소견에 옳은 대로" 설교할 수밖에 없다. 따라서 든든한 기초를 세우기 위해 부지런히 신앙고백서를 공부해야 하고, 교회를 설립하고 나서도 지속적으로 신앙고백서를 통해 기초를 다져야 한다.

2) 기초를 다지는 방법

말씀의 기초를 다지는 가장 기본적인 방법은 독서이다. 성경도 깊이 있게 읽어야 하지만 신학 책과 인문 서적도 지속적으로 읽어야 한다. 독서는 개척 교회 목사의 지성을 발달시키는 가장 확실한 도구이다. 독서 능력을 지속적으로 키워서 최종적으로 주요한 고전을 읽는 것을 목표로 해야 한다. 개척 교회에서는 목사 홀로 가르치는 것 전부를 담당해야 하는데, 충분한 독서가 준비되어 있지 않으면 그와 같은 사역을 제대로 감당할 수 없다.

교회의 기초를 다지는 것은 혼자서 하기에 매우 벅찬 일이다. 이런 면에서 동일한 말씀을 전하는 동역자들과의 교제는 매우 중요하다. 사실 목사가 되면 물어보는 것을 주저할 뿐 아니라 마땅히 물어 볼 사람이 없는 경우도 적지 않다. 만일 이 상태가 지속되면 심각해진다. 이것을 탈피하기 위해 정기적으로 말씀을 배울 수 있는 모임이 꼭 있어야 한다. 이런 모임을 통해서 말씀에 대한 분명한 이해를 갖고 자신을 성찰할 수도 있을 것이다. 목사는 이런 모임을 통해 말씀의 기초를 평생토록 계속 다져가야 한다. 일 년에 두 번 정도 개최되는 신대원의 목회대학원을 활용하는 것도 아주 좋은 방법이다.

2. 기둥 세우기: 교육과 직분자(리더)

1) 교육

기초를 세웠으면 이제 기둥을 세워야 한다. 이 기둥은 교육과 직분인데 둘 다 기초인 말씀과 밀접한 관계가 있다. 먼저 교육을 살펴보자. 개척자들은 교인을 어떻게 교육할 것인지 교육 방법, 교육 계획 같은 청사진을 가지고 있어야 한다. 교육 내용은 반드시 교회의 기초인 신앙고백서가 되어야 한다. 신앙고백서를 설교를 통해서 가르쳐야 하고, 성경 공부나 교리 교육을 통해서 가르쳐야 하고, 심방을 통해서 가르쳐야 한다. 부모 교육도 필요하고 다음세대도 교육해야 한다. 장년 교육도 필요하다. 큰 교회를 따라하지 말고 교회 형편을 염두에 두고 청사진을 마련해야 한다.

2) 직분

개척 초기에는 교육 중심으로 교회를 운영해야 한다. 개척 교회가 이것저것 여러 가지를 할 수 없기 때문이다. 많은 교육을 목사 혼자 계속할 수 없기 때문에 시간이 지나면 적절하게 나누어야 한다. 이를 위해서 리더들을 훈련시키고 세우는 것은 필수이다. 이들은 나중에 직분자들이 될 가능성이 많기 때문에 이것을 염두에 두고 리더들을 세워야 한다. 결국 이 리더들이 자신의 은사를 살려서 봉사를 잘 하는가에 따라 교회의 성장이 결정될 것이다. 교회가 성장함에 따라 직분자들의 역할이 중요해 지는데 작은 교회는 그 영향이 더 크다. 한 명이라도 직분자를 잘못 세우면 그동안의 수고가 한순간에 물거품이 될 수 있다. 적당한 사람이 없으면 차라리 세우지 않는 것이 현명하다.

3. 벽: 예배

1) 예배: 교회의 얼굴

비록 기초가 중요하고 기둥도 중요하지만 외부 사람에게 눈에 띄는 것은 벽이다. 사람들은 기초나 기둥이 아니라 벽을 보고 그 집을 평가한다. 교회에서는 예배가 벽이다. 이 점에서 개척자는 예배를 신경 써야 한다. 단지 교회당으로 오게 하는 것이 중요한 것이 아니다. 그 영혼이 예배 속에서 은혜를 받지 못하면 전도가 무슨 소용이 있겠는가? 이 점에서 개척자는 과거 대형 교회에서 부목사로 있었을 때의 예배 개념을 완전히 버릴 필요가 있다. 개척 교회의 예배를 잘 인도할 수 있는 목사는 찬양 인도를 잘 하는 목사가 아니라 구역예배를 잘 인도하는 목사이다.

모인 수도 얼마 되지 않고, 피아노 칠 사람도 없고, 마이크 시설도 제대로 되어 있지 않은 상황에서 어떻게 예배를 잘 드릴 수 있을까? 고민할 것이 사실 한 두 개가 아니다. 그 중에 한 가지만 힘주어 말한다면, 작은 교회는 음악보다는 성례와 예식을 강조해야 한다. 작은 교회일수록 목사들이 예배를 대충 하는 경우가 많은데 오히려 성례 중심으로 질서와 격조 있는 예배를 추구하는 것이 더 낫다.

2) 현관문: 회원 허입과 세례

교회는 보통 등록이라고 불리는 회원 허입으로 성장한다. 당연히 개척자는 여기에 대한 기본적인 이해를 가지고 있어야 한다. 보통 목사들이 예배 참석 인원에 민감한데, 실질적인 수는 참석 수가 아니라 명부 수라는 것을 이해해야 한다. 개척 교회는 이 명부의 숫자를 실질적인 교인의 수로 만들어야 한다. 이를 위해서 회원 등록을 너무 엄격하게 해서도 안 되지만 너무 가볍게 취급해서도 안 된다. 개척 교회는 교인 수가 적기 때문에 교인 한 명의 영향력이 매우 크다. 따라서 회원을 받을 때 매우 신중하게 받아야 한다. 예배 시간에 엄숙히 서약함으로써 받아들이는 것도 좋은 방법이다.

세례는 공교회의 지체가 되는 유일한 방식이다. 세례가 튼튼하면 튼튼한 교회가 되고 그렇지 않으면 부실한 교회가 된다. 세례에는 유아세례, 성인 세례, 그리고 입교도 포함이 될 것이다. 세례는 삼위 하나님의 이름으로 시행되기 때문에 세례가 튼튼하다는 말은 삼위 하나님의 이름이 강력하게 불린다는 의미도 된다. 이 점에서 예배 전체가 삼위일체론이 중심이 되어야 한다. 오늘날 세례 교육과 예식이 매우 형식적으로 치러지는 경우가 많은데 개척 교회일수록 세례를 아주 의미 있고 풍성하게 할 수 있다.

3) 식탁: 성찬

겉모습만 번듯하다고 해서 좋은 집이라고 할 수 없다. 그 안에 가구들이 잘 배치되어 있어야 한다. 집 안에는 여러 가지 가구들이 있는데 그 중에서도 가장 중요한 것은 식탁이다. 왜냐하면 사람들이 다른 어떤 가구보다 식탁을 가장 많이 사용하기 때문이다. 이 식탁에서 가족들이 서로 먹고 즐기면서 교제를 나눈다. 어떻게 보면 기초, 벽이나 현관문은 다 이 식탁 교제를 위해서 존재한다고까지 말할 수 있다. 교회에서 식탁과 식탁 교제는 바로 성찬이다.

안타깝게도 성찬은 한국 교회에서 거의 사라져 버렸다. 교회당에서 성찬을 위한 성찬상이 비치되어 있는 것을 본 적이 있는가? 성찬이 사라진 결과 오늘날 예배는 공연이나 강연으로 바뀌어 버리고 말았다. 개척 교회의 가장 큰 힘은 교제에서 나온다. 이 교제가 부실하다면 굳이 개척 교회에 교인들이 올 필요가 없다. 그런데 성찬이야말로 성도의 교제를 가장 확실하게 경험하는 은혜의 수단이다. 따라서 작은 교회일수록 성찬을 강화시킬 필요가 있다.

4. 지붕: 섬김 (디아코니아)

기초와 기둥과 벽을 다 시공했다면 이제 지붕을 얹어야 한다. 지붕은 먼 곳에 있는 사람들의 눈에 가장 잘 띈다. 이 지붕은 세상을 향한 교회의 섬김이라고 할 수 있다. 교회가 성장하기 위해서는 세상 사람들에게 알려져야 한다. 교회를 알리는 가장 좋은 방법은 신자들의 선행이다. 교회가 이웃을 섬기지 않는데 성장하는 것은 불가능한 일이다. 문제는 이 일을 하는 것이 쉽지 않다는 것이다. 그러나 교회가 함께 모여서 하나님을 예배하고 설교를 듣고 교육을 받고 식탁에서 서로 교제하는 궁극적인 목적은 무엇인가? 결국 예배 속에서 받은 힘을 가지고 이웃을 섬기고 그 결과 하나님의 영광이 나타나서 이방인들이 그 영광을 보고 교회에 와서 함께 하나님을 경배하는 것이다. 비록 개척 초기에는 설교와 교육 그리고 예배에 집중할 수밖에 없겠지만 그 모든 목적이 교인들을 훈련시켜서 세상을 섬기는 것이라는 것을 잊어서는 안 된다. 특별히 교회 전체의 섬김은 지역성을 바탕으로 할 텐데, 지역에 섬길 수 있는 일이나 영역이 무엇인지 고민해야 할 것이다.

나가면서

지금까지 교회 세우기가 본질상 집 세우기와 유사하다는 것을 살펴보았다. 교회에 대한 청사진이 분명하지 않거나 제대로 되어 있지 않으면 아무리 목회에 열심을 내더라도 엉뚱한 결과가 나올 수밖에 없다. 또한 어느 한쪽 측면만 지나치게 강조해서도 안 된다. 교회를 처음 시작할 때 이런 경우가 많은데 그렇게 되면 기형적인 교회가 될 수밖에 없다. 예를 들어 어떤 목사는 전도만 강조하고, 어떤 목사는 선교만 강조하고, 어떤 목사는 교육만 강조하는데 그렇게 되면 교회가 아니라 선교 단체나 교육 기관으로 전락하게 된다. 따라서 전체를 아우르는 청사진을 마련해 균형적으로 성장할 수 있도록 해야 한다.

> **Check!**
> 1. 나는 교리 공부, 독서, 동역자들과의 교제 등 바른 성경 해석을 위한 준비를 하고 있는가?
> 2. 나는 교회 교육에 대한 청사진을 마련하고 있는가?
> 3. 나는 직분자를 동역자로 여기는가? 또 직분자 세움을 구체적으로 계획하고 있는가?
> 4. 우리 교회 예배는 외부인들이 보기에도 질서 있고 품위가 있는가?
> 5. 장기적으로 교회가 위치한 지역을 기반으로 봉사할 것을 계획하고 있는가?

"하지만 이제는 교회의 질적 성장,
곧 성숙에 관심을 기울여야 할 때가 되었다.
성숙은 바른 원리에서부터 시작할 때 가능하다."

3장
한눈에 보는 교회 건설 원리

들어가면서

바울은 교회를 건물로, 교회 세움을 건축으로 표현한다(고전 14:5, 12, 26; 엡 2:21-22). 한글 성경에는 '덕을 세우다'로 표현하는데, 이것을 '건물을 세우다,' '건축하다'로 번역할 수 있다. 교회 건설은 다분히 성경적인 표현이다.

그렇다면 어떻게 교회를 건설할 수 있을까? 참으로 어려운 질문이다. 오죽하면 이것이 신학교에서 과목으로까지 생겨났을까? 1930년 즈음에 독일에서 "교회 건설"(Gemeindeafbau)이라는 과목이 생겨났다. 교회가 점점 어려워지는 시기에 어떻게 교회를 세워갈 것인가에 대한 고민이 담겼다. 이런 고민은 네덜란드 개혁교회도 예외는 아니었다. 1982년부터 흐로닝언대학 신학부에 "교회 건설"(Gemeenteopbouw)이라는 과목이 개설되면서 다른 신학교로 퍼졌고 캄펀신학교도 1988년부터 가르쳤다. 판 터 펠더(M. te Velde) 교수는 이에 대한 책을 네 권이나 썼고 가르쳤다. 미국에서는 도날드 맥가브란이 "교회 성장학"(Church Growth) 과목을 풀러신학교에서 가르쳤는데 이것이 북미의 "교회 건설" 과목인 셈이다. 하지만 맥가브란의 "교회 성장학"은 튼튼하게 세운다는 의미의 건설이나 성숙과 관계없고 오직 교회의 수적 성장에만 모든 관심을 기울였다.

미국의 영향을 지대하게 받은 한국 교회에서는 '교회 성장'이 질적 측면보다 수적 성장과 더 연결된다. 한국 교회가 놀라운 수적 성장을 이루었지만 그만큼 질적 성장에는 관심이 없었다. 하지만 이제는 교회의 질적 성장, 곧 성숙에 관심을 기울여야 할 때가 되었다. 성숙은 바른 원리에서부터 시작할 때 가능하다. 본 글에서는 개혁신앙에 기초한 교회 건설 원리를 그림과 함께 제시한다.

1. 교회의 위치

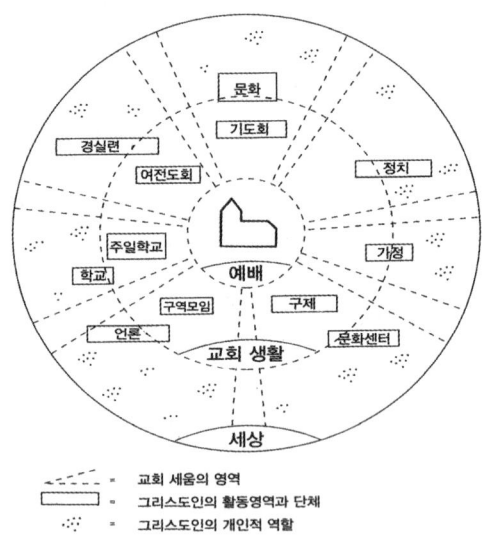

그림 1. 교회의 위치

교회를 중심으로 세 가지 동심원으로 그릴 수 있다. 가장 중심에 있는 첫째 원은 '예배'이다. 예배는 교회 건설의 가장 핵심이다. 이 예배라는 심장에서 온몸으로 피가 공급된다. 예배 중심에 있는 하나님의 말씀 선포인 '설교'는 아무리 강조해도 지나치지 않다. 그러니 목사의 역할이 매우 중요하다. 이 말씀 선포를 통해 성령님의 능력이 교인들에게 전달된다. 교인들은 예배를 통해 받은 능력을 교회 생활과 세상 속에서 믿음, 소망, 사랑으로 드러낸다.

둘째 원은 '교회 생활'로 성도 상호 간의 만남과 활동이 일어나는 곳이다. 교회 울타리 안에서 일어나는 당회, 교육 모임, 기도회, 심방, 가정예배, 구역 모임, 여전도회 모임 같은 것들이다. 교회 생활과 모임에서는 섬김과 일이 필요하다. 그래서 교회 생활, 더 나아가 교회 건설의 기초는 '일'이라 생각한다. 하지만 교회의 기초는 '은혜'이다. 교회를 건설할 때 하나님의 은혜로운 '약속'이 먼저 가고 하나님의 은혜로운 '요구'에 응답하는 것으로 인간의 '일'이 뒤따라간다. 이 은혜의 원리는 '기도'와 연결된다. 교회를 건설하려면 빈손을 하늘을 향하여 뻗어야 한다. 기도하지 않는 건축가는 교회를 세울 수 없다. 기도하는 교회 건축가는 '감사'가 싹트고 '겸손'한 마음을 가지게 된다. 이를 통해 '통찰력'을 얻는다. 교회 건설이 순탄하지 않다. 갖은 방해, 장애물을 만나게 된다. 그럴 때 하나님께 은혜를 구하고 지혜 주시기를 기도해야 한다.

교회는 몸으로 비유된다. 머리이신 그리스도에 교인이 각 지체로 연결되어 있다. 각 지체는 머리의 지시를 따라야 한다. 머리의 지시를 거부하는 자가 있다면 그는 한 몸이 아니다. 지체들도 서로 연합하고 교류한다. 서로 도움을 주고받기도 한다. 이것이 '코이노니아(koinonia)'이다. 안타깝게도 이 교제가 늘 행복하지는 않다. 몸에 병균이 들어올 때 몸에 열이 나고 아픈 것처럼 교회도 아픔을 겪는다. 외부에서 공격이 들어오기도 하지만 내부에서 갈등으로 나타나기도 한다. 이럴 때일수록 머리를 바라보고, 머리의 뜻을 따라야 한다.

교회 생활에서 중요한 것은 '은사'이다. 은사는 교회를 건설하기 위해 주시는 그리스도의 선물이다. 성경은 여러 가지 은사를 말한다(롬 12; 고전 7, 12-14; 엡 3-4; 벧전 4). 흔히 은사를 타고난 재능이나 남들보다 뛰어난 능력으로 이해한다. 이것을 활용해 사회에서 성공해 돈을 번다고 생각한다. 그러나 은사의 조건은 '교회 건설에 도움이 되느냐'이다. 은사를 개발하려면 말씀을 듣고 기도해야 한다. 하나님은 교회에 '은사'를 투자하셨다. 그러니 은사를 가볍게 여기지 말고 교회를 위해 잘 사용해야 한다(딤전 4:14). 물론 은사가 없다고 섬기지 않는 것은 핑계이니 이는 피해야 한다. 더하여 자기를 섬기는 도구로 은사를 사용해서도 안 된다. 은사는 이웃을 위해 사용되는데 먼저는 교회이고 이어서 세상이기 때문이다.

셋째 원은 '세상'이다. 가장 넓은 범위인데 교회가 세상에 속하지는 않지만(not of the world), 세상 속에 살고 있다(in the world)는 개념이다. 그리스도인이 가정과 직장과 사회에서 살아가면서 영향력을 끼친다. 정치, 경제, 사회, 문화 분야에서 활동하는 기독교 단체들도 여기에 해당한다.

2. 교회 사역

앞서 교회의 위치를 살펴보았다. 이번에는 초점을 교회 내로 조금 더 맞추어 보자. 교회는 무엇으로 교회를 건설할까? 또 그 일을 어떻게 해야 할까? 여기서 기준은 하나님의 말씀이다. 그 이유는 교회를 세우신 분이 하나님이시기 때문이다. 손님이 왕이듯, 고객 같은 교인이 교회의 왕일까? 그렇지 않다. 오직 그리스도만이 교회의 왕이시다. 성경에서 찾아낸 요소들을 논리적이고 체계적으로 배치해 보자. 이렇게 하는 것은 교회 사역의 연관성과 차이점을 이해하고, 분석하고, 교회 건설을 돕기 위함이다.

첫째, 교회의 사역은 이중 구조이다. '하나님과의 교제'(하나님 사랑)와 '성도 상호 간의 교제'(이웃 사랑)로 이루어져 있다. 기본적으로 하나님과의 수직적 관계가 인간의 수평적 관계보다 우선한다. 그러나 이것을 핑계로 성

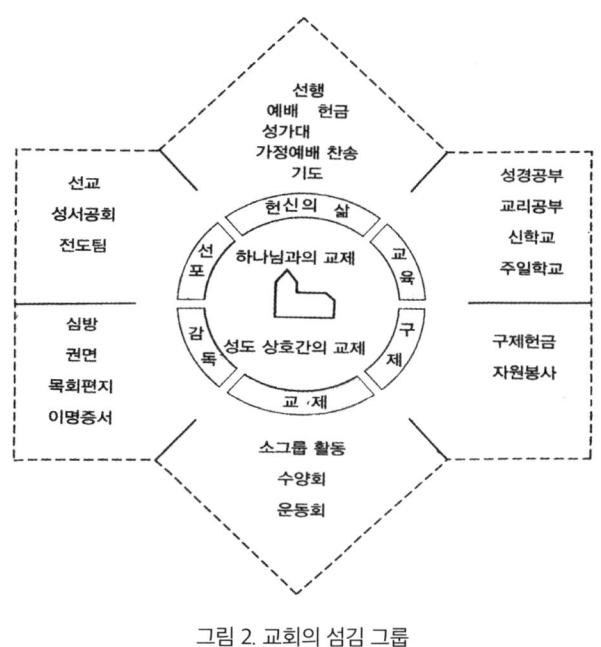

그림 2. 교회의 섬김 그룹

도 상호 간 교제를 소홀히 해선 안 된다.

둘째, 두 구조 위에 '선포,' '헌신의 삶,' '교육,' '감독,' '교제,' '구제' 여섯 사역을 쌓는다. 이 여섯 가지 사역은 모두 서로 긴밀하게 연결된다. 어느 것 하나 독립되어 떨어져 있지 않다. 어느 사역이든 마음대로 해서는 안 되고 다른 사역들과 연계성을 고려해야 한다. 특별히 중앙에 있는 두 영역, 즉 '헌신의 삶'과 '교제'는 다른 네 가지 섬김(선포, 감독, 교육, 구제)보다 더 본질적이다. 일보다 관계가 더 중요하기 때문이다. 이 사역들은 내면 지향과 외면 지향으로 구분되는데, 내면을 가꾸면서 동시에 이 내면이 외면으로 드러나야 한다.

셋째, 이 구조는 직분자들의 섬김으로 질서 있고 단단하게 세워진다. 은사와 더불어 교회에 주시는 선물이 바로 직분이다. 직분자는 청지기(고전 4:1; 딛 1:7)로서 책임 맡은 일꾼이다. 직분자는 '솔선수범'하고 '모범'과 '버팀목'

이 되어야 한다. 또 교인들을 '자극'하고 '협조'를 구하고 '가르침,' '결정,' '일깨움,' '교정'하는 역할을 한다. 이들의 섬김으로 교회는 든든히 건설된다.

나가면서

교회는 하나님을 영화롭게 하기 위해 존재한다. 그러므로 교회의 목적은 "성령 안에서 하나님이 거하실 처소"(엡 2:22)가 되는 것이다. 먼저 하나님과 하나가 되고 성도 상호 간의 교제가 일어나는 것이 교회의 목적이다. 이런 목적이 분명하면 그 아래에서 구체적인 목표 설정이 가능해진다. 교회 건설을 본격적으로 하기 전에 반드시 교회 건설의 목적과 원리를 마음에 새겨야 한다.

이것만은 꼭!

1. 교회 건설은 수적 성장뿐만 아니라 질적 성숙도 목표로 해야 한다.
2. 교회는 예배, 교회 생활, 세상으로 범위를 넓혀간다.
3. 교회 사역은 하나님과의 교제, 성도 상호 간의 교제로 이루어진다.
4. 두 구조(하나님과의 교제, 성도 상호 간의 교제) 위에 '선포,' '헌신의 삶,' '교육,' '감독,' '교제,' '구제' 여섯 사역을 쌓는다.

Tip

교회의 4가지 속성

교회라면 반드시 가져야할 특성이 있다. 그것이 바로 "통일성," "거룩성," "보편성," "사도성"이다. 이 속성들은 니케아신경(451년 확정)을 통해 고백된다. 우리는 4가지 속성으로 교회의 건강 상태를 진단하며, 또 지향할 바를 알 수 있다.

통일성

첫 번째 속성은 통일성이다. 교회가 결코 둘 이상이 될 수 없고 오직 하나뿐이라는 의미이다. 이 통일성의 기원은 그리스도이시다. 왜냐하면 교회의 머리는 오직 그리스도 한 분뿐이시기 때문이다. 그러나 천편일률적인 획일성(uniformity)으로 오해해선 안된다. 통일성으로 교회의 건강 상태를 점검해보자. 만일 그리스도 대신 다른 누군가가 교회의 머리가 된다면 통일성이 깨진 것이다. 또 교회가 분열되거나 분리된다면 이 역시 통일성이 깨지는 일이다. 통일성을 유지하기 위해서는 십자가 사랑을 회복해야 한다. 구체적으로는 섬김이다. 서로서로 섬길 때 성령님께서 사랑의 끈으로 교회를 하나 되게 하실 것이다.

거룩성

두 번째 속성은 구별되었다는 의미에서 거룩성이다. 이 거룩성의 근거와 기원 역시 교회의 주인이신 그리스도다. 거룩하신 그리스도께서 자신의 피로 신자들을 깨끗하게 하셨기 때문이다. 그래서 신자들이 도덕적으로 타락했다고 해서 교회가 아니라고 간주하는 것은 거룩성을 오해한 것이다. 거룩성의 기원은 신자가 아닌 그리스도께 있음을 기억해야 한다. 그러면 신자들은 거룩하지 않아도 되는가? 아니다. 결코 그럴 수 없다. 신자는 그리스도를 통해 거룩함을 추구할 수밖에 없는 새 사람이기 때문이다. 교회는 늘 근거와 기원이신 그리스도를 바라보며 거룩함을 추구해야 한다.

보편성

세 번째 속성은 보편성이다. 교회의 보편성도 만왕의 왕이신 그리스도로부터 출발한다. 그리스도께서 계신 곳에 교회가 존재할 수 있고 존재해야 한다. 이러한 보편성은 교회의 통일성이나 거룩성과 불가분의 관계에 있다. 교회의 보편성은 교회연합의 근거요, 전도와 선교의 동력이다. '우리 교회가 최고'라는 의식과 광고는 교회의 보편성을 깨는 대표적인 모습이다. 잘난 교회, 못난 교회가 따로 있는 것이 아니다. 하나님께서는 그리스도의 몸인 모든 교회를 동일하게 사랑하신다. 보편성으로 교회의 건강 상태를 확인하는 동시에, 우리 교회가 하나님께 사랑 받는 교회임을 확신할 수도 있다.

사도성

네 번째 속성은 사도성이다. 오직 사도들의 가르침 위에 교회가 세워져야 한다는 의미이다. 사도들의 가르침은 그리스도께 받은 것으로 바른 교훈, 바른 교리로 말할 수 있다. 사도성 역시 그리스도에 근거와 기원이 있다. 앞선 속성들이 연결되었듯이 사도성도 마찬가지이다. 통일성, 거룩성, 보편성은 사도적 가르침 위에서 더욱 빛난다. 초기 교회는 이단을 경계하기 위해 사도들의 가르침에 주목했는데, 이단은 오늘날에도 여전히 있다. 따라서 교회가 사도적 교리에 근거한 설교나 교육과 배움에 관심이 없다면, 그 교회의 건강은 매우 나쁜 상태이다. 사도적 가르침과 무관한 일들을 지양하고, 사도적 가르침 위에 교회의 일들을 세워야 한다.

그리스도를 중심으로 교회의 통일성과 거룩성과 보편성과 사도성을 지향하자. 4가지 속성을 추구하고 실천하는 교회가 건강하고 아름답고 복된 교회이다!

"받은 은혜대로 성경이 말하는
그 교회를 건설해 가려 한다.
참으로 느리게 가는 것처럼 보이고
외로운 길이라 해도 우리는 그 길을 가고자 한다."

4장
교회 건설 사례: 온생명교회

1. 교회 설립 준비와 시작

온생명교회는 잠실중앙교회가 2009년 10월에 경기도 남양주시에 분립 개척한 교회이다. 잠실중앙교회는 교회의 역사와 사명에 따라 참되고 건강한 교회를 지향하면서 이미 2000년에 용인 향상교회를 분립 개척하여 하나님의 크신 영광을 드러내었을 뿐만 아니라, 한국 교회에 건강한 교회로서 실천적 성장 방향을 모범적으로 제시한 바 있었다.

2004년에 이르러 수도권 소재 5개 교회(잠실중앙, 서울등촌, 향상, 서울시민, 남서울)가 "수도권개척교회협의회"를 조직했다. 이들 교회는 매년 순차적으로 하나의 교회를 개척하되 자립이 가능한 고신교회를 설립하는 것을 목표로 했다. 협의회를 통해 함께 지원하는 뜻 깊은 일이었다. 이에 잠실중앙교회도 2003년에 수립한 '교회종합비전계획'에 정한 사명과 경험을 살려 또 하나의 개척 교회를 세우는 미래 계획에 동참하게 되었다.

잠실중앙교회는 수도권개척교회협의회와 협력하여 2006년부터 개척 교회를 세우려고 여러 가지 계획과 논의를 진행했다. 하지만 상당한 기간 교회가 당면한 내부 사정과 주변 상황들로 그 진척이 구체적이고 발전적이지 못하여 답보 상태에 있었다. 많은 시간이 지나고 이로 인해 교회의 부담이 커지자, 2009년에 들어서면서 당회는 2009년 말까지 개척 교회를 설립하기로 결의했다. 강한 의지를 다진 것이다. "개척 교회 준비위원회"를 구성했고, 구체적이고 실질적으로 준비하기 시작했다. 당회와 준비위원회는 개척 교회 설립을 위하여 재정지원을 결의하고, 2009년 3월에 남양주시 가운지구에 위치한 드림프라자 8층(전용면적 103평) 전체 공간을 매입하였다.

이후 개척 교회 목회자를 선정하는 절차에 따라 개척 교회 담당교역자를 결정하였다. 7월 정기당회에서 분립 개척을 결정하면서 분립에 자원한 두 장로를 파송하기로 결의하였다. 개척 교회 담당교역자는 7월 말에 잠실중앙교회에 부임하여 두 장로와 함께 교회 설립을 위한 구체적인 계획을 세우며 준비하였다. 이후 두 달 동안 매입한 공간을 교회 용도(예배실, 교육관, 목양실, 친교실, 하늘정원 등)에 맞게 실내 공사를 하였고, 필요한 시설과 비품들을 차례로 구비하였다.

잠실중앙교회 교인 중 구리, 남양주, 양평 지역에 사는 성도와 가정들에게 분립 개척 교회에 참여를 권유하였고, 그 외에는 자원하는 교인들로 하기로 하였다. 교회 이름은 "온생명교회"로 정하였다. 설립 준비가 순조롭게 이루어져 2009년 10월 25일 주일 11시에 자체적으로 창립 예배를 하나님께 드림으로써 온생명교회가 시작되었다. 이 창립예배는 기쁨과 감격 속에서 드려졌는데, 어린이들을 포함하여 잠실중앙교회에서 참여한 57명의 성도들(17가정)과 소문을 듣고 찾아온 몇몇 성도들이 참여하였다.

온생명교회는 처음부터 하나님의 넘치는 은혜 덕분에 작지만 교회의 규모를 갖춘 교회로 시작할 수 있었다. 이 은혜에 모든 성도가 기뻐하고 감사했다.

2. 교회 건설을 함께 학습하다

온생명교회는 개척 전부터 개척에 동참하고자 하는 이들을 중심으로, 교회를 어떻게 세워갈 것인지를 3개월 동안 학습하였다. 물론 학습하기는 했지만 지금도 우왕좌왕하고 있다. 하지만 이런 학습 덕분에 교회를 어떻게 세워가야 할 것인지에 대한 최소한의 공감대를 이룬 것은 감사할 따름이다.

먼저 우리는 '고신교회는 어떤 교회인가?'를 학습하였다. 고신교회는 개혁된 교회를 좇는 장로교회임을 확인했다. 여기서 개혁된 교회는 종교 개혁 시기에 세워진 것이 아니라 하나님께서 처음부터 세우셨던 바로 그 교회임을 확신했다. 다른 모습이 아닌 거룩한 공교회적인 신앙고백에 충실한 동시에, 더 나아가 한국 상황에 적합하게 세워나갈 것을 목표로 삼았다.

이 목표를 이루기 위해 바른 말씀이 깊고 풍성하게 선포되는 것이 무엇보다 중요하다고 생각했다. 이것은 종교 개혁자들이 고백했던 참 교회의 표지였다. 말씀 선포와 더불어 같은 표지인 성례와 권징 역시 중요하게 생각했다. 은혜의 방편으로서 성례가 제대로 시행되고, 하나님께서 교회에 주신 열쇠권인 권징이 바르게 시행되는 것에도 일치를 이루었다.

우리는 보이는 교회와 보이지 않는 교회를 나누는 것이 위험하다고 생각했고, 거룩한 공교회가 이 세상에 그 모습을 드러내는 것은 사도신경에 고백되어 있듯이 '성도의 교통'을 통해 드러난다고 믿었다. 이에 무엇보다 중요한 것은 교회가 그저 성경을 지속적으로 배우기만 하는 학원(Class)이나, 성도들이 어떤 목표를 세워서 그 일을 추진해 나가며, 서로를 기쁘게 하기 위해 모이는 클럽(Club)이 아니라, 오직 성령 안에서 참된 교제를 나누는 주의 교회(Church)이기에, 그 모습을 이루므로 그 아름다운 자태가 드러난다고 고백했다.

이 모든 기초 위에서 온생명교회는 소위 말하는 교회의 5가지 사명인 예배, 전도/구제/선교, 교육(교육의 핵심은 부모 교육), 친교, 봉사의 사명을 충실히 감당하자는 생각에 통일을 이루었다. 이 5가지 사명을 어떻게 구현할 수 있을까? 그 핵심을 다음과 같이 정리했다.

먼저 예배이다. 우리가 드리는 예배의 핵심은 '언약'이다. 우리는 주일에 드리는 공예배를 무엇보다 중요하게 생각하고, 그 예배는 철저하게 언약적이어야 한다. 우리는 하나님과 자기 백성이 맺은 언약을 더욱 깊이 이해하기를 원한다.

둘째는 전도/구제/선교이다. 이 사명의 핵심을 '하나 됨'으로 정리했다. 교회가 하나 되지 않고서는, 그리고 더 나아가 주위의 지역교회들과 하나 되지 않고서는 전도는 요원하다고 생각했기 때문이다.

셋째는 교육이다. 특히 교회 교육의 핵심은 '부모교육'으로 정리했다. 자녀들을 위한 주일학교가 지나치게 비대해지는 것은 어색하다고 생각했다. 자녀교육의 1차 책임은 부모에게 있다. 교회가 이 일을 가로채어서는 안 된다. 이에 따라 교회는 부모들을 측면에서 도와 자녀들을 신앙으로 양육하도록 격려하고 지원하는 일을 해야 한다고 생각한 것이다.

넷째는 친교이다. 친교의 핵심은 '성령 안에서의 교통'이다. 교회는 무엇보다 친교하는 공동체이다. 하지만 이 친교는 성도들이 먼저 그리스도와 교통하는 가운데 하는 것이 맞다. 성도들의 사적인 친교가 지나치게 앞서갈 때에 교회는 이익 집단화될 수밖에 없다. 그러므로 교회는 성령 안에서 친교하며 모든 것을 자발적으로 나눌 수 있는 관계로 나아가야 한다.

마지막으로 봉사의 핵심은 '은사와 직분'이다. 교회 안에서도 능력이 봉사의 기준이 되어가고 있다. 하지만 봉사는 태어나면서부터 가진 능력이나 심지어 세상적인 신분과 물질로 이루어져서는 안 되며, 오직 하나님께로부터 받은 은사와 직분을 통해 섬겨야 한다. 여기서 은사와 직분은 대립되는 개념이 아니다. 성도가 하나님께로부터 받은 은사를 교회가 공적으로 인정한 것이 직분이라고 정리했다.

3. 계속 건설해 가는 교회

온생명교회는 창립된 지 만 10년이 지났다. 이제는 여러 가정들이 교회 주위로 이사 오면서 조금씩 지역교회의 모습으로 세워져가는 중이다. 교회가 창립한 지 만 10년이 지났음에도 불구하고 교회가 그렇게 크게 성장하지 못했다. 교인들의 들고 남이 많았다. 처음부터 부지를 매입하여 예배당 건물을 짓지 못하고 상가교회로 출발한 한계가 분명하다는 것을 절감하고 있기도 하다. 그러나 온생명교회는 성경과 장로교 원리를 붙잡고 씨름하면서 자라왔다. 온생명교회는 개척될 때부터 목사 한 사람의 열심에 의해 개척된 것이 아니요, 몇몇 마음 맞는 사람들이 주도하여 개척한 것도 아니요, 수도권개척교회협의회와 협력해서 잠실중앙교회가 기도하는 가운데 당회를 분립하여 처음부터 조직교회로 출발했다. 이것이 성경이 말하는 교회 개척이라 확신한다.

온생명교회는 처음부터 독특한 교회가 되기를 원치 않았다. 요즘 교회들마다 경쟁적으로 다른 교회와 다른 독특한 교회가 되고자 하는 것을 볼 수 있다. 이런 노력은 필연적으로 공교회로부터 이탈되는 것으로 귀결될 것이다. 단지 개혁된 교회, 즉 공교회를 건설하려는 몸부림 때문에 주위로부터 다른 교회처럼 보일 뿐, 사실 온생명교회는 다른 교회와 하나도 다르지 않다.

여느 교회도 다 그렇겠지만 온생명교회는 등록교인을 신중하게 받는다. 새 가족이나 새신자가 몇 주간 예배에 출석하여 교회에 대해 마음을 열었을 때 새신자, 새가족 공부 참여 의향을 묻고 4주간 교육 받게 한다. 교육이 끝난 후 본인들이 흔쾌히 교회에 등록하기를 원할 때 당회와 면담을 가진다. 면담을 통해 신앙고백을 확인하고 교회의 치리에 복종할 것을 서약한 후에야 정식회원으로 등록하게 된다. 이 과정은 '왜 하필 온생명교회에서 신앙생활을 하는가'를 분명히 알고 고백하는 절차이다.

온생명교회는 '오직 그리고 모든 성경'(Sola et Tota Scriptura)을 추구한다. 주일 오전에는 목사가 자유롭게 정한 성경 본문으로 설교한다. 주일 오후에는 하이델베르크 교리문답을 반복해 배우고 묵상하는데, 이는 신앙고백서와 교리문답서들을 성경의 큰 가르침으로 받기 때문이다. 온생명교회는 공예배를 특히 중요하게 생각하는데 주일 오전 예배는 자녀들과 더불어 온 가족이 함께 예배하며 한 주간 동안 주일에 받은 말씀을 가정에서 자녀들과 함께 나누며 묵상한다.

부모는 유아세례식 때 서약한 대로 언약의 자녀들을 하나님의 말씀으로 교육하고 교육 받게 하며, 식탁에서는 성경을 읽고 자녀를 위해 함께 기도한다. 자녀들 교육 과정은 별 다른 것이 없다. 초등학교 때는 성경이야기 책을 읽고 필수 성경 구절을 반복해서 읽고 외운다. 중학교에 들어가서는 목사가 운영하는 교리 공부반에 참여해 공적인 신앙고백(세례, 입교)을 할 때까지 말씀을 배운다.

온생명교회는 직분의 중요성을 알기에 직분에 대해 끊임없이 가르치며 직분자 선출을 신중하게 한다. 목사는 설교와 목양, 두 가지 큰 사명에 매진한다. 장로는 최소한 1년에 한 번씩 모든 가정을 심방하여 선포된 말씀이 삶에서 열매 맺고 있는지 확인한다. 집사와 권사는 성도들의 물질적인 필요를 채우고 성도들로 하여금 덕을 세우도록 자극하는 일을 한다. 이런 직분자들의 섬김을 받을 때 성도들은 자신의 삶 속에서 하나님 나라와 그 의를 구하는 일에 진력할 수 있을 것이다.

아무래도 모든 것을 말씀에 비춰보고 따져보는 개혁된 교회를 지향하기에 새신자나 새가족에게는 온생명교회의 문턱이 높다는 인상을 주기도 한다. 본교회의 신자들마저 아직까지 맞지 않는 옷을 입은 것처럼 어색하고 힘겨워하기도 한다. 게다가 기존에 있는 지역교회들에 더해 새로운 개척 교회도 생겨나고 있어, 어떻게 하면 경쟁이 아니라 협력해 온전한 복음을 전할 수 있을지 길을 찾아야 하는 절박한 상황이기도 하다.

온생명교회는 하나님께서 베푸신 넘치는 은혜와 주위 교회들이 베풀어 준 넘치는 사랑에 힘입어 처음부터 당회가 있고 어느 정도 규모가 있는 교회로 세워졌다. 받은 은혜대로 성경이 말하는 그 교회를 건설해 가려 한다. 성경에 기반한 개혁신학과 신앙이 효율적이고 실제적일 수 있음을 실험하는 일을 끊임없이 계속할 것이다. 참으로 느리게 가는 것처럼 보이고 외로운 길이라 해도 우리는 그 길을 가고자 한다. 한 세대 후에 우리의 자녀들이 좋은 직분자가 되어 교회를 건설해 가고, 또 그들이 좋은 성도로서 우리 사회를 아름답게 변화시키고 복음을 땅 끝까지 전할 것을 꿈꾼다. 이 모든 일에 하나님의 크신 긍휼을 간구할 따름이다.

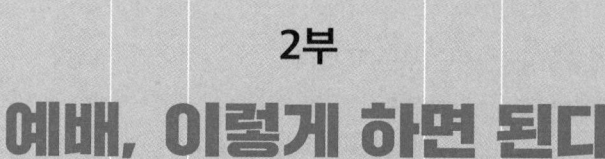

2부
예배, 이렇게 하면 된다

1장 주일에 집중하기

2장 공예배 기획

3장 성례 시행 방안

4장 평생 설교 계획

5장 예배 교육 방법

"주일에 집중한다는 것은 무슨 뜻인가?
바로 공예배와 성도의 교제에
집중한다는 뜻이다."

1장
주일에 집중하기

들어가면서

교회 건설에서 주일은 무엇보다 중요하다. 그렇다면 주일을 어떻게 보내야 할까? 본 글을 통해 교회 건설을 위해 주목할 두 가지 중요한 원리를 제시하고자 한다. 하나는 공예배이고 다른 하나는 성도의 교제이다. 이 둘은 모두 주일에 해야 한다. 교회 건설을 하고자 하는 이들은 주일을 예배와 성도의 교제에 집중하는 날로 삼아야 한다.

1. 개척 교회와 주일

1) 주일에 집중하라

개척 교회는 규모가 작다 보니 적은 수라도 자주 모이려고 한다. 각종 기도회를 비롯해, 전도팀을 구성해 모인다. 교인들의 열정도 대단하다. 참 좋은 일이지만, 아쉬운 일도 일어난다. 서로 알아가는 것이 많아지면서 서로에게 실망하기도 하고, 의견 충돌이 잦아지면서 상처를 받기도 한다. 그래서 결국 교회를 떠나버린다. 이는 모두 우리의 신앙과 인격이 성숙하지 못하기 때문이다. 이런 것을 염두에 둔다면 개척 교회는 별도의 주중 모임을 많이 하기보다는 오히려 주일에 집중하는 것이 더 낫다.

2) 공예배와 성도의 교제에 집중하라

주일에 집중한다는 것은 무슨 뜻인가? 바로 공예배와 성도의 교제에 집중한다는 뜻이다. 새벽기도회나 구역 모임, 또 전도나 선교보다 더 집중해야 한다. 개척 교회에서는 구역 모임 같은 주간 모임도 주일에 하는 것이 더 좋다. 주일에 성도의 교제를 할 때 예배와 더 가깝게 연결되기 때문이다. 예배 공동체인 교회는 그 본질을 주일 공예배와 성도의 교제를 통해 더욱 확신한다. 게다가 주일에 집중할 때 목사는 예배와 설교 준비에 더 힘을 실을 수 있다.

2. 예배가 주일의 중심이 되게 하라

'주일성수.' 고신교회에 속한 우리에게 너무나 익숙한 용어다. 주일을 거룩하게 지켜야할 이유는 많다. 그중 가장 분명한 이유는 주일이 교회 공예배와 직결되어 있기 때문이다.

1) 주일성수와 공예배

우리 헌법은 주일을 공예배와 연결시킨다. 교리표준인 웨스트민스터 신앙고백서는 제21장에서 '종교적 예배와 안식일'을 고백하며, 교리문답(대교리문답 117문답, 소교리문답 60문답)에서도 주일이 예배의 날이라 말한다. 또 관리표준 속 예배지침에서는 주일 공예배(제3장)를 본격적으로 다루기에 앞서 '주일성수'(제2장)를 언급하고 있다.

헌법의 예배지침은 17세기에 작성된 웨스트민스터 표준문서들 가운데 하나인 '예배지침(예배모범)'에서 나온 것이다. 웨스트민스터 총회 당시 장로교도들은 같은 신앙고백뿐 아니라 같은 교회정치와 예배지침을 통해서 진정한 교회 연합과 교제를 이루고자 하였다. 오늘날 우리 예배지침은 먼저 제1장으로 교회와 예배의 관계를 말한다(제1장 제1조). "교회란 예수 그리스도의 공로로 구원받은 그리스도인들이 모여 하나님 앞에 예배하는 공동체이다." 이어 제2장은 교회가 예배 공동체로서 함께 회집하여 예배하는 날인 '주일성수'를 말한다. 이것은 주일이 예배의 날이며, 예배하는 공동체인 교회의 날로 규정하는 것이다. 다시 말해 주일성수는 예배와 떼려야 뗄 수 없는 관계인 것이다. 그래서 제2장 제3조는 주일성수의 의무를, 제4조는 주일 공동회집에 대해, 제5조는 주일 준비, 제6조는 주일에 행할 일을 이어 설명한다.

주일성수는 그 자체가 목적이 아니라 우리 교회의 공예배를 더 잘 드리기 위한 방법이다. 순서를 바르게 정리하자. 교회는 예배 공동체이며 이를 위해서 주일과 주일성수가 있다. "주일성수 → 주일 공예배"가 아니라 "주일 공예배 → 주일성수"가 바른 순서이다. 따라서 주일성수를 얼마나 잘 했는지는 주일 공예배라는 목적과 기준을 가지고 판단해야 할 것이다. 공예배와 상관없이 주일성수한다는 것은 있을 수 없다. 공예배를 훼손해 놓고 주일성수했다는 것도 있을 수 없다.

요즘은 멀티태스킹(다중 작업)이 각광 받다 보니 예배 시간에도 다른 일을 한다. 일 생각을 하고, 스마트폰을 만지작거린다. 오후에는 카페에 따로 모여 설교 비평회나 교인 험담회를 가지기도 한다. 모든 순서를 마친 뒤 집으로 돌아와 식사하다가 부부끼리 다투었다. 이런 모습이 주일성수와 어울릴까? 단지 돈을 쓰지 않고, 예배 시간 자리를 지키고, 헌금했다고 주일성수 했다고 할 수 있을까? 그렇지 않다. 주일 공예배를 기준으로 생각해야 한다.

2) 예배의 위선을 경계하라

주일성수가 공예배와 연결됨을 보았다. 하지만 여기서 공예배 지킴을 단지 예배 시간에 집중하고, 받은 은혜를 나누는 정도에서 그치는 것으로 오해해선 안 된다. 대교리문답 제121문답은 제4계명을 해설하면서 안식일을 기억하는 이유 중 하나를 '그날을 지킴으로써 다른 모든 계명들을 더 잘 지키게 되'기 때문이라고 한다. 다시 말해 주일 예배를 통해 다른 계명을 얼마나 더 잘 지키게 되었는가를 살펴야 한다는 뜻이다. 이 내용은 아모스 선지자의 가르침과 꼭 같다.

아모스 시대 북 이스라엘은 경제와 군사 분야에서 부흥했다. 또 그들은 안식일이나 절기들도 잘 지켰다. 하지만 백성들과 지도자들은 아모스 선지자에게 책망 받았다(특히 8장). 겉으로 볼 때는 신실한 교인이었지만, 그들의 삶은 신앙과 동떨어진 삶이었다.

안식일이 본래 이웃들, 특히 가난하고 힘없는 자들을 배려하는 날이었는데(출 20:9-11; 신 5:12-15), 그들은 도리어 가난한 자를 삼키고 힘없는 자를 망하게 하려는 기회로 삼았다.

이들의 위선을 보자. 첫째, 집중하지 못하는 태도이다. 월삭에 예배를 드리면서도 이 시간이 언제 지나갈까 생각했다. 마치 예배 시간에 언제 마칠까 생각하며 시계를 쳐다보는 것과 같을 것이다. 이는 예배와 더 나아가 예배 받으시는 하나님을 향한 갈망이 없다는 뜻이다. 이들은 예배는 드렸지만 동시에 사업도 구상하고 회의도 생각하는 멀티태스킹을 했다. 이런 태도는 주일성수와 거리가 멀다. 결국 이들에게는 안식이 없고 마음에 불안과 염려만 가득할 것이다.

둘째, 예배하는 도중에 악을 꾀하였다. 이들은 거짓 저울을 사용해 사고파는 것을 속였다. 이 일에 특히 가난하고 힘없는 백성들이 더욱 고통 받았다. 하나님께서는 안식일을 통해 모든 백성, 특히 가난하고 힘없는 백성들을 돌아보길 원하셨는데, 예배하는 자들이 도리어 이 계명을 어겼다. 겉으로는 제4

계명을 지키는 듯 보였으나, 정작 예배 중에 제8계명을 어기고 있었다.

3) 예배를 지키기 위해 저항하는 날

아모스 선지자의 가르침을 깊이 받아 예배 참여하는 수준으로 만족하지 말고, 부패와 위선으로부터 참 예배를 지키기 위해 저항해야 한다. 주일은 안식일인 동시에 저항의 날인 것이다. '저항의 날'은 저명한 구약 학자 브루그만의 용어이다. 저항하는 날로서 주일의 의미를 다음과 같이 정리할 수 있다.

첫째, 주일은 창조의 하나님, 구원의 하나님, 무엇보다 안식(쉼)의 하나님을 기억하고 예배하는 날이다. 그렇기에 이 시대에 안식을 빼앗고, 도리어 탐욕과 불안을 부추기는 거짓 신(우상)에 저항하는 날이다. 창조와 구원의 하나님을 예배함으로 악을 조성하는 사탄과 세상에 저항한다. 이 점에서 주일은 '나 외에는 다른 신을 두지 말라.'는 제1계명과 분명히 관계가 있다.

둘째, 주일은 죄 짓는 것을 그만두는 날이다(대교리문답 117문답). 그렇기에 우리는 나 자신의 탐욕, 죄와 씨름하며 저항하는 날이다. 탐욕과 죄와 싸우지 않고서 예배드리고 주일성수 했다고 할 수 없다. 말씀을 듣고, 찬송하고 기도하면서 동시에 탐욕과 죄와 싸우는 저항이 있어야 한다. 계명 전체와 관련이 있다.

셋째, 주일은 세상(시대)의 정신에 저항하는 날이다. 다양한 세상의 정신을 포괄하기는 어렵지만, 주목하고자 하는 것은 소비 정신이다. 자본주의 사회에 발맞추어 소비를 권장한다. 그러다 보니 물건이 아닌 사람도 소비할 상품으로 보고, 더 나아가 자신이 섬기는 신마저 상품으로 소비한다. 이것은 형상을 만들지 말라는 제2계명과 관련이 있다. 우리는 예배를 통해 사람과 신마저 상품으로 취급하는 시대정신에 저항한다. 이를 통해 초월하신 하나님을 섬기고, 하나님의 형상으로서 이웃을 섬긴다. 하나님과 이웃을 사랑하기로 작정하는 날이다.

  넷째, 주일은 불안과 염려에 저항하는 날이다. 이것은 우리 주 예수 그리스도의 아버지이시자 우리의 아버지이신 하나님을 신뢰하는 것으로 나아간다. 이것은 기도와 연결되는데(마 6), 주일 공예배 기도에 좋은 지침이 된다.

  타락과 위선으로부터 참 예배를 지키는 것은 무엇보다도 중요하다. 참 예배는 하나님을 사랑하는 것과 더불어 이웃을 사랑하는 것까지 나아간다. 이런 차원에서 주일성수와 공예배를 지도해야 한다.

3. 교제는 주일에 힘쓰라

1) 주일에 성도의 교제하기

  앞서 언급한 것처럼 개척 교회 단계에서는 교인 간 접촉이 많아질 때 어려움이 생길 수 있다. 교인 상호 간에 형편을 잘 알고 모든 생활에 섬김과 나눔, 사랑이 있어야 하지만, 어느 정도 훈련과 시간이 필요하다. 아직 사적 영역을 개방할 준비가 없는 교인에게 조속히 개방할 것이 요구되면 큰 부담으로 작용할 것이다. 또 어떤 모임이 사사로이 흘러서 그들끼리 똘똘 뭉쳐 교회 전체가 어려움을 겪을 수도 있다. 이것은 주중 모임, 교인 간 모임이 잦을수록 심해진다. 그렇기 때문에 개척 교회 초기에는 성도의 교제를 주일에 하는 것이 좋다. 이번 코로나19를 겪으면서 '사회적 거리'를 뼈저리게 깨달았다. 친밀하더라도 적당한 거리는 필요한 법이다.

2) 성도의 교제 방법

  어떻게 주일에 성도의 교제를 가질 것인가? 첫째, 설교 나눔이다. 공예배 설교 중 받은 은혜를 서로 나누는 것으로 성도의 교제를 시작하는 것이 가장 좋다. 또 이것이 성도의 교제 출발점이 되게 하면 금상첨화이다. 말씀이 교제의 중심이 되지 않으면 교제가 오래가지 못한다. 함께 모여 식사하고, 함께 교회 봉사를 하고, 전도를 하더라도 말씀이 중심되지 않으면 사사로이 흐를 뿐이다. 설교를 통해 받은 은혜를 나누고 결단한 것을 서로 나누게 하라. 물론 주의할 것은 나눔이 설교 비평으로 흘러서는 안 된다. 이를 위해 목사가 미리 설교 나눔을 위한 질문을 준비하는 것이 좋다. 필요하면 SNS(단톡방, 밴드 등)를 개설해 나눔이 이어지게 한다.

둘째, 모임에 온 세대가 참여하게 하라. 모임하기에 적합한 인원은 5-6명이다. 이 수가 넘으면 분리하는 것이 좋다. 이때 어른과 어린이, 학생을 섞어서 구성한다. 이것은 그들도 교회의 지체요 존중 받는 형제-자매임을 인정하는 것이다. 모임 시간은 길다고 은혜로운 것도 아니고, 지나치게 짧아서도 안 된다. 구성원 형편에 맞게 모임 시간을 정하면 된다. 누구 하나만 말해도 안 되고, 억지로 말하게 할 필요도 없다. 서로 배려하고 인내하도록 지도해야 한다. 반드시 매 주일마다 할 필요는 없다. 상황에 따라서 한 달에 한 번 할 수도 있고 격주로 할 수도 있다.

셋째, 기도하는 시간을 가지라. 받은 은혜에 따라 결단한 것을 위해 기도할 수도 있고, 사적이거나 긴급한 기도 제목을 두고 기도할 수도 있다. 목사는 교제 때 나눈 기도 제목을 받고 공예배 기도 때 언급할 수 있는 것은 언급하는 것이 좋다.

넷째, 교제 발전을 기대하라. 주일에 가지는 성도의 교제가 성숙하고 열매 맺기를 기대해야 한다. 앞서 언급한 것처럼 교제를 통해서도 모든 계명이 지켜지게 해야 한다. 그러나 서둘 필요는 없다. 성령께서 풍성한 성도의 교제를 허락하실 것이다.

나가면서: 세대통합예배의 유익

개척 교회는 여건 상 주일 공예배에 집중하고 주일에 성도의 교제를 가지는 것이 유익하다. 그러나 이것은 어쩔 수 없이 하는 것이 아니다. 성경에 근거할 뿐 아니라 가지는 장점들도 많다. 이런 장점들을 극대화 시킬 수 있는 방법이 있는데 바로 세대통합예배를 드리는 것이다. 세대통합예배는 쉽게 말하면 어린이나 학생들과 함께 예배를 드리는 것이다. 학생 예배를 별도로 드리지 않고 함께 예배한다. 함께 말씀을 들었으니 성도의 교제를 하기에도 유익하다. 물론 교육이나 또래들과 교제를 위해 별도로 모임을 가질 수도 있다.

이것만은 꼭!

1. 주간보다는 주일에 집중하라.
2. 주일성수는 공예배라는 목적을 이루는 방법이다.
3. 주일은 참 예배를 지키기 위해 부패와 위선에 저항하는 날이다.
4. 주일에 공예배와 함께 성도의 교제에 집중하라.
5. 개척 교회에서는 세대통합예배가 장점이 많다.

"교회 개척을 준비할 때
가장 먼저 준비해야 할 것이 무엇일까?
바로 공예배이다!"

2장
공예배 기획

들어가면서

교회 개척을 준비할 때 가장 먼저 준비해야 할 것이 무엇일까? 함께할 사람? 장소? 건물? 중요하고 긴급한 것들이다. 하지만 더 본질적이고 중요한 것이 있다. 바로 공예배이다. 공예배를 기획하고 준비해야 한다. 성도가 교회로 모이는 이유가 예배이기 때문이다. 개척 준비할 때 심혈을 기울여 준비할 부분이 공예배이다. 물론 이것은 청빙을 받아 새로운 임지로 가는 목사에게도 마찬가지이다.

여기서 필자는 그냥 '예배'라 하지 않고 '공예배'(Public Worship)라는 용어를 사용한다. 공예배는 '사적 예배(Private Worship)'와 다르다. 사적 예배는 '가정예배,' '개인예배,' '사내 예배' 등 개인적 혹은 일부가 모여 예배하는 것을 뜻한다. 이와 달리 공예배는 특정 지역과 시대, 구성원의 특징을 초월하는 예배이다.

그렇기에 공예배를 어떻게 기획할 것인가 하는 것은 그리 간단한 문제가 아니다. 필자 역시 교회 개척을 준비하면서 큰 어려움을 겪은 것이 바로 공예배 기획이었다. 오히려 교회 공간은 주 관심이 아니었다. 공예배 장소가 필자의 집 거실이었기 때문이다. 필자의 미숙함으로 공예배 기획을 잘 하지 못했고, 몇 달 지나지 않아 전교인과 함께 공예배를 공부했다. 정작 목사인 필자도 공예배 순서의 의미를 잘 몰랐다. 축도라는 말이 옳은가? 복의 선포인가? 아니면 강복 선언인가? 성만찬의 순서는 설교 전에 와야 하는가, 아니면 그 후인가? 헌금인가, 헌상인가, 봉헌인가, 연보인가? 시편 찬송인가, 그냥 찬송인가? 왜 CCM은 안 되는가? 설교인가 강설인가, 강론인가? 이런 질문을 가지고 공부했다.

필자와 같은 어려움을 겪는 이들이 이 글을 통해 도움을 얻길 기대한다. 절대적인 예배 순서나 의미를 말하기보다는, 성경이 말하고, 공교회와 개혁된 교회가 추구한 예배가 무엇인지 살펴보려 한다. 이를 통해 공예배를 기획할 때 지닐 태도를 알게 될 것이다. 이를 바탕으로 예배 요소와 순서를 정리해 보겠다.

1. 예배의 규정적 원리

1) 규범적 원리와 규정적 원리

종교 개혁 시기에도 참된 예배, 성경적 예배에 대해서 의견 차이가 있었다. 루터교회나 잉글랜드 국교회의 경우 성경이 금지하지 않는 것은 허용될 수 있다고 이해했다. 예를 들어, 촛불과 향을 피우는 것은 성경이 금지하지 않기 때문에 허용될 수 있다고 본다. 그들의 예배 원리를 '규범적 원리(Normative Principle)'라고 부른다. 성경이 명확하게 금하지 않는 것이라면 예배에 사용할 것인지 말 것인지는 자유롭다는 입장이다.

그러나 장로교회는 '오직 성경(Sola Scriptura)'과 '전체 성경(Tota Scriptura)'의 원리에 따라 예배 역시 성경이 말하는 것만 채택해야 한다고 이해했다. 타락한 인간이 성경보다 자기 뜻에 따라 하나님을 섬기려는 욕구가 늘 존재한다는 것을 직시했기 때문이다. 웨스트민스터 예배지침은 '규정적 원리(Regulative Principle)'를 채택했다. 성경에서 분명히 명령하고 규정(regulative)하는 것만 예배에 채택하고 분명하지 않은 것은 규제해야 한다고 믿었다. 예를 들면, 촛불과 향을 피우는 것은 성경이 규정하지 않기 때문에 반대했다. 규정적 원리에 따라 공예배를 기획하면 그 순서가 단순할 수밖에 없다. 그래서 장로교회의 예배 순서는 단순한다. 구체적으로 장로교회의 공예배 순서는 말씀 ⇨ 성례 ⇨ 봉헌 ⇨ 기도 ⇨ 찬양으로 제한된다. 양초, 예복, 웅장하게 장식된 거룩한 제단은 없다.

물론 성경이 교회 시대의 공예배 순서를 구체적으로 제시하지는 않는다. 그래서 하나님께 대한 일상적이고 종교적 예배의 필요한 부분들을 그 시대와 정황에 따라 하나님의 말씀으로부터 지혜롭게 추론해 시행할 수 있는 자유가 교회에 있다.

2) 자의적 숭배의 위험

그러나 성경은 예배에 대해 분명히 경고하는 것이 있다. 그것은 바로 인간의 자의적 숭배의 위험성이다. 부패한 인간은 자기 열심과 지혜로 예배한다. 예배의 대상이 하나님이라 할지라도 예배의 방법이 잘못되면 죄이다. 교회와 사람의 유익을 위한다는 명목으로 자의적인 방법으로 예배하면 안 된다. "순종이 제사보다 낫다(삼상 15:22)."고 했다. 예수님께서 "사람의 계명으로 교훈을 삼아 가르치니 나를 헛되이 경배하는도다(마 15:9)."라는 이사야 선지자의 말을 인용하셨다. 더구나 바울은 분명하게 "자의적 숭배(골 2:23)"를 경고했다. 한 영어 성경(NASB)은 '자의적 숭배'를 'in self-made religion'으로 번역했다. 스스로 만들어낸 방식으로 예배하는 것은 위험하다. 우상 숭배와 똑같다. 예수님은 "내가 분부한 모든 것을 가르쳐 지키게 하라(마 28:20)."고 하셨다. 일부만 가르치고 다른 것을 무시해서는 안 된다. '모든 것(Tota

Scriptura)'을 고려하며 예배해야 한다.

3) 아름다운 자유의 속박!

어떤 사람은 구약 시대의 엄격한 제사와 달리 신약 시대의 예배는 자유로워야 한다고 주장한다. 그러나 구약과 신약의 하나님은 다르지 않으며, 인간의 전적 부패 역시 동일하다. 장로교회는 믿음으로 의롭게 된 신자도 죄로 인해 부패할 여지가 남아 있음을 인정한다. 모든 인간은, 심지어 신자까지도 우상 숭배의 성향이 남아 있다. 칼뱅은 인간의 마음을 '우상 제조 공장'이라고 말했다. 그러므로 인간의 죄의 충동을 알고 조심해야 한다.

성도는 그리스도의 복음으로 '죄의 속박'을 벗어야 한다. 하지만 '자유의 속박'은 유지해야 한다. 인간의 전적 타락 교리를 인정한다면 자유의 속박을 받아들일 수밖에 없다. 그리스도 안에서 중생한 사람에게 주어진 자유는 다시 말씀의 규제를 받아야 한다. 그런 의미에서 이 자유는 방종이 아닌 하나님 나라의 질서를 위한 속박이다. 이 속박은 자발적이고 아름다운 자유 안에서 누리는 복이다.

이 원리를 예배에 적용하면 '규정적 원리'이다. '규정적 원리'는 예배에서 신자의 자유를 빼앗는 것이 아니라 오히려 신자를 죄로부터 보호한다. 규정적 원리는 하나님이 신자에게 준 자유를 빼앗는 편협하고 무거운 규칙이 아니다. 규정적 원리는 그리스도인의 자유를 가장 확실하게 지켜주는 안전장치와 같다. 특히 예배에서 더욱 그렇다.

2. 예배 요소와 예배 환경

예배 순서를 어떻게 정할 것인가? 어떤 것을 뺄 것인가? 오전 예배 시간은 10시가 좋은가, 11시가 좋은가? 오후 예배인가 저녁 예배인가? 예배 시간은 1시간 이내에 끝내야 하는가 아니면 2시간까지는 괜찮은가? 무슨 기준에 따라 이런 질문들에 대답할 수 있는가? 사실 성경은 이런 구체적인 질문에 대답하지 않는다. 이런 공예배 기획은 성경에 기초한 규정적 원리로부터 유추할 수 있을 뿐이다.

장로교회는 '예배 요소'와 '예배 환경'을 구분해 설명하는 유용한 방법을 개발했다. '예배 요소'란 예배에서 고정되어 변하지 않는 '무엇(What)'을 말한다. 기도, 성경 읽기, 설교, 찬송, 성례가 불변하는 예배 요소이다. '예배 환경'이란 예배를 '어떻게(How)' 드릴 것인가에 관한 것이다. 예배 시간, 장소, 질서 정연한 장식들이 여기에 속한다. 예배 환경은 교회의 자유에 속한다. 개척 교회가 위치한 지역, 문화, 특별한 상황에 맞추어 정하면 된다. 같은 지역에 있는 교회나 노회 내 교회를 참고하는 것도 좋다.

3. 대화의 원리

예배는 하나님과 인간의 언약 체결식이다. 언약은 종주와 속주의 쌍방적 교제로 이루어진다. 약속과 믿음, 순종과 보호의 원리가 언약에 들어 있다. 예배는 하나님과 인간의 언약 체결식이다. 이것은 쌍방 간 의사소통이며 대화이다. 그러므로 예배는 하나님과 인간의 대화이다. 여기서 대화의 원리가 나온다.

예배는 성령 하나님의 부르심으로 가능하다. 성령님의 부름이 없이는 아무도 예배로 나아올 수 없다. 이렇게 하나님께서 인간에게 먼저 말씀하신다. 부름 받은 언약 백성은 주일에 특정 장소에서 구체적 시간에 모여 예배를 시작한다. 하나님이 땅을 향해 말씀하시는 것이 있고, 인간이 하늘을 향해 말하는 것이 있다. 이것이 예배 순서에 담겨 있다. 하나님에 대한 '맹세(신앙고백)'나, '찬송,' '기도'와 '봉헌'은 하나님을 향해 위로 말하는 것이다. 반대로 '복의 선포(축도)'나, '사죄 선언,' '십계명 낭독,' '성경 읽기,' 그리고 '말씀 선포(설교)'는 하나님께서 인간을 향해 아래로 말씀하시는 것이다. 독특하게도 성례(세례와 성만찬)에는 내려오고 올라가는 것이 모두 포함되어 있다. 균형을 이루는 것이 필요하다. 인간의 말이 많아서는 안 된다. 그렇다고 하나님의 말씀만 많아서도 안 된다. 대화의 원리에 따라 균형을 이루어야 한다.

4. 세대통합예배

최근 세대통합예배에 대한 관심이 점점 증가하고 있다. 아무래도 처음 개척하는 교회는 세대통합예배가 자연스럽고 비교적 쉽다. 사실 교회 역사 동안 세대통합예배가 원안이었고, 세대분리예배는 대안이었다. 교회 부흥 운동과 주일학교 덕분에 분리 예배가 확신된 것이었다. 교회 성장과 교육의 효율성 측면에서 주일학교는 기여한 바가 크다. 그러나 최근에는 세대분리예배를 통해 놓치고 있는 것에 주목하면서 반성이 일어나고 있다.

세대분리예배로 인해 잃는 것은 무엇일까? 첫째, 세대 간의 신앙 문화가 단절되고 있다. 특히 찬송과 언어의 괴리가 심각하다. 둘째, 성례를 통한 교육이 빈약해지고 있다. 셋째, 신앙의 모델화가 어렵다.

그렇다면 세대통합예배의 유익은 무엇일까? 첫째, 신앙의 내용과 문화가 세대별로 분리되지 않고 연결된다. 둘째, 부모의 신앙이 자녀에게 연결되도록 실천한다. 이것은 언약 신앙의 순종이다. 셋째, 교회와 예배가 살아 있음을 느낀다. 이것은 예배 중 어린 아이들의 소리로 경험한다. 넷째, 설교에 은혜가 넘치게 될 것이다. 목사는 어린이들을 염두에 두고 설교를 더욱 성실히 준비할 것이다. 또 어렵게만 들리는 설교를 어른보다 아이들이 더 잘 이해하는 것을 경험할 것이다. 실로 성령님의 은혜가 아닐 수 없다.

교회를 개척할 때는 한 사람이 귀할 때이고 힘을 분산할 수 없기에 세대통합예배로 시작하는 것이 좋다. 세대통합예배는 언약신앙을 실천하는 좋은 모델이며 큰 복을 누리는 길임을 기억하라.

5. 예배의 복

하나님이 기뻐하시는 방법으로 예배를 드리면 성도는 어떤 유익을 얻을까? 성경은 제2계명을 지키는 자에게 '하나님과 그 계명을 지키는 자들과 후손 천대까지 이르는 하나님의 사랑(출 20:6)'을 약속한다. 혼인 잔치에서 포도주가 떨어졌을 때 그 문제를 해결하기 위해 인간이 해결책을 냈다면 어땠을까? 기존 포도주에 물을 더 탔다면 더 좋은 해결책이었을까? 아니면 다른 음료를 제공했다면? 모두 아니다. 다만 인간이 할 것은 문제를 예수님에게 들고 가는 것이다. 그분이 해결해 주시기를 바라는 것이다. 인간이 자기 지혜로 예수님보다 앞서 가서는 안 된다. 마리아는 종들에게 이렇게 말했다. "그가 너희에게 무슨 말씀을 하시든지 그대로 하라(요 2:5)." 종들은 그렇게 했고 주님께서 도우신 결과 풍성하고 행복한 잔치가 되었다. 원리대로 예배할 때 하나님의 풍성한 복이 예배 가운데 임할 것이다. 하나님의 평화와 은혜가 가득하며, 자녀들도 함께 예배의 은혜를 누릴 것이다.

나가면서

공예배 기획은 무척 까다롭고 어렵다. 그러나 장로교회의 전통을 따라 예배를 기획한다면 풍성한 은혜를 누릴 것이다. 무엇보다 하나님의 말씀과 지혜에 따라 예배해야 한다. 규정적 원리에 따라 예배를 기획해야 한다. 예배 요소와 예배 환경을 분리해 적절하게 적용해야 한다. 또 대화의 원리를 기억해 대화의 균형을 이루어야 할 것이다. 온 세대가 함께 예배한다면 그 유익이 클 것이다. 이런 원리들을 따라 예배한다면, 예배에 참여한 모든 성도들이 하나님의 큰 평화와 은혜를 누릴 것이다.

> **Check!**
> 1. 공예배를 기획할 때 규범적 원리에 따라 나의 욕심을 내려놓고 있는가?
> 2. 예배의 요소는 무엇인가? 우리 교회에 적합한 예배 환경은 무엇인가?
> 3. 기획한 예배 순서는 대화의 원리에 적합한가? 균형을 이루고 있는가?
> 4. 세대통합예배를 하면서 어린이를 위해 어떤 준비를 하고 있는가?
> 5. 교인들이 예배를 통해 풍성히 복을 누리고 있는가? 개선할 점은 무엇인가?

> "우리는 말씀 중심을 외치지만,
> 정작 말씀이 교회를 지배하고 있는지 의문이다.
> 성례를 통해 교인들에게, 그리고 외인들에게까지
> 말씀을 분명하게 보여 주어야 한다."

3장
성례 시행 방안

들어가면서

　한국 교회는 전반적으로 성례에 큰 관심을 두지 않는다. 형식적으로 집례하거나, 그저 그냥 하는 이벤트로 생각하기까지 한다. 영적인 것이 중요하지 형식적인 것은 중요하지 않다고 생각해서 그럴까? 그러나 종교 개혁자들은 참된 교회는 '말씀의 바른 선포와 성례의 정당한 집행'을 한다고 말했다. 우리는 말씀 중심을 외치지만, 정작 말씀이 교회를 지배하고 있는지 의문이다. 성례는 보이는 말씀이기 때문이다. 성례를 통해 교인들에게, 그리고 외인들에게까지 말씀을 분명하게 보여 주어야 한다. 성례 시행이 적으니, 목사는 성례를 어떻게 준비하고, 집례 해야 하는지 두려움이 생길 것이다. 이 글이 모든 성례 집례자들에게 도움이 되길 바란다.

1. 목사는 성례 집례자이다

1) 목사는 설교만 잘해서는 안 된다

　한국 교회의 수많은 목사들이 설교만 잘하면 교인들에게 큰 은혜를 끼칠 수 있다고 생각한다. 즉, 자신을 예배 인도자로 생각하는 것이 아니라 오로지 설교자로 생각한다. 그래서 그런지 예배가 어설픈 경우가 많다. 달리 말하면 설교 외에 다른 순서들은 대충 넘어간다는 뜻이다. 목사는 자신이 예배 전체의 인도자라는 것을 잊지 말아야 한다. 목사는 설교나 예배 전 찬양 인도만 하는 것이 아니라 예배의 모든 순서, 예배 전체를 인도하는 자이다.

2) 목사는 예배 전체의 인도자이다

목사는 기도 인도자이기도 하고, 찬송 인도자이기도 하다. 성례를 집례하는 것도 아주 중요하다. 말씀(설교)과 더불어 성례 역시 은혜의 방편이기 때문이다. 은혜는 하늘에서 갑자기 뚝 떨어지는 것이 아니다. 하나님께서 약속하신 방편을 통해서만 임하는데 그것이 바로 말씀과 성례이다. 우리는 말씀과 성례가 아니고서는 은혜를 받을 길이 없다. 그렇다면 목사는 말씀과 더불어 성례를 잘 알아야 한다.

3) 목사는 성례에 관해 계속해서 공부해야 한다

성경 말씀을 통해서 세례와 성찬에 대한 이해가 깊어져야 한다. 신앙고백서와 교리문답이 성례를 잘 해석할 수 있는 지침을 준다. 성례에 관해 집필된 좋은 책들도 참고하면 큰 도움이 된다. 목사가, 더 나아가 당회가 성례에 관해서 공부하지 않으면 성례는 천편일률적이 된다. 그렇게 되면 교인들은 성례를 기대하지 않고, 은혜도 풍성히 누리지 못하게 될 것이다. 그러니 목사는 꼭 성례를 깊이 이해해야 한다.

4) 성례에 대한 이해가 깊어질수록 설교도 풍성해진다

목사라면 설교에 제일 큰 관심을 가지고 더불어 큰 부담을 느낄 것이다. 그런데 성례에 대한 이해가 깊어진다면 설교에도 큰 유익을 얻는다. 성례를 집례하면 설교는 복음 선포가 될 수밖에 없다. 성례를 신경 쓰다 보면 설교가 그리스도를 드러내지 않을 수 없다. '설교에 방해가 되지 않을까?'라고까지 생각하는 성례가 도리어 설교를 풍성하게 하는데 큰 도움을 준다. 예배 외에 다른 것으로 승부할 수 없는 개척 교회는 설교와 성례에 더 집중해야 한다.

2. 교인들을 잘 교육해야 한다

하이델베르크 교리문답은 성례를 '복음 약속의 눈에 보이는 표와 인'이라고 말한다. 복음을 눈에 보여주는 것인 만큼 성례 준비는 철저해야 한다. 이는 집례하는 목사뿐만 아니라 함께 참여하는 교인들도 그렇다. 그래서 교인들의 성례 교육은 중요하다.

1) 유아세례 교육을 잘 해야 한다

특히 세례 교육이 중요한데, 세례 교육이야말로 교회 교육의 꽃이라고 말할 수 있다. 세례 교육에는 부모를 대상으로 하는 유아세례 교육도 포함된다. 대체로 유아세례를 형식적으로 베푼다. 그러나 결혼하여 임신했을 때부터 유아세례에 대해 말하고 가르쳐야 한다. 이렇게 준비하다가 자녀를 출산하고, 산모가 출생한 아기와 함께 처음으로 예배에 참석하는 주일에 유아세례를 베푸는 것이 좋다.

2) 교육을 잘 해서 성인 세례를 베풀어야 한다

성인 세례를 위해서도 잘 교육해야 한다. 고대 교회에서는 3년 동안 세례 교육을 했다. 짧게는 4회, 길게는 8회 정도 주일에 잠깐 모이는 세례 교육은 어느 정도 탈피할 필요가 있다. 유아세례교인이 공적으로 신앙고백하는 입교도 여기에 포함된다. 유럽의 개혁교회에서는 목사의 직무 중 하나가 언약의 자녀들을 교육하는 것이다. 유아세례 받은 자녀들이 공적 신앙고백을 할 때까지 주중에 한 두 번씩 만나서 교리문답을 교육하는 것이 목사의 중요한 직무이다. 이 교육을 통해 자연스럽게 부모 교육도 이루어진다.

3) 성찬식을 기대하게 해야 한다

세례는 대상자가 있어야 하기 때문에 자주 시행하기 어렵지만 성찬식은 그렇지 않다. 성찬식은 복음을 보여주고 가르치는 중요한 기회이기도 하다. 평상시에 설교나 교육을 통해 성찬식을 기대하게 해야 한다. 우리 한국 교회가 1년에 3-4회 정도 성찬을 베푸는 것은 시정되어야 한다. 물론 자주 시행한다고 해서 성찬식이 의미있는 예식이 되는 것은 아니다. 성찬을 자주 시행하되 품위 있고 질서 있게 집례해야 한다.

4) 적절한 성찬식 횟수?

매달 한 번씩 시행하는 것도 좋을 것이다. 매달 첫 주일에 시행하면 성찬과 더불어서 새로운 한 달이 시작되었다는 것을 확인할 수 있기도 하다. 물론, 성찬을 자주 시행하는 데에 어려움이 따르는 것도 사실이다. 세례 받지 못해 성찬에 참여하지 못하는 이들이 불평할 수 있다. 하지만 성찬의 의미를 잘 설명하면 세례 받은 후 함께 성찬상에 앉게 되기를 바랄 것이다.

3. 성례식을 어떻게 시행할 것인가?

1) 성례식을 잘 진행해야 한다

성례식을 가볍게 진행하면 안 된다. 성례식에는 목사가 장로들의 도움을 받아 진행해야 한다. 그렇다면, 장로는 성례식에서 자신이 역할을 분명하게 알고 있어야 한다. 우왕좌왕해서는 안 된다. 장로가 세례반(盤)을 어디서, 어떻게 들고 있어야 하는지, 빵과 잔을 어떻게 들고 나누어 주어야 하는지를 정확하게 알고 있어야 한다. 또한 장로는 목사의 발언과 움직임에 주의를 기울여야 한다. 성례식을 베풀기 전에 이런 것들에 관해 미리 이야기를 나누고 시연해보아야 한다. 또 종종 의도적으로 한 번씩 변화를 주어 주의를 환기하는 것도 필요하다. 그만큼 성례식 준비와 시행은 철저해야 한다.

2) 『예전예식서』의 도움을 받으라

세례식도 그렇고, 성찬식도 마찬가지인데 총회에서 발간한 『예전예식서』에 이미 '예식문'이 있다. 그 예식문에 성례의 의미가 풍부하게 담겨 있다. 예식문의 내용이 풍부하기 때문에 예식문 자체를 가지고 성례식 전후에 교인들을 교육하는 교재로 사용할 수 있다. 성례식을 베풀 때 예식문을 따라 차분하게 진행하면 성례식의 의미가 분명하게 드러난다. 물론 매번 기계처럼 똑같이 반복하기보다는 강조점을 그때그때 달리하면 참여자들이 더 큰 은혜를 경험할 것이다.

3) 세례식 순서는 다음과 같다

    세례자 호명　　　　(강단 아래에 목사를 보고 서게 한다)
    세례의 의미 설명
    세례 문답
    세례　　　　　　　(장로가 세례반을 들고 나온다)
    공포
    감사의 글 발표　　　(유아세례의 경우에는 부모가 준비한다)
    축하 순서　　　　　(교인들이 다양한 방식으로 축하할 수 있다)

4) 성찬식 순서는 다음과 같다

    성찬의 의미 설명
    성찬 찬송　　　　　('주 예수 해변서,' '오 나의 주님 친히 뵈오니' 등)
    자신을 돌아보는 기도 (목사가 마무리 기도를 한다)
    성찬 제정사 낭독　　(고전 11:23-26)
    빵과 잔 시위　　　　(빵을 떼고 잔에 붓는 것을 보여줌)
    빵과 잔 분배　　　　(회중석으로 돌리거나, 앞으로 불러내는 등)
    먹고 마심　　　　　(빵과 잔을 순차적으로 할 수도 있고, 함께도 할 수 있다)
    감사기도

4. 잔치 분위기를 만들라

1) 교인들이 구경꾼이 되지 않도록 해야 한다

    예식문에 익숙하지 않기 때문에 성례가 행해질 때 회중 대부분은 구경꾼이 되기 십상이다. 구경꾼은 은혜를 누리기 어렵다. 이것은 사실 성례가 교회의 잔치라는 것을 알지 못하기 때문이다. 성례가 잔치라는 것을 가르치면 온 교회가 기뻐할 수 있다. 다시 한 번 더 교육을 강조할 수밖에 없다.

2) 회중이 축하할 수 있도록 하라

성례가 시행될 때 회중이 축하할 수 있도록 미리 준비시키는 것이 좋다. 규모가 작은 개척 교회는 온 교인이 축하하는 것을 몸소 체험할 수 있다. 예를 들어 유아세례를 받는 자녀의 부모가 글을 발표한 뒤에 온 교인이 두 줄로 정렬해 손을 마주 잡고 터널을 만든다. 부모와 자녀가 그 사이로 지나간다면 굉장한 잔치 분위기를 연출할 수 있을 것이다. 또는 온 교인이 앞으로 나와 악수례를 하고 선물을 전달할 수도 있다.

3) 특히 성찬식은 풍성한 잔치이다

성찬식이 장례식처럼 침울한 분위기인 경우가 많다. 예수님이 십자가를 지셨고 죽으셨으나, 지금은 부활하셔서 하늘의 잔치상으로 우리를 초대하신다. 성찬상은 식탁이고, 부활하신 주님이 자신의 살과 피를 나누어 주신다. 잔치상에 둘러앉은 모습을 생각해 보라. 얼마나 흥겨운 모습인가! 규모가 작은 개척 교회에서는 회중에게 빵과 잔을 돌리기보다는, 앞에 준비한 성찬상으로 교인들을 초대하는 것이 더 좋겠다.

나가면서

성례식은 미리 교육하고 준비하는 것뿐만 아니라 성례식 이후에 그 의미를 되새기는 것도 중요하다. 성찬을 매 주일마다 베풀지 않을 때는 그 의미를 되새기는 시간들이 중요하기 때문이다. 교인들이 성례를 사모해야 할 뿐만 아니라 이미 받은 성례를 상기하게끔 해야 한다. 그것이야말로 보이는 것이 없어도 보는 것처럼 살아가도록 하는 길이 된다.

Check!
1. 나는 목사가 성례 집례자임을 알고 있는가?
2. 나는 교인들에게 성례에 대해 교육할 내용과 방법을 잘 알고 있는가?
3. 나는 『예전 예식서』를 참고하여 성례를 진행하고 있는가?
4. 나는 성례식을 어떻게 집례하는지 잘 알고 있는가?
5. 나는 성례식이 잔치가 되기 위해 어떤 준비를 하고 하는가?

"성경 한 권씩 요약하여 주일마다 설교했는데
매우 유익한 방법이었다.
각 권의 개요를 요약하고 중심 사상을 설교했다."

4장
평생 설교 계획

들어가면서

설교는 아무리 강조해도 지나치지 않은 가장 중대한 목사의 직무이다. 설교는 종교 개혁자들이 제시한 참된 교회의 표지이며 은혜의 방편이기도 하다(소교리문답 88문답). 설교는 하나님의 가르침을 포함하는 선포이다. 하나님께서는 이 선포를 통해 구원 역사(롬 10:10)를 일으키고 교회를 세우신다(행 20:32). 이 선포가 너무나도 중요하기에, 장로교회는 자격을 갖춘 설교자가 설교할 수 있다고 정했다. 그렇다면 이런 설교 직무를 감당하기 위해 목사는 최선을 다해야 한다. 그러나 설교가 목사를 부담스럽고 지치게 한다. 특히 개척 교회일수록 더 그렇다. 부디 이 글이 어려움을 겪을 목사들에게 도움이 되길 바란다.

1. 무엇을 설교해서는 안 되는가?

어떻게 하면 설교를 잘 준비하고, 잘 할 수 있을까? 무엇이든 좋은 것, 옳은 것을 규정하기란 어렵다. 대신 아닌 것, 해서는 안 되는 것을 찾기는 쉽다. 설교도 마찬가지다.

1) 합법적 자격을 갖춘 설교자

무엇을 설교해서는 안 되는가를 말하기 전에 먼저 설교자의 자격을 살펴보자. 사실 설교의 문제는 한편 설교자의 문제이다. 자격을 갖추지 않은 자가 강단에서 말하는 것은 결코 설교가 아니다. 자격을 갖춘 자들의 비성경적인 설교도 문제이지만 자격 없는 자들이 강단에 서는 것은 더욱 심각한 문제이다. 엄밀히 말하면 장로교회에서는 목사 이외에 다른 직분자들은 공적으로 설교할 수 없다. 오직 설교자로 부르심을 받은 목사가 전무해야 할 일이다.

2) 비성경적 설교

자격을 갖추었더라도 성경적으로 설교하지 않으면 그것 역시 설교가 아니다. 신앙고백서는 견실하게 설교할 것을 규정한다(21장 5절). 견실한 설교란 건강한 설교, 바른 설교이며 오직 성경, 성경 전체의 원리에 기초한 설교이다. 설교자는 하나님께 파송을 받은 대사(ambassador)와 같다. 따라서 청중의 귀에 좋은 설교를 전해선 안 되고, 하나님의 뜻을 가감 없이 전해야 한다. 따라서 설교는 강의도 연설도 정치적 선동도 아니다. 잔소리나 잡담이나 만담은 더더욱 아니다. 설교 시간에 청중들을 웃기며 눈물 콧물을 짜게 만드는 3류 저질 코미디 같은 만담을 늘어놓는 것은 경악할 일이다. 이는 비성경적 설교이다. 설교자는 한편으로는 인간적인 요소들을 제거하면서 동시에 자신이 과연 오직 성경과 성경 전체를 가르치고 있는지를 항상 돌아보아야 한다.

2. 무엇을 설교할 것인가?

그렇다면, 성경을 어떻게 설교할 것인가? 이것은 설교 방법과도 연결된다.

무엇(성경)을 어떻게(방법) 할(설교할) 것인가? 평생 다해도 못할 설교가 성경 설교이겠지만 몇 가지 방법을 제시해 보겠다.

1) 성경 강해 설교

성경을 책별 또는 순서대로 전하는 시리즈 설교이다. 이는 칼뱅이 한 방법이기도 하다. 칼뱅은 한 번에 3-5절 가량을 45-60분 정도 설교했다. 다음번 설교에는 이어지는 구절을 설교했다. 이 방법의 장점은 성경 전체 구절을 상세히 다루는 것이다. 하지만 전체 성경을 다 설교하지 못할 위험이 있으니 적절한 균형과 안배가 필요하다. 필자는 성경을 한 권씩 요약하여 주일마다 설교했는데 매우 유익한 방법이었다. 각 권의 개요를 요약하고 중심 사상을 설교했다. 이렇게 1년 동안 성경 전체를 설교한 뒤 각 권을 상세히 설교하는 방식으로 전환한다면 더욱 유익할 것이다. 단 한 권을 지나치게 길게 설교하는 것은 교인들의 상황을 고려해서 정해야 할 것이다.

2) 주제별 설교

각 권을 설교하는 것과 별개로 이따금씩 교회 상황이나 형편 또는 신앙적 수준에 따라 특정한 주제를 정해 놓고 설교할 필요가 있다. 복음, 성경, 구원, 믿음, 봉사, 교회, 국가, 종말 등의 주제들은 성도들의 성경적 세계관 형성에 필수이다. 절기 설교(교회력 설교)가 여기에 해당한다. 새해를 맞아 새로운 시작을 의미하는 중생이나 거듭남에 대한 설교, 또는 창세기 1장의 창조에 대한 설교로부터 그리스도의 고난과 부활, 성경적 맥추와 추수 감사, 성탄 설교, 한 해를 마감하고 새해를 맞이하는 설교, 특별히 그리스도의 살과 피를 기념하는 성찬 설교 등은 매우 중요한 교회력 설교들이다. 절기 설교는 스펄전이나 몽고메리 보이스의 설교가 도움이 될 것이다. 코로나19 상황에 맞추어 설교하는 등 당면한 사건을 두고 설교하는 것도 필요하다. 이런 의미에서 벌코프가 말한 것처럼 설교는 예언자적 사명을 가진다.

3) 교리 설교

교리 설교는 두 가지를 뜻한다. 하나는 모든 설교에 성경의 근본 교리가 담겨야 한다는 뜻이고, 다른 하나는 신앙고백서와 교리문답의 중심 사상이 포함해야 한다는 뜻이다. 교리 설교를 하는 이유는 너무나 분명하다. 바로 성경이 교리를 강조하기 때문이다. 사실 성경이 교리 그 자체이다. 이것을 일목요연하게 정리한 신조, 교리문답을 설교하는 것은 마땅히 해야할 일이다.

사도신경, 십계명, 주기도문부터 설교할 수 있다. 이것으로도 1년 정도 설교 계획을 세울 수 있다. 신앙고백서, 교리문답도 가능하다. 벨직 신앙고백서(약 40주), 하이델베르크 교리문답(약 52주 내지 2년), 도르트 신조(26주)만 해도 약 3-4년 설교 계획을 세울 수 있다. 또 장로교회 신조인 웨스트민스터 신앙고백서(52주), 소교리문답(1-2년), 대교리문답(1-2년), 예배지침(26주)을 설교할 수 있다. 『기독교 강요』 같은 책이나 성경론, 신론, 인간론, 기독론, 구원론, 교회론, 종말론 등을 52주 1년 과정으로도 설교할 수도 있다. 이렇게 하면 교리 설교만으로도 족히 10여 년 설교할 분량이 된다. 필자는 2017년 10월 5주 동안 종교 개혁의 5대 표제(Five Solas)를, 2018년 동안 벨직 신앙고백서를 40주 정도 설교한 경험이 있다. 교리 설교를 통해 교인들을 기독교의 근본 교리와 가르침에 숙련되게 할 수 있을 것이며, 이렇게 배운 교인들은 또 다시 다른 이들을 가르치게 될 것이다(딤후 2:2).

3. 설교를 어떻게 준비할 것인가?

성경 강해 설교이든 주제별 설교이든 특별히 교리 설교이든 설교자가 설교를 계획하고 준비할 때 주의해야 할 것들이 있다.

1) 설교 시간

하나는 시간에 대한 준비이다. 시간 안배는 설교 계획에 필수이다. 종교 개혁자들은 주일 오전에는 성경 강해 설교를, 오후에는 교리 설교를 했다. 또 다른 이들은 오전 10시에 교리문답 공부를 하고, 11시 예배에 성경 강해 설교를 했다. 앞서 말했듯이 교회 형편에 따라 주일 예배들, 수요기도회, 금요기도회 등에 분배하면 된다. 예배 중 설교 시간은 적절하게 정해야 한다. 너무 오래 지루하게 하면 교인들이 집중하지 못한다. 칼뱅 당시에도 2시간 넘게 장광설을 늘어놓는 자들이 있어 모래시계를 설치하기도 했다. 자신도 경험하지 않은 진리를 그저 지식으로 장시간 나열하는 것은 설교자 자신에게도 교인들에게도 결코 유익하지 않다. 설교는 지식과 정보를 전달하는 강의가 아님을 기억해야 한다.

2) 설교자 자신의 준비

다른 하나는 설교자 자신의 준비이다. 설교 실패의 대부분 원인은 설교자의 게으름 때문이다. 게을러서 성실하게 준비하지 못한 것이다. 설교를 위해 설교자는 성경과 교리에 능통해야 한다. 이를 위해 설교자는 부지런히 성경과 교리를 공부해야 한다. 눈에 보이고 손이 닿는 곳에 성경 연구서들, 조직신학 교과서들, 신앙고백서와 교리문답 관련 서적들을 두어야 한다.

여기에 더해 기도해야 한다. 영혼의 설교자 리처드 십스는 "설교자는 종종 절반의 사역 곧 설교로 사람들에게 큰 영예를 얻지만 하나님은 나머지 절반 곧 기도의 사역을 등한시한 것을 불쾌하게 여기신다."고 했다. 로버트 맥체인이 사역한 스코틀랜드 던디의 교회 교인들은 그가 강단에 올라가는 모습만 보고도 감동의 눈물을 흘렸다고 한다. 그것이 가능한 이유는 맥체인 목사가 무엇보다도 기도의 사람이었기 때문이다.

4. 설교 후의 계획은 어떠해야 하는가?

그러면 설교에만 충실하면 끝인가? 그렇지 않다. 목사는 설교뿐만 아니라 설교를 잘 들을 수 있도록 교인을 교육해야 한다. 왜냐하면 설교는 잘 전해야 할 뿐만 아니라 잘 들어야 할 일이기도 하기 때문이다.

1) 설교를 효력 있게 듣게 하는 교육

설교가 효력 있는 은혜의 방편이 되기 위해 설교자의 준비뿐만 아니라 교인들의 준비도 있어야 한다. 이를 위해 설교자는 교인들을 훈련시켜야 한다. 첫째, 교인들은 "근면함과 준비와 기도로 말씀에 관심을 기울이며 믿음과 사랑으로 말씀을 받아들이고 마음에 새겨 삶속에 실천"할 때 하나님의 말씀이 효력을 발휘한다(소교리문답 90문답). 청중이 아무 준비 없이 예배와 말씀 선포에 참여하게 해서는 안 된다. 필자는 주일 예배 10분 전에 예배에 참석한 모든 교인들에게 그날 읽을 말씀과 그날 설교할 본문을 고지하고 경건하고 거룩한 마음으로 예배를 준비하라고 당부한다. 이를 위해 말씀과 본문을 주보에 기록해 둔다.

2) 삶 속에서 실천하게 하는 훈련

교인이 준비할 둘째 준비는 읽고 들은 말씀(설교)을 삶 속에서 실천하는 것이다. 야고보서 1:25은 "자유롭게 하는 온전한 율법을 들여다보고 있는 자는 듣고 잊어버리는 자가 아니요 실천하는 자니 이 사람은 그 행하는 일에 복을 받으리라."고 한다. 참된 경건은 말씀의 실천을 통해 드러나고 증명된다. 설교자는 주일 오후나 저녁에 교인들끼리, 또는 가정에서 설교 나눔을 하도록 지도해야 한다. 이 나눔은 실천과 순종이 동반된 진실한 자기 고백이 되어야 할 것이다. 그러므로 설교자의 설교 계획은 설교 후의 계획까지 포함한다.

3) 설교를 위한 교인의 의무

대교리문답 160문답은 교인이 설교를 위해 부지런히 기도하고, 들은 설교 말씀을 따르고, 묵상하고, 참고해 삶에서 열매를 맺어야 한다고 말한다. 이 교훈에는 교인들의 의무가 전제되어 있다. 먼저 설교를 들어야 할 의무이다. 생명의 양식이 선포되는 예배의 참석을 소홀히 한다면 그는 굶주려 죽게 될 것이다. 둘째, 설교자들이 참되게 말씀을 전할 수 있도록 그들과 그들의 설교를 위해 기도해야 할 의무이다. 셋째, 설교를 잘 듣기 위해 미리 준비해야 할 의무이다. 청중은 주일에 말씀을 잘 듣기 위해 토요일에 꼭 필요한 일을 제외하고는 세속적인 모든 업무를 정돈해야 한다. 주일에는 미리 와서 자신과 성도들과 말씀을 선포할 설교자의 영혼을 위해 기도해야 한다. 마지막으로 우리는 온통 입으로만 신앙을 떠드는 『천로역정』의 "수다쟁이(Talkative)"가 되어서는 안 되고 경건한 삶을 통해 거룩의 열매를 맺어야 한다.

나가면서

현대의 교인들은 복잡하고 분주한 삶의 유형 때문에 모든 예배와 다양한 종류의 교회 모임과 성경 공부반에 참석하는 것을 더욱 어려워한다. 과거에는 교회당에 너무 많이 온 것이 일부 문제가 되었다면 오늘날은 교회당에 너무 오지 않는 것이 문제가 되는 시대이다. 그렇기에 설교의 중요성이 더욱 대두된다. 목회자가 영적 양식을 공급하는 주 방편은 설교이다. 얼마 되지 않는 시간이지만 그럼에도 잘 준비된 설교에 성령님의 역사하심이 임하신다면, 그 설교는 수많은 영혼들을 각성시키고 새롭게 하기에 충분할 것이다. 이런 의미에서 '설교를 준비하지 않고 강단에 올라가느니 발가벗고 강단에 올라가는 편이 나을 것'이라고 말한, 그 누구보다도 설교에 있어서 성령님의 역사하심을 강조했던 로이드 존스 박사의 말은 설교자들이 새겨들어야 할 명언이다. 그러므로 오늘날 하나님의 백성의 영혼을 맡은 우리 설교자들은 더욱 설교 계획과 준비에 만전을 기해야 할 것이다.

Check!
1. 나는 오직 하나님의 말씀만 선포하는가?
2. 나는 성경 강해 설교, 주제별 설교, 교리 설교의 특징을 잘 알고 있는가?
3. 나는 교회 형편에 따라 설교 종류를 정하고 있는가?
4. 설교 준비에 충분한 시간, 노력을 기울이고 있는가?
5. 나는 설교를 위해 교인들을 교육하고 있는가?

교회건설
매뉴얼

"교회에 다니면서 가장 많이 하는 것이 예배이지만,
공교롭게도 교회가
예배를 잘 가르치지 않는다."

5장
예배 교육 방법

들어가면서

교회에서 가장 많이 하는 일은 예배이다. 오전 예배, 오후 예배, 수요기도회, 금요기도회, 새벽기도회. 모이기만 하면 예배한다. 사실 교회는 무엇보다 예배를 위해 모인다. 그래서 교회당을 예배당이라고 부르기도 한다. 예수님을 믿고 나서 예배를 드리기도 하지만, 예수님을 믿기도 전에 예배부터 경험한다. 교회당에 가서 복음이 무엇인지, 예수님이 누구신지에 대해 제대로 들어보기 전에 이미 예배부터 경험한다. 그러나 교회에 다니면서 가장 많이 하는 것이 예배이지만, 공교롭게도 교회가 예배를 잘 가르치지 않는다.

1. 예배를 가르쳐야 한다.

교회를 처음 방문한 사람은 물론 기존 교인들에게도 예배를 가르치지 않는다. 왜 예배하는지, 어떻게 예배해야 하는지, 예배의 각 순서는 어떤 의미가 있는지 알지 못한다. 그냥 예배하다 보니 깨닫는다. "아, 설교란 성경을 가르쳐 주는 시간이구나," "찬송은 하나님께 부르는 노래구나." 누가 가르쳐 주어 아는 게 아니라 예배하다가 깨닫는다. 어깨너머로 배우는 셈이다. 그러다 보니 교인들은 예배에 담긴 의미를 풍성하게 알지 못하고, 은혜를 얻지 못하는 경우가 태반이다. 알지 못하고 드리는 예배를 통해서는 풍성한 은혜를 경험하지 못한다. 또 자칫 잘못된 길로 빠질 수도 있다. 그렇기 때문에 교회 건설에 있어 예배 교육은 필수이다. 예배가 무엇인지, 예배 요소와 그 순서를 깨달을 때 더욱 풍성한 은혜를 누릴 것이다. 무엇보다 하나님께서 기뻐하실 것이다.

예배가 과연 무엇인지 기본적인 정의에서부터 시작하여 예배에서 사용되는 요소들과 순서가 단순히 우리 마음대로 정한 것이 아니라 성경과 역사를 통해서 이어져 내려온 것임을 배워야 할 것이다. 이를 통하여 우리의 예배가 어떠한 방향으로 개혁되어야 하는지 분명한 이정표를 세워야 할 것이다. 그렇게 할 때 하나님 앞에 바른 예배를 드리는 교회를 세울 수 있다.

2. 무엇으로 가르칠까?

예배에 대해 무엇으로 가르칠까? 최근들어 예배에 대해 쉽게 해설한 책들이 많이 출간되었다. 『특강 예배모범』(손재익, 흑곰북스), 『예배, 교회의 얼굴』(안재경, 그라티아), 『예배, 무엇이든 물어보세요 1, 2』(안재경, 세움북스), 『개혁주의 예배신학』(D. G. 하트 외, P&R), 『개혁주의 예배』(제임스 드 종, CLC) 등을 사용하는 것이 좋다.

무엇보다 기초는 교회 헌법에 수록된 예배지침(예배모범)이다. 교인들과 함께 예배지침을 살피면서 해설하는 방식으로 교육할 수 있다. 사실 각 교파와 교단마다 헌법이 있고 그 헌법에는 예배지침이 있어서 그것을 가르치고 지키게 해야 하는데, 거의 대부분의 교회(당회)와 목사가 그렇게 하지 않고 있다.

헌법의 예배지침을 활용하자. 그것은 보편교회와 총회의 권위를 가진 것이므로 교인들에게 더욱 신뢰를 얻을 수 있다는 점에서도 유익하다. 2011년에 개정된 고신 『헌법』의 예배지침과 『헌법 해설』은 비교적 상세하게 설명하고 있어서 교재로 활용하기에 좋다. 고신과 비슷한 신학적 입장에 있는 합신, 합동 헌법의 예배지침도 유용하다. 고신과는 조금 거리가 있지만 통합 교단의 예배 해설도 참고할 점이 많다.

3. 예배 교육의 예시

1) 예배 중에도 가르쳐야 한다

따로 시간을 내어 혹은 따로 과정을 개설해서 예배를 가르칠 수도 있겠지만, 무엇보다 예배 현장에서 가르치는 것이 필요하다. 언제부터인지 '무언 사회(無言司會)'가 유행이다. 예배를 인도하는 목사가 아무 말 하지 않고 물 흐르듯 예배 순서가 진행된다. 사람들은 주보에 기록된 예배 순서를 의지한다. 이것이 가장 좋은 예배로 여겨지는 듯하다. 그러나 이런 것은 꼭 무탈하게 진행되는 쇼(Show)와 유사해 보인다.

목사는 예배 인도자로서 시시때때로 각 순서의 의미를 가르쳐야 한다. 예를 들어 예배 시작할 때 "삼위일체 하나님께 예배드리겠습니다."라는 말을 더해야 한다. 또 사도신경을 고백할 때는 "다 함께 사도신경으로 우리의 신앙을 하나님과 세상 앞에 고백하겠습니다." 같은 말을 더함으로 사도신경 고백을 누구에게 하는 것인지 교육할 수 있다. 무언 사회는 결코 지향점이 아니다. 목사는 예배 인도자이면서 동시에 예배를 가르치는 교사임을 기억해야 한다.

대체로 교인들의 수준이 천편일률적이기보다는 다양할 것이다. 신앙생활한 지 4-50년 된 사람, 오늘 처음 온 사람이 모두 함께 모여 예배한다. 그렇기 때문에 예배가 무엇인지 아직 잘 모르는 사람도 있다는 것을 목사는 생각하면서 예배 중에도 짧게나마 가르쳐야 한다.

2) 공기도를 가르쳐야 한다

공기도를 가르쳐야 한다. 교회 생활을 오래한 사람들 중에도 생각보다 기도하지 못하는 사람들이 많다. 공적인 기도뿐만 아니라 개인 기도도 약하다. 이것은 사실 교회에서 기도를 어떻게 하는지에 대해서 배우지 못해서이다. 기도하라는 설교는 많지만 기도를 어떻게 해야 하는지에 대해서 가르치는 경우는 드물다. 혹 있다 하더라도 신비적인 방식인 경우가 많고, 아니면 응답을 받는 비법을 알려준다는 식이다. 그러다 보니 대부분의 교인들은 기도를 어떻게 해야 하는지를 공적으로 배우기보다는 다른 사람들이 하는 기도를 자주 들음으로써 기도하는 법을 익힌다.

그러나 이렇게 해서는 기도를 통해 은혜를 누리지 못한다. 기도를 가르쳐야 한다. 특별히 예배 중에 하는 공기도를 가르쳐야 한다.『헌법』예배지침 제3장 주일 예배 제11조 대표기도에는 기도를 어떻게 해야 하는지 잘 설명되어 있다. 공기도는 성자의 이름으로, 성령의 도우심으로 하며, 목소리를 사용한다면 알아들을 수 있는 언어로 드려야 한다. 하나님의 무한하신 권위를 의식하여 죄와 허물을 고백하고 은혜로운 임재와 성령의 도우심과 예수 그리스도의 공로로 일체의 죄를 용서해 주실 것을 구하여야 한다. 공기도에는 다음의 5가지가 반드시 포함되어야 한다: 하나님의 영광, 감사, 자복, 간구, 다른 사람을 위한 기도.

공기도는 개인기도가 아니므로 개인적인 간구가 아닌 공적인 간구를 해야 한다. 다른 사람 앞에서 한다는 이유로 미사여구를 의도적으로 사용할 필요가 없다. 또 기도가 다른 사람을 향한 설교나 권면이 되지 않도록 주의시켜야 한다. 지나치게 짧거나 지나치게 길어서도 안 된다.

공기도에서 사용하는 표현이나 문장이 수려하다고 해서 신앙이 좋은 것도 아니고, 반대로 어눌하다고 해서 신앙이 안 좋은 것도 아니라는 것을 분명히 가르쳐야 한다. 또한 공기도로 사람을 판단하거나 상대를 비교하지 않도록 가르쳐야 한다.

예배 시간 공기도를 맡는 직분자들은 예배 시간마다 실습하는 셈이니 훈련이 된다. 이들에게만 훈련 기회가 주어져서는 안 된다. 다양한 이들이 공기도를 할 수 있도록, 오후 예배나 기타 모임 시간을 활용하는 것이 좋다.

3) 찬송에 대해 가르쳐야 한다

예배의 한 요소인 찬송도 마찬가지다(고전 14:15; 엡 5:19-20; 골 3:16). 찬송은 단순히 노래가 아니다. 하나님께 드리는 찬미의 제사요 입술의 열매다(히 13:15). 찬송은 예배 행위이다. 그렇기에 찬송을 잘 드리기 위해 노력해야 한다. 준비 없이 찬송할 수 없다. 이를 위해 목사는 찬송을 가르쳐야 한다. 찬송을 지도하는 것은 목사의 중요한 직무 중 하나다.

목사는 찬송의 중요성을 잘 알고 교인들에게 인식시켜야 한다. 찬송을 지도해야 하는 가장 중요한 이유는 찬송을 부르는 주체인 교인들이 찬송 가사의 뜻을 바르게 이해하여 마음을 다해 하나님을 높이도록 하기 위함이다.

아마 목사들도 흔히 선교 단체나 찬양 단체에서 예배 인도나 노래하는 법을 배웠지, 찬송을 따로 배운 적은 없을 것이다.『교회의 직분자가 알아야 할 7가지』(성희찬 외 7인, 세움북스)에 있는 "목사의 직무 중 '찬송을 지도하는 일'에 관하여"와『바른 예배를 위한 찬송 해설』(이성호, SFC)을 참고하면 찬송 교육에 유익을 얻을 것이다.

4) 헌금에 대해 가르쳐야 한다.

한국 교회 내에는 헌금과 관련해 두 가지 경향이 있다. 헌금을 지나치게 강요하는 교회, 반대로 헌금에 대해 전혀 가르치지 않는 교회. 둘 다 바람직하지 않다. 요즘은 헌금에 대해 전혀 가르치지 않는 것을 미덕으로 여기는 경우가 있는데, 결코 바람직하지 않다.

헌금은 예배의 한 부분이요, 신앙의 한 부분이다. 그러므로 가르쳐야 한다. 고신『헌법』예배지침 제3장 제14조 예배와 헌금 제1항은 "모든 신자는 예배 시에 하나님으로부터 받은 은혜를 기억하고 예배의 일부분으로서 헌금을 드려야 할 의무를 가진다."라고 되어 있다.

헌금은 기본적으로 자발적인 행위여야 한다. 로마서 15:26에 "기쁘게 얼마를 동정하였음이라."와 로마서 15:27에 "저희가 기뻐서 하였거니와"라는 말에서 '기쁘게'라는 말이 2번 반복된다. 이는 헌금에 참여하는 결정이 전적으로 로마교회 교인들 스스로 내린 것이었음을 바울이 강조하기 위함이다. 또 고린도후서 8:3의 "저희가 힘대로 할 뿐 아니라 힘에 지나도록 자원하여"에서 '힘대로 할 뿐 아니라 힘에 지나도록'이라는 말은 '자원하여'라는 말과 연결되어 역시나 자발성이 강조된다. 여기서 '힘대로'라는 말은 재정적인 의미이다.

그렇다고 해서 전적으로 자발성에만 맡겨두는 것은 바람직하지 않다. 예배의 참여자로서, 교회의 한 지체로서, 마땅한 부담이 필요하다. 목사는 이를 가르쳐야 한다. 예배 시간에 설교를 듣지 않아도 되는 것이 아니며, 찬송을 부르지 않아도 되는 것이 아니며, 기도에 참여하지 않아도 되는 것이 아니듯, 헌금에도 참여함이 마땅하다. 헌금은 자발적이면서도 동시에 의무다. 목사는 이 사실을 가르쳐야 한다.

나가면서: 가르쳐야 넘어지지 않는다

앞서 말했듯이 예배 교육은 교회 건설에서 필수이다. 특히 예배를 중심으로 운영되는 개척 교회일수록 더욱 그렇다. 계속해서 배워야 한다. 이미 배운 것도 계속 배워야 한다. 그렇지 않으면 힘을 잃어버릴 것이다. 심하면 타락의 길을 걸어갈 수도 있다. 우리 모두는 그리스도의 학생들이다. 교회 역사를 보면, 예배가 늘 타락하였다. 예배의 참된 의미를 몰랐기 때문이고, 주의를 기울이지 않았기 때문이다. 예배를 늘 드리지만, 그 의미를 제대로 이해하지 못하면 변질되기 마련이다. 이를 피하기 위해, 아니 더 적극적으로 교회를 건설하기 위해 우리는 예배 교육에 힘써야 할 것이다.

Check!

1. 목회자로서 예배에 대한 분명한 이해가 있는가?
2. 교인들이 예배에 대한 분명한 이해가 있는가?
3. 주기적으로 예배에 대해 가르치고 있는가?
4. 주기적으로 공기도를 가르치고 있는가?
5. 주기적으로 찬송을 가르치고 있는가?
6. 주기적으로 헌금을 가르치고 있는가?

3부
교회 교육, 이렇게 하면 된다

1장 교인이 되는 절차

2장 출산에서 입교까지

3장 새가족반 운영

Tip 다음세대 신앙교육, 이것만은 꼭!

4장 교회 교육 사례: 고덕장로교회

"아무나 교인으로 받는 것이 아니라
교인으로 받는 절차, 교인이 되는 절차를
처음부터 분명히 하는 것이 중요하다."

1장
교인이 되는 절차

들어가면서

교회 건설에서 직분자 못지않게 중요한 것이 교인이다. 한 영혼이 귀한 개척 교회일수록 '교인은 과연 누구인가?'를 먼저 질문해야 한다. 그래서 아무나 교인으로 받는 것이 아니라 교인으로 받는 절차, 교인이 되는 절차를 처음부터 분명히 하는 것이 중요하다. 이는 교회의 머리이신 예수님께서 직분자뿐 아니라 그리스도의 몸에 속한 교인을 통해 자기 교회를 세우시기 때문이다. 교인 한 사람 한 사람이 교회 세우는 일에 중요한 역할을 한다(고전 12; 롬 12; 엡 4; 벧전 2).

1. '교인'은 누구인가?

흔히 기독교인을 가리켜서 성도, 신자, 그리스도인 등으로 부른다. 용어마다 강조점이 다르다. '성도'는 하나님께서 타락한 세상에서 불러내어 세상과 구별하여 자기 아들 예수 그리스도의 피로 거룩하게 하신 자라는 점을, '신자'는 믿음을 가진 자라는 점을, '그리스도인'은 그리스도의 기름부음에 참여하여 그리스도께 속한 자라는 점을 강조한다.

그 외에 흔히 쓰는 용어로 '교인'이 있다. 여기서 말하는 교인은 지역교회에 일정한 절차를 밟아 공식적으로 입회하거나 가입한 자로서 특정한 자격과 권리를 가진 자를 뜻한다. 그래서 이미 교회에 가입한 다른 지체들과 함께 성찬에 참여하여 그리스도의 한 몸을 이루는 자이다. 또 눈에 보이는 교회(치리회)의 치리와 관할에 복종하고 교회의 성결과 화평에 힘쓰기로 서약하고 그렇게 생활하는 자이다. 구체적인 서약 내용은 (눈에 보이는) '교회의 치리와 관할에 복종하며 교회의 성결과 화평을 이루도록 힘쓰겠다.'는 것이다.

그렇다면 유아세례교인은 어떨까? 당연히 그들도 교인이다. 유아도 부모 서약을 통해 세례를 받음으로써 주님의 교회에 속하게 된다. 그렇지만 아직 입교식을 통해 당회와 회중 앞에서 자기 신앙고백을 공적으로 하지 않았기에 교인으로서 특정한 자격과 권리를 행사하지 못한다. 이는 원입인이나 학습교인에 대해서도 똑같이 말할 수 있다. 이들 역시 교인이기는 하지만, 자격과 권리를 가진 교인은 아니다. 정리하면 통상적으로 교인이라고 할 때 그 교인은 세례교인 혹은 입교인을 가리킨다(교회정치 제22조).

2. 권리를 가진 교인

교인의 권리는 신자가 믿고 고백한 복음에서 비롯된다. 이 복음은 곧 누구든지 오직 믿음으로 하나님 앞에서 '의'롭다고 인정을 받는다는 성경의 교리이다. 복음으로 말미암아 모든 교인은 누구나 십자가 은혜에서 비롯된 의인이라는 동일한 권리를 가지게 되었다. 종교 개혁자 마르틴 루터는 교인은 누구나 제사장이 되어서 설교할 권리뿐 아니라 직접 설교자의 교리를 판단할 수 있는 권리가 있으며, 설교자를 청빙하고 사면하는 권한까지 있다고 보았다.

그렇다면 이런 복음의 교리에 근거하여 교회 헌법은 교인이 가지는 권리를 어떻게 규정하고, 구체적으로 적용하고 있는가? 첫째, 무엇보다 교회가 시행하는 성찬에 참여할 수 있는 권리를 가진다. 성찬을 통해 온 교인이 그리스도의 한 몸을 이룬다. 이것보다 더 중요한 권리는 없다. 온 교인과 더불어 하나의 빵과 하나의 잔에 참여한다. 그리스도를 높이고 그리스도의 은혜를 맛보며, 감사한다. 이로써 그리스도와 친밀한 영적 교제를 가진다. 성찬에 참여하는 권리가 이렇게 귀한데, 누군가가 치리회로부터 수찬정지라는 벌을 받았다면 그는 심각한 범죄를 했다는 뜻이다.

둘째, 교인은 직접 자기 손으로 교회의 항존 직원을 선출하고 청빙하는 권리를 가진다. 이 권리를 행사하여 직원을 세우시는 하나님의 부르심에 기여한다. 직분자 선출과 청빙에 참여하는 것은 참으로 중요한 권리 행사이다.

셋째, 교인은 치리회에 청구권을 가지고 있다. 청구권에는 진정, 청원, 소원, 상소할 권리가 포함된다. 이 문구는 1981년 『헌법』에는 포함되어 있었으나(헌법적 규칙 제3조), 1992년 헌법 개정 때 삭제된 이후 지금까지 이르고 있다. 교인은 치리회에 성경과 교회정치 규정을 토대로 양심의 자유에 따라 예배나 교리, 권징, 교회생활 전반에서 진정이나 청원을 할 수 있다. 또 치리회 결정에 이의를 제기할 수 있고, 심지어 적법한 절차에 따라 노회, 총회에까지 소원과 상소할 수 있다.

넷째, 교인은 공동의회 회원으로서 교회 기본재산이나 예-결산의 안건에서 권한을 행사할 수 있다(교회정치 제150조). 또 영적인 어떤 것을 청구할 권리와 영적으로 보호를 받을 권리도 있다.

3. 교인이 되는 절차

보통 지역교회에 출석해 등록만 하면, 세례를 받지 않았어도 교인으로 불린다. 이것을 전부 잘못된 것이라 말할 수는 없다. 그러나 엄격하게 말하면 이들은 공식적인 교인은 아니다. 교인이 되기 위해 적법한 절차를 밟아야 하기 때문이다. 그것은 바로 회중 앞에서 공개적으로 자신의 신앙을 고백하는 것이다. 이 절차는 다음의 성경 가르침에 근거한다: "사람이 마음으로 믿어 의에 이르고 입으로 시인하여 구원에 이르느니라(롬 10:10)." 즉 마음으로 그리스도를 믿는 사람은 회중 앞에서 공개적으로 그리스도를 '시인'(고백)할 수 있어야 한다. 이러한 질서를 토대로 예배지침은 공적 신앙고백 제도를 두고 있다. 바로 학습, 세례, 입교 제도이다. 그래서 이들은 일정한 교육을 받은 뒤 당회 앞에서 문답을 통해 신앙고백을 먼저 심사받는다. 심사를 받은 뒤 공개적으로 증인이 되는 회중 앞에서 '서약'을 한다. 이것이 대략적인 교인이 되는 절차이다.

이런 정신을 따라 『헌법』은 '교인'이란 통상적으로 성인으로서 세례를 받거나 혹은 유아세례를 받은 뒤 성인이 되어 입교한 자를 뜻한다고 하였다. 그리고 이를 기준으로 아직 세례를 받지 않았지만 예수를 믿기로 작정하고 공예배에 참석하는 자를 '원입인'으로 부르고, 세례를 받기 전까지 일정 기간 신앙교육을 학습하는 자를 '학습인'으로, 언약의 자녀로서 세례를 받았으나 입교서약을 하지 않은 자를 '유아세례교인'으로 구분한다(교회정치 제22조).

경우에 따라서 밟는 절차가 다르기도 하다. 그 예시를 살펴보자(교회정치 제23조).

• 학습인으로 성인(만 14세 이상) 세례를 받는 경우: 공적인 세례 교육을

받음 ⇨ 당회 문답 ⇨ 공예배 시 공적 서약 ⇨ 세례식 ⇨ 공포
- 유아세례교인이 입교를 하는 경우: 공적인 입교 교육을 받음 ⇨ 당회 문답 ⇨ 공예배 시 공적 서약 ⇨ 공포

(*유아세례를 받았기에 재세례를 하지 않음)

4. 타 교회 교인인 경우

같은 교단에 속한 다른 교회에서 교인이 올 때는 어떤 절차를 밟아야 할까? 두 가지 경우가 있다.

- 이명증을 지참하고 교회를 이거하는 경우 당회가 이명증을 받는 즉시 정식 교인이 된다.
- 이명증을 미지참한 경우 본 교회에 출석한 지 6개월이 지난 뒤 당회의 결의로 교인이 된다(교회정치 제26, 28조).

이명증을 가지고 온 사람을 교인으로 받을 때, 그 사람은 즉시 교인으로서 자격과 권리를 가지게 된다. 따라서 즉시 성찬에 참여할 수 있고, 공동의회 회원이 되어 발언권, 선거권, 결의권을 가지게 된다. 다만 장로, 집사, 권사로 선출되는 피선거권은 3년이나 2년이 지난 뒤에야 가진다(교회정치 제65조 제7항, 제76조 제4항, 제85조 제4항).

이렇게 까다롭게 교인을 받아야 하는 이유가 무엇일까? 한 영혼, 한 교인이 귀한데, 이명증이 없어도 그냥 즉시 교인으로 받으면 안 될까? 이명증은 본래 이명하는 사람의 영적 상태를 기록한 것이다. 그가 받아야 할 목양 내용

과 성찬에 참여할 수 있는지 없는지가 담겨 있다. 그래서 번거롭더라도 이명해 오는 사람에게 적합한 돌봄을 주고 또 교회의 성찬을 지키기 위해서 교인을 받는 절차를 까다롭게 하는 것이 좋다.

5. 극단적인 두 경우

교인이 되는 절차와 관련해 극단적인 경우가 있다. 하나는 교인이 되는 절차가 너무 느슨한 경우이고, 다른 하나는 교인이 되는 절차가 너무 엄격한 경우이다. 첫째 경우는 보이는 교회와 보이지 않는 교회의 경계를 허무는 자세라 할 수 있다. 둘째 경우는 보이는 교회와 보이지 않는 교회를 일치시키는 자세라 할 수 있다. 이 두 가지 모두 하나의 거룩한 공교회 곧 보편교회를 거부하는 분리주의적인 자세이다. 두 가지 사례를 좀 더 자세히 살펴보자.

첫째, 교인이 되는 절차가 너무 느슨한 경우이다. 보이는 교회와 보이지 않는 교회의 경계를 허무는 경우로, 사실 우리 주변에서 쉽게 볼 수 있다. 교인을 받는 절차를 주관하는 당회가 이 절차에 무관심하여 형식적으로 대하는 상황이다. 문답이나 심사를 형식적으로 하거나 대충하는 것이다. 대교리문답 61문답에 따라 당회는 유형교회에 속한 신자가 모두 무형교회의 참된 회원이 되도록 지도해야 한다. 문답과 심사를 엄격하게 하여 그들의 신앙고백이 분명한지 알아야 한다. 이렇게 철저하게 해야 하는 이유는 성찬 참여를 비롯한 교인의 권리와 연결되어 있기 때문이다. 이 관점에서 보면 앞서 언급한 이명증과 심사가 새삼 중요하다는 것을 다시금 되새기게 된다.

둘째, 반대로 교인이 되는 절차가 너무 엄격한 경우이다. 보이는 교회와 보이지 않는 교회의 경계를 일치시키는 자세로 헌법에 정한 것보다 부가적인 것을 더하는 상황이다. 예를 들어 『헌법』이 정하는 기준인 만 14세가 아니라 그 이상으로 연령을 상향 조정한다든지, 혹은 주일 공예배 외에 기타 모임(구역모임, 목장모임 등)에 참석하는 것을 조건으로 내세운다든지 등 다른 부가적인 것을 제시하는 경우이다. 심지어 어떤 교회는 세례교인이 이명증을 가지고 본 교회에 등록하였다 할지라도 본 교회에서 시행하는 일정한 교육 과정을 거치지 않으면 교인의 자격과 권위를 부여하지 않기도 한다. 물론 이렇게 교인을 받는 절차를 엄격하게 하는 그 의도와 목적을 누가 충분히 이해하지 못하겠는가? 그러나 『헌법 해설』 교회정치 제81문답에서 말하듯이 이런 태도가 공교회와 보편교회를 거스르는 분리주의 자세임을 명심해야 한다. 성경은 심지어 보이는 교회가 위선자를 교인으로 허용하기까지 하였다. 가룟 유다, 데마, 아나니아 등과 같은 자들도 '사랑의 판단'에 따라 교인이 되었다. 안상혁이 잘 지적하듯이, 왜냐하면 주님께서 그들을 대하실 때 인간의 마음을 통찰하시는 하나님으로서가 아니라 교회의 방식으로 상대하시기 때문이다(『언약신학 쟁점으로 읽는다』, 335). 교인의 자격 심사는 사랑의 판단에 따라 이루어져야 한다.

6. 교인의 자격 상실과 회복

교인의 자격이 상실되는 경우는 네 가지이다. 첫째, 사망하는 경우이다. 둘째, 치리회로부터 출교라는 최고의 시벌을 받은 경우이다. 성찬 참여를 금하는 수찬정지 시벌보다 더 높은 수위의 시벌이다. 물론 출교로 인해 교인의 자격과 권위를 상실하더라도, 교회 출석을 금지하는 등 강제적인 조치를 취할 수는 없다. 셋째, 다른 교회로 이명하는 경우이다. 교인이 이거하거나 기타 사정으로 교회를 떠날 때는 소속 당회에 이명청원을 해야 하며, 이명증을 받아 이거하는 교회에 등록하여 해당 교회로부터 이명증을 받았다는 통지서가 본 교회에 도착하는 과정이 끝나면, 그 교인은 본 교회에서 자격과 권리를 상실한다(교회정치 제26조). 넷째, 신고 없이 교회를 떠나 공예배 참여와 헌금, 치리회에 순종 등의 의무를 행하지 않고 6개월이 경과한 경우이다. 이때 교인으로서 자격과 권리가 정지된다(교회정치 제28조).

그렇다면 교인의 자격은 다시는 회복될 수 없는가? 그렇지는 않다. 복권될 수 있다. 첫째, 출교 시벌을 받은 자가 충분히 회개했을 때 치리회가 그것을 보고 해벌을 결의하고 교회 앞에서 자복하게 한 뒤 해벌을 선언함으로 복권된다(권징조례 제176조). 그러나 출교에서 복권되더라도 즉시 성찬에 참여할 수 없으며 2년이 경과한 뒤 치리회에서 결의한 뒤에야 비로소 성찬에 참여할 수 있다(권징조례 제178조 제4항). 둘째, 신고 없이 교회를 떠나 교인의 자격과 권리를 상실한 자가 교회로 다시 돌아온 경우이다. 다시 돌아온 지 6개월이 지나면 당회 결의로 교인의 자격을 복권시킬 수 있다(교회정치 제29조).

나가면서

교회 교육을 다루는 장을 시작하면서 먼저 교인이 누구인지 살펴보았다. 교회 교육은 교인을 대상으로 하는 것이기 때문이다. 교인은 공적으로 신앙고백을 한 자로서 자격과 권리를 가지는 자이다. 교인이 가지는 권리는 대단히 중요한 것이기 때문에 교인이 되는 절차를 당회가 면밀히 살필 필요가 있다. 특히 교회 이동이 점점 더 자유로워지는 시대에, 이명증 활성화는 꼭 필요한 일일 것이다.

이것만은 꼭!

1. 교인은 세례교인(=입교인)이다.
2. 교인의 권리: 성찬 참여, 공동의회 회원, 영적으로 보호받을 권리, 진정, 소원, 청원, 상소할 권리.
3. 교인이 되는 절차: 세례, 입교, 이명증을 통해. 이명증 없는 경우 6개월 후 당회 결정으로.
4. 헌법이 정한 것 외 다른 조건을 부과해선 안 된다.
5. 교인이 자격과 지위를 상실하는 경우: 사망, 출교, 이명, 6개월 이상 무단결석 시.
6. 교인이 상실한 자격과 지위를 회복하는 경우: 해벌, 다시 교회 출석 6개월 후 당회 결정.

"유아세례가
태어난 자녀에게 부모가 줄 수 있는 최고의 선물이라면,
유아세례 교육은
교회가 부모에게 줄 수 있는 최고의 선물이다."

2장
출산에서 입교까지

들어가면서

성경이 분명히 밝히는 것처럼 신앙교육의 책무는 부모에게 있다(신 6:7). 특히 최근 전 세계적인 감염병 사태를 겪으며 신앙교육에 있어서 부모의 역할은 더욱 중요해졌다. 따라서 교회는 하나님의 말씀에 따라 부모를 교회 교육의 주체로 세워야 하며, 그들을 통해 전인적인 신앙교육이 일어나도록 지원해야 한다. 물론 부모뿐만 아니라 모든 교인이 신앙교육에 참여해야 할 것이다.

1. 출산 전부터 유아세례식까지

1) 최고의 선물 유아세례 교육

유아세례가 태어난 자녀에게 부모가 줄 수 있는 최고의 선물이라면, 유아세례 교육은 교회가 부모에게 줄 수 있는 최고의 선물이다. 부모는 출산 직후부터 '내가 잘하고 있는 걸까? 나는 좋은 부모일까?'라는 질문에 시달린다. 모든 부모가 그렇듯, 양육이 처음이다 보니 아무리 최선을 다해도 실수하고 부족하게 느껴지기 때문이다. 그런데 이런 질문에 대한 답을 유아세례 교육을 통해서 들을 수 있다.

유아세례 교육을 통해 부모는 '좋은 양육자'에 대한 확고한 기준을 가지게 된다. 부모가 비록 실수가 많고 경제적으로나 사회적으로 든든한 배경이 되지 못하더라도 괜찮다. 이것은 좋은 양육자의 기준이 아니다. 삼위 하나님을 전하고, 자녀를 위해 기도하고, 신앙의 본을 보이는 것이 좋은 양육자의 모습이다. 이것을 부모가 유아세례 교육을 통해 배우게 된다. 여기에 더해 자비로우신 아버지 하나님께서 우리 자녀를 끝까지 책임지신다는 약속이 유아세례 때 선포된다. 이로써 부모는 '삼위 하나님의 위로'라는 안전한 요새 속에서 출산과 육아를 담대히 시작할 수 있다. 이 평화와 안식이야말로 자녀의 인생에 가장 중요하고 든든한 '배경'이라는 것을 부모에게 가르쳐야 한다.

2) 모든 교인이 언약의 부모이다

자녀의 부모만 준비된다고 해서 끝나는 것은 아니다. 모든 교인이 한 언약 안에서 부모가 되기를 준비해야 한다. '좋은' 교회는 교육 환경 조성을 위해 큰 예산을 들여 놀이방을 만들고 장난감을 사고 도서관을 꾸민다. 그러나 '더 좋은' 교회는 모든 교인이 한 언약 안에서 부모가 되기를 준비한다. 이보다 더 훌륭한 교육 환경 조성 사업이 있을까? 이를 위해 교회는 부모를 비롯해 교인 전체를 대상으로 유아세례 교육을 시행해야 한다. 그러나 이 교육에는 공부를 비롯해 마음의 준비까지 포함시켜야 한다.

마음의 준비를 할 수 있는 행사를 하나 소개한다. 소위 '베이비 샤워(baby shower)'로 불리는 행사이다. 원래는 출산이 임박한 산모를 위하여 친구나 지인들이 모여 선물을 전달하며 격려하는 시간이다. 북미에서는 이것이 교회 행사로 자리를 잡아가는 추세이다. 이 행사를 통해 교인 전체가 자연스럽게 새로 태어난 자녀의 언약의 부모가 되었음을 깨달을 수 있다. 구체적인 순서는 다음과 같다. 출산 예정일을 3주 가량 앞두고 있을 때 '다음 주일에 베이비 샤워 선물 전달이 있을 것'이라 광고한다. 선물 금액은 각 사람에게 부담이 되지 않는 선(예: 오천 원)으로 정하고 모금한다. 산모는 예상되는 총 모금액(예: 오천 원 X 60명 = 삼십만 원)에 맞춰 필요한 아기 용품을 고른다. 실제 모금액이 예상 금액보다 적을 경우에는 교회 재정으로 보전한다. 주일에는 모든 교인이 보는 앞에서 그 선물을 전달하고, 산모와 아기를 위해 기도한다. 재물이 있는 곳에 마음이 있다. 교인들은 모금에 참여함으로써 새로운 언약의 자녀를 얻은 기쁨을 표현하는 동시에 자신의 마음까지 그 자녀에게 두게 된다. 이러한 과정을 통해 교회 교육의 환경이 아름답게 조성된다.

3) 생명의 가치를 드러내는 유아세례식

교회 전체가 '소자' 하나의 생명을 소중히 여긴다면, 거기서 참 교육이 시작될 것이다. 소자 하나의 생명이 얼마나 중요한지를 공적으로 가르칠 수 있는 자리가 바로 '유아세례식'이다. 성인 세례식과 더불어 유아세례식을 교회에서 가장 기쁜 일이 되게 해야 한다. 성인 세례도 참으로 귀한 일이지만, 태어나자마자 유아세례를 통해 교회에 속하여 하나님의 말씀의 젖을 먹으며 자라게 되었다는 것 역시 놀라운 기적이요 귀한 일이다. 성인 회원을 받는 기쁨과 동일하게 유아세례를 받는 아기를 환영하며 그 기쁨을 최대한 표현해야 한다.

기쁨을 표현하기 위한 여러 방법 가운데 하나로 '복장'을 제안해 본다. 아무래도 내용은 형식을 통해 드러나기 때문이다. 유아세례식이 기쁜 잔치라면, 적절한 복장으로 기쁨을 표현할 수 있을 것이다. 필자는 한국 상황에 맞게 예쁜 한복을 제안하지만, 기쁨을 표현할 수 있다면 다른 복장도 좋다. 교회에서 두어 벌 구매하여 보관하다가 유아세례식 때마다 아기에게 입히면 큰 부담이 없을 것이다. 비록 복장을 예로 들었지만, 무엇보다 유아세례식이 생명의 가치를 드러내며, 기쁜 날이라는 것을 표현하는 것이 중요하다. 이 가치와 기쁨을 공유할 때 교회는 자녀 교육을 위한 모든 준비를 마친 것과 같다.

2. 유아세례부터 입교 전까지

1) 어른과 함께 예배하기

　세대통합예배가 반복해서 언급된다. 공예배를 자녀와 함께 드리는 교회가 많아지고 있는데, 함께 예배하는 자리에서 부모가 본을 보이는 것이 신앙 전수의 바른 길이라는 것을 많은 교회가 수용하기 때문이다. 자녀는 부모가 말하는 내용이 아니라 부모의 말투를 배우며, '똑바로 예배해야 해'라는 가르침이 아니라 부모의 예배 자세를 보고 배운다. 부모와 더불어 모든 교인이 최고의 신앙 교재이다. 따로 어린이 예배를 만들기보다는 함께 예배하는 것이 여러 면에서 효과적일 것이다.

　물론 무작정 예배 시간에 앉혀 두기보다는 좋은 지혜가 필요하다. 먼저 훈련이 필요하다. 예를 들어, 예배 실황을 들을 수 있는 '예배 훈련 공간'을 따로 마련해 부모와 함께 오래 앉아 있는 연습을 해 본다. 분리된 공간에서 미리 부모와 함께 예배 드려본다. 그러면서 부모는 예배를 간단하게나마 자녀들에게 가르칠 수 있다. 또 부모는 가정예배를 통해 공예배 중에 고백하는 사도신경이나 송영 찬송 등 반복되는 순서들을 익히게끔 한다. 목사도 할 일이 많다. 설교에 어린이들이 듣고 이해할 수 있는 내용을 최소한 한두 문장 정도는 포함시켜야 한다. 또 자녀들을 위한 설교 정리 시간을 따로 가지거나, 설교문이나 요약한 내용을 예배 전에 출력해 주는 것도 좋은 방법이다. 가장 안 좋은 것은 부모도 그렇고 목사도 그렇고 모든 교인도 그렇고 중간에 포기하는 것이다. 포기하지 말고 시간을 들여 훈련해 함께 예배하도록 하자.

2) 어른과 함께 경건생활 하기

　어른들과 함께 경건생활을 하고 어른들의 칭찬과 격려를 받는다면 자녀들의 자존감은 높아가고 큰 유익을 얻을 것이다. 그렇다면 방법이 문제인데, 어떻게 함께 경건생활을 할 수 있을까? 필자가 제안하는 것은 '암송'이다. 방법은 간단하다. 미리 인도자를 정한 뒤 인도자가 나와 칠판에 설교 본문 중 핵심 구절을 쓴다. 한 번 읽고, 두 단어 정도 지운다. 다시 구절을 읽고 두 단어 정도 지운다. 글자가 다 지워질 때까지 반복하다 보면 어느새 암송하게 된다. 이후 자녀들이 손을 들어 한 사람씩 발표하면, 암송 끝에는 어른들의 박수와 응원이 뒤따른다. 하다보면 선물을 주지 않아도 암송하는 자녀의 수가 늘어나는 것을 확인하게 될 것이다. 격려의 힘이다. 암송 구절은 어른들에게도 한 주간 주일 설교 묵상의 시작이 된다.

이 활동은 자녀들의 성장을 지켜볼 수 있기에 어른들에게도 유익하다. 유아세례 서약의 증인이요 언약의 부모로서, 그들의 신앙 성장을 함께 지켜보아야 한다. 이를 위해 주일학교 교사에게 전적으로 맡기기보다는 전체가 함께 경건생활 하는 것이 필요하다. 함께 모여 암송한다면, 매년 성장하는 자녀들을 지켜볼 수 있고 그들에게 관심을 가지고 더욱 기도하게 된다. 작년에는 시도도 못했던 자녀가 올해 씩씩하게 암송하는 모습을 볼 때 저절로 함성과 박수갈채가 쏟아진다. 자녀는 언약의 부모들의 지지와 응원 속에 무럭무럭 성장할 것이다.

3) 어른과 함께 봉사하기

자라는 동안 성경과 교리뿐만 아니라 사랑의 실천과 섬김도 배워야 한다. 어떻게 자녀들이 실천과 섬김을 배울 수 있을까? 흔히 교회 봉사는 어른들의 전유물이다. 그러나 자녀들에게도 봉사할 수 있는 기회를 주어야 하며, 봉사함으로써 자녀는 앎과 삶이 균형을 이루며 성장하게 된다. 물론 어른들과 짝을 이루어 봉사해야 한다. 의외로 자녀들과 함께할 수 있는 봉사가 많다. 유아실 봉사 같은 경우 10살 정도만 넘어가도 잘 해낼 수 있다. 유아실 봉사는 자녀와 잘 놀아주는 좋은 부모로 성장하는데 큰 도움을 주기도 하다. 어른들과 함께 유아실 봉사를 하며 어린 자녀를 품에 안는 방법, 울음을 달래는 방법, 수유하는 법, 트림시키는 법을 보고 배운다. 아들과 딸의 차이나, 어떻게 놀아주면 좋은지도 배운다.

청소와 설거지 또한 아이들이 할 수 있는 좋은 교회 봉사다. 어른들과 함께 직접 교회의 더러운 곳을 닦고, 망가진 곳을 고치고, 쓰레기통을 비운다. 이를 통해 누군가의 섬김이 있기에 교회 전체에 안식이 있다는 것을 경험한다. 봉사를 통해 교회가 어떤 방식으로 돌아가는지를 자기도 모르는 사이에 알게 된다. 봉사뿐 아니라 공동의회에도 참관인석을 마련하여 원할 경우 참관하도록 하는 것이 좋다. 여기서 핵심은 유아세례교인도 교회 안에 있는 회원임을 깨닫게 하는 것이다. 소위 '어른'의 영역과 '자녀'의 영역을 구분하지 않고 함께하는 것이 좋은 성도로 자라가게 하는 길이다.

3. 입교 준비부터 입교식까지

1) 가정예배에서부터 준비

특별히 다음세대에 초점을 맞춘 교회 교육은 입교 교육이 핵심이다. 공적으로 신앙을 고백하고, 그 고백대로 살아가는 교인이 되도록 교육하는 것이다. 이 목표를 이루기 위해 반드시 필요한 것이 가정예배이다. 가정예배는 교회와 집에서 부모와 자녀의 양심을 하나님의 말씀에 묶는다. 만일 자녀가 말씀대로 바르게 살지 못할 때 가정예배는 따끔한 회초리요 가시방석이 된다. 반대로 말씀대로 살아갈 때는 가정예배가 격려와 위로가 된다. 이렇게 가정예배는 고백한 대로 살아가는 성도, 바른 신앙고백자로 준비되는 데 큰 도움을 준다. 이처럼 교회 교육은 가정예배와 연결될 때 더 큰 힘을 발휘한다. 그렇다면 어떻게 가정예배와 교회 교육을 실질적으로 연결할 수 있을까? 교회학교 교사로 부모를 세우는 것이 한 방법이 된다. 목사는 교인을 바른 교리로 가르치고, 교인이 배운 바를 가정과 교회에서 가르친다. 이런 선순환이 지속될 때 얻는 결과는 무엇일까? 바로 우리 자녀들이 교회와 가정에서 배운 대로 바른 신앙을 고백하고 고백한 대로 살아가게 되는 것이다. 이 아름다운 장면이 가정예배에서부터 시작된다.

2) 수련회를 통한 훈련

공적인 신앙고백 훈련을 위해 방학마다 개최하는 수련회를 활용할 수 있다. 수련회에서 배운 점을 교회 앞에서 발표하게 하는 것이다. 이를 통해 자녀뿐 아니라 교인들도 자녀들의 입교예식을 준비하게 된다. 교인들은 발표를 들으며 성장한 자녀들을 격려하기도 하고, 힘든 점을 발견하고 기도하기도 한다. 수년 동안 이 과정을 지켜 본 성도들이 입교예식에서 '네'라고 대답하는 자녀를 볼 때, 언약의 부모로서 하나님께 영광을 돌릴 것이다.

3) 부모와 함께하는 입교 교육

이렇게까지 교회 교육이 진행되었다면, 사실 따로 입교 교육 과정이 필요하지는 않다. 이미 지난 세월 부모와 교인들에게 교육 받았기 때문이다. 그래서 입교 준비 교육은 따로 어떤 내용을 배운다기보다는 부모에게 받은 신앙의 유산이 무엇인지 돌아보는 시간으로 가지는 것이 좋겠다. 이 기간에 자녀와 부모 간에 깊은 대화를 나누는 것이 좋다. 예를 들어, "제가 유아세례 받은 후에 특히 노력했던 게 뭐예요?" "성찬을 받는 날, 어떤 준비를 해오셨나요?"

같은 질문으로 대화를 나누는 것이다. 유아세례, 공적 신앙고백, 성찬과 관련해 대화를 나누는 것이 필요하다. 어느 정도 교육 기간이 지난 뒤 당회는 문답을 하고 신앙고백을 확인한다. 입교식을 준비하는데, 부모의 소감을 발표하게 하는 것도 좋을 것이다.

나가면서

출산부터 입교까지 각 시기별로 교육하는 방법들을 살펴보았다. 부모와 모든 교인을 좋은 교사로 교육시켜야 한다. 또 어린이를 따로 구분해 교육하기보다는 어른들과 함께 교육한다. 이를 통해 자녀들은 좋은 신앙의 본을 눈으로 보면서 배우게 된다. 어른들 역시 자녀들을 통해 큰 기쁨을 얻게 된다. 그러나 무엇보다 중요한 것은 가정과 교회에서 신앙교육의 주체는 부모라는 것이며, 교회는 부모를 힘써 지원해야 한다.

이것만은 꼭!

1. 바른 교리를 고백하고, 고백한 대로 사는 교인을 양육하는 것이 교회 교육의 목표이다.
2. 자녀 교육의 책임은 부모에게 있으며, 교회는 부모를 지원해야 한다.
3. 교회 교육은 가정예배와 긴밀히 연계되어야 한다.
4. 자녀들은 어른과 함께 경건생활 함으로 자란다.

교회건설
매뉴얼

"개척 교회 목사는 너무 기존의
고정적인 틀 안에서 새가족반 운영을
이해하지 않도록 주의할 필요가 있다."

3장
새가족반 운영

들어가면서

교회 성장은 크게 두 가지로 이루어진다. 하나는 출생과 양육이고 다른 하나는 전도이다. 전도도 크게 2가지로 나뉘는데 하나는 불신자가 교회를 방문하는 경우이고 다른 하나는 기존 교인이 이명해 오는 경우이다. 교회 성장은 이 숫자의 증감에 달려 있다. 따라서 새가족반을 잘 운영해야 한다는 강조는 아무리해도 지나치지 않을 것이다. 그러나 개척 교회 목사는 너무 기존의 고정적인 틀 안에서 새가족반 운영을 이해하지 않도록 주의할 필요가 있다.

1. 새가족을 어떻게 환대할 것인가?

성경에 따르면 환대는 복음의 본질이다. 주님께서 우리를 영접한 것 같이 우리도 서로를 영접하여야 한다(롬 15:7). 이 환대의 복음은 새가족을 맞이하는 것에서도 잘 드러나야 한다. 그런데 의외로 교인들은 새가족이 등록하여 교회가 성장하기를 간절히 바라면서도 실제로는 그들에게 구체적으로 어떻게 할지를 모르는 경우가 적지 않다. 따라서 목사는 환대의 복음을 설교로 잘 가르칠 뿐 아니라 그것이 교회 안에서 구체적으로 어떻게 시행되어야 하는지에 대해서도 잘 지도할 필요가 있다.

새가족을 잘 맞이하는 가장 기본적인 원칙은 자기 스스로를 새가족이라고 생각하는 것이다. 이 기본 원칙만 잘 인식해도 새가족에게 무엇이 필요하고 무엇이 부담스러운지를 금방 알 수 있다. 특히 교인 증감에 더 신경 써야 할 개척 교회 목사는 더 철저하게 새가족을 염두에 두어야 한다. 그들을 고려하면서 설교를 어떻게 해야 할 것인지, 예배를 어떻게 인도해야 할 것인지, 찬송을 어떻게 인도해야 할 것인지를 고민할 필요가 있다.

일반적으로 진지하게 교회를 찾는 새가족에게 가장 필요한 것은 예배 안내이다. 따라서 예배 시작 전에, 안내자는 새가족에게 좌석을 안내하고 주보를 제공한 다음에 혹시 필요한 것이 있는지만 물어보는 것이 좋다. 새가족이 예배에 집중하도록 하고 개인적인 질문은 예배 후에 하는 것이 좋다. 새가족이 가장 싫어하는 것은 강요이다. 교회 등록을 강요하는 듯한 인상을 주는 것은 가장 최악이다. 새가족은 또한 타인의 시선을 굉장히 부담스러워 한다. 이것은 특별히 작은 교회를 방문했을 때 더욱 그렇다. 따라서 공중 석상에서 새가족이 주목받는 시간을 최소로 하는 것이 바람직하다. 예를 들어 앉은 자리에서 일어나게 하여 간단하게 박수로 환영하는 선에서 끝내는 것이다.

2. 식사 교제: 새가족반의 시작

예배 후에 이어지는 식사 교제까지 참석하기로 하였다면 그날 예배에 대한 만족도가 매우 좋다는 것을 의미한다. 획일적으로 말할 수는 없지만, 오늘날 불신 새가족 중에 기독교에 대해서 전혀 알지 못하는 경우는 거의 없다. 기존에 교회를 다닌 경우에는 이미 방문한 교회에 대해서 상당한 정보를 가지고 있는 경우가 많다. 교회 홈페이지가 있는 경우에는 적어도 인터넷을 통해서 이미 기본적으로 지식을 가지고 있는 상태에서 방문을 한다. 따라서 예배 후 식사 교제까지 참석한 이유는 이미 알고 있는 내용을 목사에게 직접 확인하거나 점검하기 위한 것이다.

우리 주님이 예를 보여 주셨듯이 식사 교제는 새가족을 환대함에 있어서 매우 중요하다. 하지만 전혀 모르는 사람과 함께 기분 좋게 식사하는 것은 사실 정말 어려운 일이다. 새가족의 성향에 따라서도 식사 분위기가 전혀 달라질 수 있다. 식사 시간은 단지 밥만 먹는 시간이 아니다. 식사 교제의 핵심은 대화이다. 이 대화를 잘 할 수 있도록 식사 교제를 이끌어야 한다. 만약 새가족이 주도적으로 교회에 대해 이것저것 많이 물어보면 그 식사 모임은 별 어려움이 없다. 그때는 그냥 정직하고 솔직하게 있는 그대로 답을 하면 된다. 문제는 새가족이 쑥스러워서 질문이나 대화를 잘 못하는 경우이다. 이럴 때는 기본적으로 교회와 목사 자신을 소개하는 것이 좋다. 그렇게 하는 가운데 질문을 하면서 대화를 이끌어 가야 한다. 이런 진행은 쉽지 않을 수 있는데, 이를 위해 간단한 교회 소개서나 소책자 같은 것을 미리 제작해 준비해 두는 것이 좋다.

특히 개척 교회의 경우 식사 교제가 바로 새가족반이라고 생각해야 한다. 여기서 담임목사의 역할은 결정적이다. 따라서 담임목사는 전혀 모르는 사람들과 대화하는 능력을 평소에 길러야 한다. 의외로 이것을 잘 못하는 목사들이 많은데 이것을 능숙하게 잘 하지 못하면 교회가 성장하는 것은 매우 힘들다. 어떤 목사는 설교에 지나치게 비중을 두고 인간관계의 중요성을 경시하기도 하는데, 목사는 모든 사람과 좋은 관계를 맺을 수 있어야 하고 그들과 시간 보내는 것을 낭비라고 생각해서는 안 된다. 새가족에게 좋은 인상을 남기면 비록 그들은 교회에 등록하지 않더라도 다른 사람들에게 좋은 소문을 낸다는 것을 꼭 기억해야 한다.

목사가 새가족 환영을 잘 하면 좋지만 한계가 있기 때문에 이런 일을 잘 할 수 있는 교인과 동석하는 것이 좋다. 예를 들어서 30대 여성 혼자 방문을 하였다고 가정하자. 이런 경우에는 30대 여성 교인들 2명 정도와 함께 식사하는 것이 좋다. 만약 자녀가 있다면 자녀들도 함께 오도록 할 수 있을 것이다. 사는 지역을 밝힌다면 같은 지역이나 인근 지역에 사는 교인을 오게 하여 식사하면 훨씬 대화를 잘 이끌어갈 수 있을 것이다. 탁월한 식사 교제야 말로 가장 좋은 새가족반이다.

3. 새가족반, 굳이 없어도 된다

새가족은 저마다 상황이 너무나 다르다. 어떤 경우에는 교회를 10년이 넘게 다니기도 하고 어떤 경우에는 1년이 채 되지 않은 경우도 있다. 교회를 오래 다닌 사람들은 초보적인 새가족반 교육에 상당한 거부 반응을 가질 수밖에 없다. 대형 교회들은 이런 것을 다 무시하고 자신의 교육 과정을 밀어 붙일 수 있겠지만 작은 교회의 경우 그와 같은 접근 방식은 새가족을 전혀 배려하는 것이 아니다. 따라서 작은 교회에서는 어떤 획일적인 새가족반이나 교과과정을 구성하지 않는 것이 좋다.

다른 부분도 마찬가지이지만 작은 교회는 대형 교회를 따라가서는 안 된다. 특히 새가족반 운영은 더 그렇다. 그 이유는 크게 세 가지이다. 첫째, 새가족을 위한 시설 자체를 구비할 수 없다. 심지어 독립된 공간도 확보할 수 없는 경우가 많다. 둘째, 새가족 숫자 자체가 적기 때문에 그들만으로 이루어진 적절한 모임을 구성할 수가 없다. 셋째, 목사가 별도의 새가족반을 운영할 여력이 전혀 없다. 대형 교회가 새가족반을 잘 운영해서 성장했으니 우리도 따라

하면 되겠다는 생각은 매우 순진한 생각이다. 이와 같은 점을 살펴보았을 때, 가장 좋은 방법은 별도의 새가족반을 운영하지 않고 기존의 모임 중 하나를 새가족반처럼 통합 운영을 하는 것이다. 실제로 새가족들끼리 특별한 방에 있는 것 자체가 그들에게 큰 부담이 되는 경우가 많다.

4. 대안: 기초교리반을 새가족반처럼 운영하기

여러 상황을 고려해 보았을 때 작은 교회는 이미 교회 안에서 운영하고 있는 기초교리반을 새가족반처럼 운영하는 것이 가장 좋다. 만약 이 방법을 선택하였다면 다음과 같은 방식으로 운영할 것을 제안한다.

① 담임목사가 직접 인도하고 교리반 교인들과 함께 새가족을 살피도록 한다.
② 항상 동일한 교재를 사용하게 하여 목사가 능숙하게 가르칠 수 있도록 한다.
③ 반 구성원들은 최근에 방문한 새가족을 비롯하여 신앙 연륜이 짧은 교인으로 구성한다.
④ 새가족이 언제 오더라도 같이 즐겁게 공부할 수 있도록 교육 내용을 치밀하게 구성한다.
⑤ 하이델베르크 교리문답이나 웨스트민스터 대소교리문답도 좋지만 아예 웨스트민스터 신앙고백서를 공부하는 것도 좋다.

기초교리반을 새가족반처럼 운영한다면, 이 새가족반의 성격은 기존 새가족반의 성격과 달라야 한다. 보통 새가족반은 이 교육 과정을 끝마친 뒤 졸업시켜 기존에 있는 교회 모임에 편입시키는 것이 목적이다. 하지만 이런 틀을 고수할 필요가 없다. 먼저 회원 허입(교인 등록)은 당회의 권한이기 때문에 새가족반과 연계시킬 필요가 없다. 당회가 잘 심사해서 적절한 때에는 언제든지 회원으로 받아들이면 된다. 이 새가족반의 목적은 기존 교인들과 함께 공부하면서 친구가 되도록 하는 것이어야 한다.

여기에 더해 기초교리반의 성격도 변할 필요가 있다. 보통 기초교리반의 주목적은 기존 교인들에게 기초적인 교리를 습득하도록 하는 것이다. 하지만 새가족이 참여하는 기초교리반이라면 그들에 대한 배려도 함께 고려해야 한다. 이렇게 되면 새가족반처럼 운영되는 기초교리반은 교회 안의 작은 교회 역할을 하게 된다. 새가족은 기존 교인들 중 소수와 쉽게 친해질 수 있는 기회를 가지게 될 것이다. 새가족은 어느 순간 자기도 모르는 사이에 정말로 교회의 회원이 되었다는 것을 실감하게 될 것이다.

새가족이 처음 방문해서 교리반에 참석했을 때 새가족을 일으켜서 소개하도록 할 것이 아니라 오히려 기존 교인을 한두 명을 앞으로 나오게 해서 새가족에게 교회를 소개하게 하는 것도 좋은 방법이다. 목사의 설교도 중요하지만 교인들의 진실된 3분 스피치는 설교와는 또 다른 감동을 새가족에게 선사한다.

5. 회원 허입(교인등록) 축하

기초교리반에서 공부하는 중에 당회가 그들을 회원으로 받을 것인지 아닌지를 판단한다. 그들을 교인으로 받기로 결정했다면, 적절한 시기를 선정하여 회원 허입식을 진행한다. 구체적인 진행 방법은 다음과 같다.

① 관심을 크게 보이는 새가족인 경우 첫 방문 식사 교제에서부터 교회와 회원 허입 절차에 대한 소개를 하고 이후에는 부담 가지지 않고 자유롭게 교회에 출석하게 한다.
② 새가족이 회원이 되기로 결심하고 당회에 회원 허입 요청을 하면, 당회원은 직접 심방을 하고 심방 결과를 교회 SNS(밴드, 카톡방 등)를 통해 교인들에 공지한다. 이때부터 모든 교인은 새가족에게 이전보다 더 깊은 관심을 가지고 교제를 시작한다.
③ 교인들의 특별한 이의나 반대가 없으면, 담당 당회원은 새가족을 자신의 집으로 초청하여 식사 교제하면서 회원 허입에 대한 최종적인 의사를 확인한다. 확인 후 당회에서 회원 허입 여부를 결정한다.
④ 당회의 결정 후 정해진 날 예배 시간에 서약을 하여 회원으로 받아들이고 그날 성찬에 참여시킨다. 성찬 참여야말로 교회의 회원권을 가장 분명하게 경험하는 방법이다. 이를 위해 매주 성찬을 시행할 것을 제안한다.
⑤ 예배 후에는 간단한 축하 시간을 가진다. 교인들에게 미리 간단한 선물을 준비하게 해 전달하도록 한다. 선물의 숫자가 많을수록 감동적이다.
⑥ 주일 저녁에는 교인이 된 새가족을 교회 공식 SNS로 초대하여 가입시킨다. 이때 모든 교인들이 댓글과 이모티콘으로 또 한 번의 축하를 한다. 이때부터 새 교인은 SNS를 통해 교회의 모든 일을 알게 된다. 또 굳이 설명을 하지 않아도 시간 날 때 이전 글이나 사진을 보면서 교회를 훨씬 더 잘 이해하게 된다.

나가면서

새가족을 환대하는 것은 규모가 작은 개척 교회에 특히 중요하다. 목사와 교인들은 새가족을 늘 염두에 두고 환대하는 방법을 구체적으로 준비하고 있어야 할 것이다. 그러나 대형 교회에서 운영하는 새가족반 같은 이전 방법은 효과적이지 않다. 오히려 틀 밖으로 나와서 새롭고도 효율적인 방법으로 새가족을 환대해야 할 것이다.

이것만은 꼭!

1. 새가족을 잘 맞이하는 기본적인 원칙은 자기 스스로를 새가족이라고 생각하는 것이다.
2. 식사 교제는 새가족반의 시작이다. 목사는 능숙하게 식사 교제를 이끌 수 있도록 준비해야 한다.
3. 대형 교회식 새가족반 운영은 작은 교회에 맞지 않다.
4. 기존의 기초교리반을 새가족반처럼 운영하는 것이 유익하다.
5. 감동적인 교인등록식은 새가족, 기존 교인 모두에게 기쁨이 된다.

Tip

다음세대 신앙교육, 이것만은 꼭!

현 한국 교회는 고령화된 지 오래다. 노인들로 가득한 교회가 꽤 많다. 소위 전통적인 교회의 미래는 어두워 보인다. 교회를 개척하면 다음세대 교육에 절로 관심을 가질 수밖에 없다. 그렇다면 다음세대 신앙교육에서 꼭 기억해야 할 것은 무엇일까? 다음 4가지만은 꼭 기억하자.

1. 가정에서의 신앙교육

성경을 보면 하나님께서는 신앙교육의 책임을 부모에게 맡겼다는 것을 알 수 있다. 믿음의 조상 아브라함이 대표적이다. 만일 믿지 않는 가정이라면 속히 그 가정이 복음을 받아들이길 기도해야 한다. 그러나 일반적인 원리는 가정에서 신앙교육을 하는 것이다. 부모들에게 이 사실을 꼭 기억하도록 강조해야 한다. 그렇다면 가정에서 신앙교육을 어떻게 할 수 있을까? 가장 좋은 방법은 매일 가정예배를 하는 것이다. 아침이나 저녁에 따로 시간을 구별하여 예배를 드려야 한다. 매일 다 같이 모이는 시간을 마련하기 어렵다면, 식사 시간을 이용하거나 주일 저녁에만 모여도 좋다. 자세한 내용은 가정경건회 지도 내용을 참고하라.

2. 교회에서의 신앙교육

개척 교회 상황에서 기존의 주일학교 방식으로는 다음세대 교육을 이어나가기가 어렵다. 그러나 이것이 약점이 되는 것은 아니다. 오히려 위기를 기회로 삼는다. 개척 교회는 자연스레 세대통합예배를 하게 된다. 부모와 자녀가 함께 예배함으로 신앙의 전수가 절로 일어난다. 또 기존의 주일학교 예배에서 볼 수 없었던 성례를 눈으로 직접 볼 수 있다. 물론 이것을 위해서는 품위 있는 성례 집행이 자주 있어야 한다. 장기적으로는 또래들끼리 구별해 교육할 수 있어야 한다. 은사가 있는 교인을 교사로 세울 수 있지만 여건이 된다면 목사가 직접하는 것이 필요하다. 교육 과정을 새로 편성하기는 어렵기 때문에 교단 교재를 비롯해 적합한 교재를 선택하면 된다. 곧 말하겠지만 소교리문답을 사용하는 것이 가장 좋다.

3. 학교에서의 신앙교육

신앙교육은 학교에서도 이루어져야 한다. 목사는 다음세대가 많은 시간을 보내는 학교에서 어떤 교육을 받고, 교우 관계는 어떤지 관심을 가져야 한다. 더 나아가서 교과과정을 기독교 세계관으로 새롭게 보도록 지도하면 금상첨화다. 그러나 이 일이 목사에게 쉽지 않다. 이 일을 위해서는 기독교 학교가 필요하다. 여기서 말하는 기독교 학교는 선교를 위해 세운 미션스쿨이 아니다. 성경과 교리를 가르칠 뿐만 아니라 성경적 관점에서 교과 내용을 가르치는 기독교 학교를 말한다. 기독교 학교와 연결되면 좋지만, 강조하는 바는 다음세대가 어떤 관점의 교육을 받는지, 학교생활은 어떤지 관심 가지라는 것이다.

4. 교리교육의 필요

다음세대가 성경을 잘 읽지 않는 것도 문제이지만, 근본적으로 복음의 핵심을 체계적으로 배우지 못한 것이 큰 문제다. 다시 말해 사상누각 같은 신앙 상태인 것이다. 이 문제를 해결하기 위해서는 어릴 때부터 교리문답을 배우는 것이 좋다. 누군가는 아이들 스스로 질문할 때까지 기다렸다가 가르치는 것이 교육의 효과가 가장 좋다고 주장한다. 그러나 대부분 이를 핑계 삼아 체계적인 신앙교육을 등한히 하거나 미룬다. 이것은 매우 위험하다. 장로교회는 전통적으로 웨스트민스터 소교리문답을 어릴 때부터 가르쳤다. 가정에서나 교회에서 어떻게 신앙교육할지 모르겠는가? 소교리문답부터 시작하라!

"왜 교인을 교육하는가?
그것은 교인이 그리스도를 닮은 삶으로
하나님께 영광을 돌리게 하기 위해서이다."

4장
교회 교육 사례: 고덕장로교회

들어가면서

교회 교육을 계획하기란 참 어려운 일이다. 여러 프로그램도 있고 교육 계획도 있지만 천편일률적으로 적용할 수가 없다. 교회마다, 교인마다 상황이 다 다르기 때문이다. 이럴 때일수록 교육의 목표를 돌아보아야 한다. 왜 교인을 교육하는가? 그것은 교인이 그리스도를 닮은 삶으로 하나님께 영광을 돌리게 하기 위해서이다. 교회에서나 가정에서나, 사적으로나 공적으로 어느 곳에서든 하나님을 예배하고 찬송하는 삶이다. 이것을 대소교리문답 1문이 잘 정리하고 있다. 나이나 신앙 연륜에 따라 교육 내용이나 방법이 달라질 수 있지만 목표는 달라질 수 없다. 이것을 꼭 기억해야 한다. 고덕장로교회는 이 목표를 더 구체적으로 설정했고 이에 따라 교인을 교육하고 있다. 부족하지만 고덕장로교회 교육 사례를 나눈다. 이 글이 교회 교육과 교육을 통한 교회 건설에 도움이 되길 바란다.

1. 교육 목표 : 삼위 하나님의 영광을 위해

고덕장로교회의 교육 목표는 세 가지이다. 첫째, 역사적 개혁신앙의 옛적 길을 따른다. 이는 개혁신앙을 좇는 것이다. 삼위 하나님께서는 우리를 '하나의 거룩하고 보편적인 사도적 교회'로 부르셨고 유산을 받게 하셨다. 뿐만 아니라 받은 유산을 다음세대에 전수하는 책임까지 주셨다. 역사 동안 개혁된 교회가 이 유산을 잘 보존하고 전수했다. 그러므로 고덕장로교회도 그들의 뒤를 좇는다. 교회의 모든 교육 과정이 삼대 공교회신경(사도신경, 니케아신경, 아타나시우스 신경)과 웨스트민스터 신앙고백서 및 대소교리문답을 따라 일관성 있게 진행되도록 했다.

둘째, 삼위 하나님의 지극히 높으신 영화로움을 찬송한다. 이는 예배자의 삶이다. 교인은 예수 그리스도의 공로로 구원 받고 모여서 삼위 하나님을 예배하는 자들이다. 개인적으로나 가정에서 예배할 수 있지만, 특별히 주님의 날에 구별된 장소에서 공동으로 예배한다. 고덕장로교회 교육의 중심에는 예배가 있다. 예배를 중심으로 교육하고, 교육 받음으로 예배에서 더욱 은혜를 누린다.

셋째, 아름다운 덕을 선포한다. 이는 생활의 순결을 목표로 삼은 것이다. 특별히 고신교회는 신사 참배에 항거한 순교적 신앙을 유산으로 받았다. 교인은 세상 속에서 순결한 삶으로 삼위 하나님의 아름다운 덕을 선포해야 한다. 또 세상의 소금과 빛으로서 자신의 영역에서 하나님의 공의와 평화가 실현되도록 살아야 한다. 순종과 실천 역시 교육 목표이다.

세 가지 교육 목표를 한 문장으로 연결하면 이렇다: "(고덕장로교회는) 역사적 개혁파 신앙의 옛적 길을 따라 삼위 하나님의 지극히 높으신 영화로움을 찬송하고 아름다운 덕을 선포하는 교회이다." 이 문장을 자주 사용하여 교육 목표를 늘 마음에 새기고 있다.

2. 교육 내용: 삼위 하나님을 즐거워하기

앞과 같은 교육 목표에 따라 교육 내용과 방법을 정했다.

1) 교리 교육

교리는 성경 말씀에 따라 삼위 하나님에 대해 믿어야 할 바를 분명하게 알려주고, 거듭난 교인이 하나님의 영광을 위해 어떻게 살아야 할지를 밝히 전한다. 이 귀한 가르침을 반복해서 가르쳤다. 고덕장로교회에서는 웨스트민스터 표준문서 대조표를 두고 주제별로 신앙고백서, 대소교리문답을 비교하면서 살펴본다. 또 이와 관련된 성경 해석과 논의들도 함께 소개한다. 이런 비교와 대조를 통해 우리의 신앙고백이 무엇을 말하는지 분명하게 살펴본다. 교리 교육을 이렇게 진행하기 위해 완전히 신앙고백서와 교리문답들에 녹아져야 하는데, 이를 위해 많이 노력했다.

위와 같은 방법은 세례교인을 대상으로 적합하지만, 언약의 자녀들에게는 꽤 어렵다. 그래서 자녀들을 교육하기 위해 주보를 활용했다. 설교와 관련된 내용을 주보에 기록해두고 함께 문답하면서 읽었다. 또 십계명을 해설하는 소교리문답도 실어서 회개 기도할 때 사용하기도 한다. 고덕장로교회에서는 입교 교육을 초등학교 6학년부터 중학교 2학년 때까지 하는데, 이때 소교리문답을 암송하는 것을 목표로 잡는다.

2) 예배 교육

거듭난 교인이 하는 가장 중요한 것이 바로 예배이다. 그럼에도 불구하고 예배를 제대로 배워 본 적이 별로 없다. 시간이 지나면서 눈치로 배우는 수준이었다. 그 의미를 깨달을 때 더 풍성한 은혜를 누릴 수 있을 텐데 말이다. 이를 위해 예배를 가르쳐야 한다. 고덕장로교회에서는 예배 교육 교재로 웨스트민스터 예배지침을 사용한다. 이를 통해 주일성수의 의무와 방법, 예배 참석자의 자세, 주일 예배 순서와 요소들을 배운다. 예배 교육의 목표는 분명하다. 예배를 통해 삼위 하나님을 높이며 풍성한 은혜를 누리는 것이다.

3) 기도 교육

기도 역시 가르쳐야 한다. 고덕장로교회에서는 주기도문을 해설하는 교리문답의 내용으로 기도를 교육한다. 주기도문은 명확하게 무엇을 위해, 누구를 위해 기도해야 하는지 가장 잘 알려준다. 주기도문으로 원리를 배운 다음에는 시편으로 기도하는 방법을 익히면 좋다. 시편으로 기도하면 기도가 곧 찬송이 되는 놀라운 일을 경험할 것이다. 무엇보다 좋은 것은 많이 기도하는 것이다. 교회 내 다양한 모임에서 교인들이 직접 기도하게 한다. 목사는 기도의 모범을 보이기 위해 먼저 각종 기도회(새벽, 수요, 금요, 가정)에서 주기도문과 시편을 이용해 기도 인도를 했다.

4) 성찬과 세례 교육

성찬과 세례도 모두 교육했다. 교재로는 신앙고백서와 교리문답을 비롯해 예식문을 사용한다. 고신 『예전예식서』와 웨스트민스터 예배지침, 네덜란드 개혁교회 예식문 등을 참고하여 고덕장로교회 예식문을 만들었다. 성찬은 성찬 예식문으로 6주간 공부했다. 성찬이 있기 전에는 대교리문답에 따라 성찬 전 준비, 참여자에게 요구되는 것, 빵과 잔을 받는 자에게 요구되는 것, 받은 후 의무 등을 주보와 광고로 반복해 교육했다. 새가족이 오면 함께 공부하고 나서 성찬에 참석하도록 했다. 성찬을 베푸는 주일에는 성찬 설교와 니케아 신경을 함께 고백했다. 세례도 성찬예식문과 마찬가지로 유아세례 예식문과 성인 세례 예식문을 만들어 공부하고 예식문에 따라 예식을 진행했다. 한 번에 다 교육하기보다는, 성찬과 세례식이 있을 때마다 여유를 두고 여러 번 반복해 교육하는 것이 중요하다.

5) 설교가 중심인 성경 공부

대교리문답 160문을 보면 설교를 듣는 이들에게 요구되는 것이 있다. 믿음과 사랑과 온유함과 준비된 마음으로 말씀을 받아 묵상하고 고뇌하여 삶 가운데 말씀의 열매를 맺는 것이다. 이를 위해 훈련해야 한다. 각 가정과 개인은 토요일 저녁에 미리 목사가 알려준 주일 설교 본문과 관련된 성경 내용을 함께 읽는다. 또 예배 때 부를 찬송을 미리 불러보고 예배와 목사를 위해 기도한다. 주일 예배가 끝나면 교인들은 주보에 기록된 말씀 질문지를 활용하여 들은 말씀을 다른 교인들과 나누고 놓친 내용이나 이해하지 못한 부분을 질문하며 정리한다. 주일 저녁에는 온 가족이 함께 모여 받은 말씀의 은혜를 나누고, 격려하며 도전한다. 말씀의 열매를 맺도록 온 교회가 격려하고 도와준다. 이렇게 설교가 중심인 성경 공부를 하는 동시에 수요기도회나 세미나를 통해 성경 각 권의 배경과 개론을 교육한다.

6) 교회정치 교육

교인들에게 교회정치는 용어 자체부터 아주 부정적이다. 교회나 교단 내 이권 다툼을 하는 것처럼 느껴진다. 하지만 교회정치는 그런 이권을 위한 것도 아니고 지도자들만 알면 되는 그런 것이 아니다. "모든 것을 품위 있게 하고 질서 있게 하라(고전 14:40)."는 주님의 명령에 순종하는 것이다. 그러므로 모든 그리스도인은 그리스도의 통치가 어떻게 나타나는지 교회 정치를 통해 배워야 한다.

그러나 교리도 배우고 성경도 배우는 등 교육할 것이 많은데, 교회정치를 별도로 빼서 교육하기에는 부담스럽다. 그래서 고덕장로교회는 교인(회원) 가입식을 하면서 교회정치를 교육했다. 먼저 교회는 왜 필요한지, 교인은 누군지, 교인의 구분은 어떻게 되는지, 신급은 무엇인지, 교인의 권리와 의무는 무엇인지 등을 구체적으로 교육했다. 기존 교인들은 교인 가입식을 하는 동안 반복해서 듣게 된다.

또 그 외에 여러 통로로 교회정치를 교육할 수 있다. 직분자 선출은 교회에서 너무나도 중요하기 때문에 꾸준히 시간을 내어 교육해야 한다. 목사와 장로, 집사의 의의, 직분자의 자격과 임무 등을 가르치는데 사실 이것이 교회정치 내용이다. 노회 일정 즈음에는 노회의 의의와 기능을 설명하고 결정 사항을 전달한다. 또 총회 즈음에는 총회 때 논의하는 주요한 쟁점이나 결정 사항을 알리고 기도한다. 공예배 기도에 시찰, 노회, 총회를 위해 기도하는 것도 포함할 수 있다.

7) 권징조례 교육

권징조례도 교육한다. 권징조례의 경우 교인과 직원의 의무에 소홀함이 없도록 하는 선에서 경고와 다짐의 차원으로 배운다. 권징조례를 벌과 징계로 오해하지 않도록 하는 것이 중요하다. 더하여 교인의 자녀 지도도 포함할 수 있다. 자녀 양육과 지도에 태만하지 않도록 교회의 보호 아래 두어 복종할 수 있도록 양육해야 함을 교육했다.

8) 십계명 교육

하나님의 은혜에 감사하며 말씀에 순종하는 법칙으로 주어진 십계명을 교육해야 한다. 십계명 서문에서부터 열 번째 계명까지 우리에게 요구하는 하나님의 뜻이 무엇이며, 우리는 어떻게 반응해야 하는지 교육한다. 고덕장로교회는 이것을 예배 때마다 반복해 낭독한다. 여기에 더해 한 계명씩 정리해 고백서를 만들었다. 각 계명마다 가정, 교회, 학교와 직장에서 실천하고 노력할 것, 반성할 것 등을 함께 나누고 실천의 열매로 드러나도록 노력했다. 십계명 교육과 관련해 한 가지 추천하는 것은 십계명 수련회이다. 단기간 집중해서 십계명을 배우고 실천 사항을 함께 토론한 뒤 그 내용을 발표하게 한다. 내용을 꼼꼼히 배울뿐더러 모두에게 도전이 되고 격려가 되는 시간이 된다.

나가면서

짧은 목회 기간이지만 말씀을 통해서, 교회 역사를 통해서 자주 확인하는 것은 교인을 교육하는 특별한 프로그램은 없다는 것이다. 상황에 따라 새로운 프로그램을 도입할 수 있지만, 목표를 돌아보고 이미 선배들을 통해 전수받은 것을 잘 활용하는 것이 더 중요하다. 교회를 세우시는 주님께서 교육하는 목사와 배우는 교인들에게 크신 은혜를 베푸시기를 바란다.

이것만은 꼭!

1. 교인을 교육하는 이유는 삼위 하나님께 영광을 돌리며 영원토록 즐거워하는 사람을 길러내기 위함이다.
2. 교회 교육의 목표는 세대와 계층과 성별에 따라 변하지 않는다.
3. 교회 교육의 내용은 개혁신앙의 정통을 추구하며 예배자의 삶으로 생활의 순결을 실천하는 것으로 구성해야 한다.
4. 교회 교육의 구체적인 방법은 지역교회의 형편, 공간, 교인, 목사의 역량 등을 고려해 지혜롭게 적용해야 한다.

4부
직분자 세우기, 이렇게 하면 된다

1장 직원을 세우는 절차

Tip 직분자 세움 오답 노트

2장 직무에 대한 이해

3장 당회 제직회 운영

4장 직분자 교육 사례: 광명교회

"직분자를 올바르게 선출하는 것이
곧 교회를 올바르게 건설하는 것이라는 점을
평소에도 설교하고 교육해야 한다."

1장
직원을 세우는 절차

1. 평상시 직분자 교육

직분자를 세우는 것과 교회를 세우는 것은 서로 밀접한 관계이다(롬 12:3-8; 고전 12:4-11; 엡 4:1-16). 따라서 직분자를 올바르게 선출하는 것이 곧 교회를 올바르게 건설하는 것이라는 점을 평소에도 설교하고 교육해야 한다.

그렇다면 핵심적으로 가르쳐야 할 것은 무엇인가? 무엇보다 직분은 승천하시고 보좌에 앉으신 그리스도가 교회를 다스리기 위해 교회에 주신 선물이다. 항존하는 직무를 위해 거기에 맞는 직분을 주셨다. 이 직무는 모두 주께서 자기 백성에게 주신 은혜의 수단과 직결되며 은혜의 수단이 시행되는 공예배와 연관된다. 따라서 직분자를 선출할 때 그 직분에 적합한 은사를 가진 사람을 선출해야 한다. 적법한 과정을 통해 선출된 직분자는 주님이 부르신 것으로 알고 신앙적인 두려움으로 직무에 임해야 한다.

2. 당회의 결정

직분자 선출을 결의하기에 앞서 왜 이 시기에 직분자를 선출해야 하는지 그 이유와 필요를 당회원이 충분히 공감해야 한다. 항존 직원에 속한 고유한 항존 직무가 우리 교회에 다소 부족하다는 것에서부터 시작해야 한다. 특정한 누군가를 염두에 두고 선출을 결정하는 것은 최악의 결정이며 하나님의 뜻에 반하는 결정이라는 것을 꼭 기억해야 한다.

선출하고자 하는 특정한 직분자(장로, 집사, 권사) 수를 확정한다. 선물이니 많으면 좋다는 생각은 순진한 생각이다. 직무에 필요한 적절한 수를 선출해야 한다. 장로를 예로 들면, 아직 당회를 구성하지 못한 미조직교회의 경우 2인을 선출하여 완전당회를 구성하는 것이 좋다. 시무장로 1인만 있으면 준당회로 당회의 직무를 온전히 이루어갈 수 없기 때문이다. 미조직교회에서 장로를 선출할 경우에는 세례(입)교인 30명 이상이 되어야 한다(교회정치 제113조). 그러나 이처럼 미조직교회에서 장로를 선출할 때를 제외하고는 엄격하게 장로 1인에 세례교인 30명 기준을 반드시 따를 필요는 없다.

그렇다면 미조직교회에서 집사, 권사를 선출할 수 있을까? 장로교회 원리에 따르면 본래 집사, 권사보다도 장로를 먼저 선출해야 한다. 그래서 교회정치 제36조는 집사와 권사의 선택과 임직은 조직교회만이 할 수 있다고 규정하고 있다. 그러나 예외적으로 당회장이 협조당회원 2인(목사 1인, 장로 1인)을 노회에 청하여 선택 임직할 수 있다는 배려 사항이 추가되어 있다.

장로의 경우 교인의 선출에 앞서 소속 노회의 허락을 받아야 한다. 따라서 당회가 장로를 선출하기로 한 경우 노회에 장로 선출 혹은 증원허락청원을 해야 한다. 무임장로인 경우 장로지명투표청원을 하면 된다. 노회의 허락을 받은 뒤 공동의회를 개최해 선출하면 된다.

3. 공동의회를 통한 교인의 선출

1) 직분자 선출을 위한 공동의회 개회 일시를 확정한다.

2) 피선거권자 확정

교인 중 피선거권자들을 확정해야 하는데, 당회야 말로 교인을 가장 잘 알고 직무에 적합한 후보자를 추천할 수 있다. 당회가 적절한 인원의 후보자를 추천하는 것은 장로교회가 가진 큰 특징이자 장점이다. 구체적으로는 선출하고자 하는 직원 정수의 2배수 혹은 3배수를 추천하는 것이 가장 바람직할 것이다. 정수와 동일한 수를 추천하는 것은 적절하지 않으며, 선출하는 선택의 폭을 없애는 것으로 교인의 선출권을 무시하는 행위이다. 만일 평소에 당회가 교인들의 신임을 받지 못하는 경우에는 후보자 추천이 도리어 상황을 복잡하게 만들 수 있다. 이때는 피선거권자를 확정하는 것이 더 유익할 것이다. 그러니 당회는 평소에 교인의 신임과 존경을 받을 수 있도록 신실하게 섬겨야 한다. 미조직교회의 경우도 피선거권자를 확정하는 것으로 진행할 수 있다.

> *참고(1): 각 직분자의 자격 중 연령 및 경과 기간
> 장로: 만40세 이상 만65세 이하의 남자 교인으로 세례교인으로 무흠하게 7년을 경과한 자, 본 교회에 등록된 후 3년 이상된 자(교회정치 제65조)
> 집사: 만35세 이상 만65세 이하의 남자 세례교인으로 무흠하게 7년을 경과한 자, 본 교회에 등록한 후 2년 이상 경과된 자(교회정치 제76조)
> 권사: 만45세 이상 만65세 이하의 여자 세례교인으로 무흠하게 5년을 경과한 자, 본 교회에 등록한 후 2년 이상 경과된 자(교회정치 제85조)

*참고(2): 무흠(無欠)에 대해

무흠은 흠이 없다는 뜻으로, 여기서는 권징조례에서 치리회가 정하는 시벌 중 정직 이상의 책벌을 받은 사실이 없거나 국법에 의하여 금고 이상의 처벌을 받은 사실이 없는 것을 의미한다(교회정치 제38조 제2항). 무흠 기간은 투표하는 당일을 기점으로 거꾸로 역산하면 된다. 직분자 선출에서 본 교회 등록 후 경과 기간을 적용할 시에 이전 교회에서 장로는 4년, 집사 및 권사는 3년의 무흠에 저촉되는 시벌을 받은 자라야 한다(교회정치 제38조 제3항). 예를 들어 장로 후보의 경우는 본 교회 등록한 지 3년은 지났으나 이전 교회에서 4년 동안 정직 이상의 시벌을 받은 일이 없어야 한다. 본 교회 등록 전 이전 교회에서 시벌을 받은 전력이 있는 자는 해벌 이후부터 무흠 기간을 적용하면 된다(교회정치 제38조 제4항).

3) 선출 방법 결정

헌법에 규정된 선출 방법은 투표이며 1년 내 단회로 실시할 수 있다. 투표는 2차 투표까지 할 수 있는데, 2차 투표 때 얼마나 '적당한 인원'의 후보자를 제시할 것인가를 결정해야 한다(교회정치 제37조). 1.5배 혹은 2배수 등을 미리 정해야 한다. 공동의회장은 이 사항들을 모두 투표 전에 공지해야 한다.

4) 선거권자 확정

선거일을 기점으로 병환, 여행 등 기타 부득이한 사유 외에 이유 없이 계속 일정 기간(대개는 6개월 이상) 교회에 출석하지 않은 사람은 피선거권은 물론 선거권도 없다. 개척 교회인 경우 세례교인 명부가 곧 선거권자 명부이다. 규모가 큰 교회인 경우 교구나 구역별로 명부를 작성하면 된다.

5) 교회 공고

직분자 선출을 위한 공동의회 소집을 한 주일 전에 공고해야 한다. 이 공고에는 일시를 비롯해, 선출하고자 하는 직분자의 정수, 추천된 후보자, 선출 사유의 사항 등을 포함한다.

6) 기도하며 겸손하게 기다림

특정한 사람을 알리거나, 교인을 방문해 권유하거나 또 모임이나 문서를 통해 선거 운동을 하는 것은 금지되어 있다. 어떠한 형태든지 인위적인 운동은 모두 주님께서 직분자를 부르시는 적법한 방법이 아니다. 후보자뿐만 아니라 교인은 기도하며 하나님의 뜻을 구하고 겸손하게 기다려야 한다.

7) 기타 준비 사항

투표를 위해 준비할 것들이 있다. 기표소, 투표용지, 필기구, 투표함 등이다. 그 외에 노약자를 위한 도우미를 세워 투표 때 돕게 한다. 이런 질서 있는 투개표를 위해 투개표 위원회를 미리 구성해 준비해야 한다. 최근에는 스마트폰 앱을 사용해 투표하기도 하는데, 이렇게 하면 시간 및 기타 에너지를 아낄 수 있을 것이다.

8) 공동의회 소집과 선출

예정된 시간에 공동의회로 모였을 때 먼저 경건회를 가진다. 경건회를 마친 뒤 공동의회장이 개회 선언을 한다. 당회 서기 혹은 해당 위원회의 대표자가 선출 방법과 과정을 상세하게 설명한다. 투표에 앞서 공동의회장이 투표 횟수와 2차 투표 때 제시될 적당한 인원을 선언한다.

투표가 시작되면 질서 있게 투개표를 하도록 한다. 투표할 때 정원수 이내를 기명한 표는 유효이고, 정원수를 초과해 기명한 표는 무효이다. 또 지정한 투표용지를 사용하지 않은 무효표와 기권은 총 투표수에 포함하지 않고 잘못 기록한 무효표와 백표는 총 투표수에 포함한다(교회정치 제35조 3, 4항). 지명투표를 제외하고 1차 투표든 2차 투표든 특정인을 두고 찬반으로 투표하는 것은 위법이다(교회정치 제37조 제3항).

9) 개표 결과 발표

공동의회장이 개표 결과를 공식적으로 발표한다. 모든 직분자는 투표수 2/3 이상의 득표로 선출된다(담임목사청빙 제외). 투표용지와 개표 자료는 만일을 대비하여 밀봉하여 당분간 보관하는 것이 좋다.

4. 선출자 교육

교회정치 제68조, 제79조, 제88조는 공동의회에서 장로, 집사, 권사로 선출된 자는 당회의 지도로 6개월 이상 교육을 받아야 한다고 정하고 있다. 이 교육은 각 직분자의 고유한 직무를 배우는 시간이다. 이론과 실무를 모두 배워야 한다. 예를 들어, 장로로 선출된 자의 경우 교인을 심방하고 권면하는 원리나 실제 사례를 배운다. 공기도를 배우는 것도 중요하다. 또 당회와 제직회를 구성하여 함께 동역하는 만큼 어떻게 회의에 임하고 진행하는지 등을 배워야 한다.

5. 치리회가 시행하는 고시

장로로 선출된 자는 노회에 고시를 청원해야 하고 노회는 고시를 주관한다(교회정치 제176조). 고시는 필기고사와 구두시험으로 이루어지는데, 필기고사는 성경, 소교리문답, 교회정치, 기타(노회가 정한 과목)로 이루어진다. 구두시험은 필기고사에 합격한 자에게 구두로 시행된다. 이에 준하여 제179조에는 집사와 권사의 고시도 언급한다. 집사와 권사고시는 장로고시에 준해 당회에서 주관한다. 치리회가 주관하는 고시 역시 주님께서 직분자를 부르시는 과정이다. 직분에 임하는 자세, 직무를 얼마나 잘 숙지하고 있는지, 또 교인을 대하는 자세 등을 검증하는 것이 필요하다. 결코 목사에게 협력하거나 복종할 것을 다짐받는 시간이 되어서는 안 된다.

6. 임직

하나님께서 직분자를 부르시는 과정에 임직이 포함된다. 장로로 임직하는 경우 임직식 때 안수 순서가 있다. 그러나 안수에 로마 가톨릭교회처럼 미신적이거나 특별한 의미를 부여해서는 안 된다(성령이 자동적으로 임한다는 식으로). 오히려 중요한 순서는 직분자로 부름 받은 자들이 하나님과 교인 앞에서 하는 서약이다. 이 서약이 진실할 수 있도록 임직하는 직분자는 물론 온 교인이 함께 차분하고 경건하게 임해야 한다. 교인들도 해당 직분자를 통해 그리스도의 다르심을 받으며 그의 가르침, 권면, 지도에 순종하겠다고 서약한다.

최근까지 총회는 임직식을 주일에 하는 것이 바람직하지 않다고 여겼다. 그 이유는 임직식이 세상의 취임식처럼 축하하는 자리로 바뀌었기 때문이다.

그러나 교인의 서약 순서를 염두에 둔다면 임직식은 온 교인이 다 참여하는 주일 예배에서 하는 것이 가장 의미가 있다. 이런 이유에서 최근 총회는 주일에 임직할 수 있는 길을 열었다.

이것만은 꼭!

- 직분자 선출 전체 과정

설교와 교육 ⇨ 당회 결정 ⇨ 공동의회 선출 ⇨ 선출자(피택자) 교육 ⇨ 치리회 고시 ⇨ 임직

- 공동의회 선출 과정

공동의회 일시 확정 ⇨ 피선거권자 확정 ⇨ 선출 방법 결정 ⇨ 선거권자 확정 ⇨ 교회 공고 ⇨ 기도로 준비 ⇨ 소집 및 선출 ⇨ 개표 결과 발표

Tip

직분자 세움 오답 노트

직분자를 세우는 것은 참 중요하다. 하지만 어떤 사람을 직분자로 세워야할지는 참 고민된다. 성경에는 직분자의 여러 조건이 구체적으로 나온다(딤전 3). 이 조건들을 여기서 세세히 살피기에는 지면이 부족하다. 아쉬운 대로 직분자로 세워서는 안 되는 자들의 모습을 살펴보려 한다.

1. 특수한 목적에 부합하는 교인

어떤 한 담임목사가 교인 중 한 사람을 장로로 세우려 했다. 그 사람은 건실한 사업체의 운영자였다. 재정적인 도움을 기대한 것이다. 하지만 그에게는 장로가 될 만한 신앙의 본이 나타나지 않았고, 교인들에게 신망도 얻지 못했다. 담임목사는 무리하게 밀어붙였고 결국 장로로 선출되었다. 그러나 그 과정에서 일부 성도는 교회를 떠났다. 이런 식의 특수 목적을 이루기 위해 직분자를 세우는 것은, 마치 중세교회에서 일어난 성직매매와도 같다. 목사는 직분자를 세울 때 겸손하게 하나님의 뜻을 구해야지, 자기 목적에 따라 직분자를 세워서는 안 된다. 교회는 절대로 특수 목적에 따라 직분자를 세워서도 안 되고, 선출해서도 안 된다.

2. 스스로 자격이 있다고 생각하는 교인

교인들 중에 스스로 직분을 감당할 자격이 있다고 생각하는 자들이 있다. 그러나 이런 자들이야 말로 자격 미달자이다. 왜냐하면 직분 선출은 자원하는 사람을 뽑는 세상의 투표와 달리, 오직 하나님께서 원하시는 합당한 조건의 사람을 뽑는 것이기 때문이다. 참된 그리스도인이라면 자신이 어떤 자격도, 가치도 없는 죄인임을 안다. 은혜 없이는 단 하루도 자신의 신앙적 삶이 유지되지 않는 것을 안다면, 감히 스스로 직분자가 될 자격이 있다고 생각하겠는가? 참된 교인은 겸손하게 은혜를 구할 뿐이다. 그렇기 때문에 교회는 스스로 자격이 있다고 생각하는 자를 직분자로 세워서도 안 되고, 선출해서도 안 된다.

3. 직분자 되기를 원하는 교인

기필코 직분자가 되어야 한다는 야심과 욕망에 사로잡힌 자가 있다. 이들은 수단과 방법을 가리지 않고 선거 운동을 한다. 세상 투표로 착각한 것이다. 그러나 앞서 말했듯이 직분자 선출은 인기투표가 아니라, 하나님이 원하시는 합당한 사람을 선출하는 것이다. 즉, 스스로 직분자가 되기를 원하는 자는 애초에 직분이 무엇인지 전혀 모르는 사람이다. 물론 성령께서 마음을 주셔서 직분을 사모할 수 있다. 그렇다면 어떤 선거 운동이나, 교인의 환심을 사려고 하지 말고, 겸손하신 그리스도의 모습만 따르라. 그럴 때 주님께서 직분자로 세우실 것이다. 교회는 스스로 직분자가 되기를 원하는 자를 직분자로 세워서도 안 되고, 선출해서도 안 된다.

4. 직분자의 기본 조건

그렇다면 누구를 직분자로 세워야 하는가? 가장 먼저 고려해야 것은 역시나 성경에서 가르치는 조건이다. 이 조건은 결코 가볍지 않다. 이 조건은 진정한 그리스도의 제자로 거듭나기 위해 일정 기간 영적 훈련을 기쁜 마음으로 받을 경우 나타나는 모습이기도 하다. 앞서서 계속 언급되었듯이, 바로 겸손이다. 주님이 고난을 감당하실 때, 겸손하게 하나님께 도움을 구한 것을 기억하라. 교회 직분자 역시 첫째도 겸손, 둘째도 겸손, 마지막까지 겸손이다. 하나님께서는 겸손한 자에게 직분을 허락하셔서 교회를 섬기도록 인도하신다. 교회는 오직 하나님 앞에 겸손한 자를 직분자로 세우고, 선출해야 한다.

나가면서

그리스도께서는 교회 직분의 기초시요, 목적이시다. 직분자는 그분의 몸인 지체들을 사랑으로 섬겨 머리이신 그리스도에게까지 자라게 해야 한다. 다른 세상적인 목적은 모두 가짜요 사기다. 따라서 다른 목적으로 직분자를 선출하거나 직분자가 되기를 바라는 것은 거룩한 일을 악용하는 악행일 뿐이다. 교회는 꼭 이것을 기억하여 직분자 선출을 준비해야 할 것이다.

> "교회는 위로부터 났기 때문에
> 위로부터 오는 직분의 섬김이 중요하다.
> 하나님이 하늘 위에서 직분자를 세우고
> 그들의 섬김을 통해 교회를 세우신다."

2장
직무에 대한 이해

들어가면서

교회 건설에서 직분자는 매우 중요하다. 목사 홀로 교회 건설의 사명을 감당할 수 없기 때문이다. 동역하는 장로, 집사, 권사는 꼭 필요하다. 하지만 오늘날 한국 교회에서 직분자의 권위는 추락해 있다. 직분자들의 타락과 직분의 오남용 때문이다. 이런 시점에 직분의 중요성을 얘기해야 하는 것은 큰 부담이다. 하지만 교회의 섬김과 봉사가 직분자를 통해 이루어지는 것을 하나님께서 원하시기에 직분의 중요성을 말하는 것은 꼭 필요하다.

1. 직분인가, 섬김인가?

우리말 '직분'(職分)의 한자는 '벼슬 직'에 '분수 분'이다. 그러다 보니, 교회에서의 직분을 벼슬로 여기는 분위기가 많다. 흔히 교회 직분을 승진 단계처럼 여긴다. 몇 달 교회 출석하면 '권찰'이 되고, 몇 년 교회 다니면 '서리집사,' 이후 남자는 '안수집사'와 '장로'로, 여자는 '권사'가 된다. 젊은 세대는 이런 왜곡된 직분관에 대한 거부 반응으로 직분 자체를 버리려고 한다. 현대인들은 '직분'보다는 '섬김'이나 '리더십'(Leadership)이란 말을 즐겨 쓴다. '섬김의 리더십'(Servant Leadership)은 아주 유명한데, 이는 이전 직분을 '군림하는 직분'(Dominant Officer)으로 여기기 때문이다.

비록 부정적인 모습이 나타났지만, 직분 자체를 무조건 부정적으로 보아선 안 된다. 일반 사회에도 직책이 있고 그에 맞는 임무와 권위, 책임이 주어진다. 그들은 국가 혹은 사회의 직분자(officer)이다. 뿐만 아니라 성경에도 많이 등장한다. 예수님 자신이 직분자시다. "내가 온 것은 섬김을 받으려 함이 아니라, 섬기려하고(막 10:45)"에서 "섬김"(Diaconia)이라는 단어는 '직분'(Diaconia)으로, '섬기는 자'(Diaconos)는 '직분자'(Diaconos)로 번역될 수 있다. 예수님 스스로 '직분자'이신 동시에 '사도'를 임명하고 파송하셨다. 사도들은 7명의 '일꾼'(행 6)을 세우기도 하고 '장로'(행 14:23; 20:28)에게 교회를 부탁하기도 했다.

오늘날 같이 직분의 타락과 오남용이 심했던 중세 로마 가톨릭교회를 개혁한 종교 개혁자들은 모든 성도가 성령의 기름 부음을 받았기(요일 2:20)에 왕, 선지자, 제사장의 역할을 감당한다고 보았다. 루터의 만인제사장 직분이 그것이다. 이렇게 급진적인 주장에도 불구하고 교회 내 고정된 형태의 특수한 직분자를 하나님께서 교회에 허락하셨음을 인정했다.

예수님께서 말씀하셨듯이 '직분'의 본래 의미는 '섬김'이다. 다만 그 섬김의 형태가 다스림과 돌봄인 것이다. 안타깝게도 이 직분이 인간의 죄와 약함으로 인해 잘못 사용되면 교회를 세우기는커녕, 타락으로 인도한다. 그렇기 때문에 직분자는 특히 자신을 돌아보아야 한다.

2. 직분, 아래로부터인가?

직분은 언제 어떻게 세워졌을까? 별로 생각해보지 않는 질문이다. 어떤 학자들은 성령의 능력이 약해졌을 때 조직과 직분이 생겨나게 되었다고 보면서 직분 세움을 세속적 영향이라고 비판한다. 이런 생각은 교회 역사 가운데 늘 있었다. 오늘날에는 무교회주의자나 혹은 회중교회나 독립교회 형태가 이런 생각을 공유하고 있다. 18세기 미국에 등장하고 부흥한 '제자교회'(Church of Disciple)나 '그리스도의 교회'(Church of Christ)가 그런 경우이다. 그들은 기성교회의 왜곡된 직분을 반대하고 성령의 역동적인 섬김을 강조했다. 기성교회와 직분자들에게 실망한 수많은 교인들이 그런 교회로 모여 들었었다.

앞선 주장과 사상은 상당히 매력있고 설득력 있어 보이지만, 성경을 조금만 읽어보면 그것은 사실이 아님을 발견할 수 있다. 직분은 성령의 역사가 사라졌을 때 인위적으로 만들어진 것이 아니라 성령께서 세우신 것이다. 사도행전에 보면 교회 설립과 함께 직분자가 나타났다. 바울은 장로들에게 교회를 맡겼다. "성령이 그들 가운데 여러분을 감독자로 삼고 하나님이 자기 피로 사신 교회를 보살피게 하셨(행 20:28)"다고 한다. 직분을 세속화의 결과로 보는 이들은 '성령과 형태,' '성령과 기구,' '성령과 조직'을 대립시킨다. 하지만, 성령과 직분을 대립으로 놓고 보는 것 자체가 실수이다. 오히려 성령과 직분은 밀접하게 관련되며 상호작용한다.

그러므로 교회의 직분은 아래에 있는 사람들의 필요에 따라 세워진 것이 아니다. 교회의 직분은 하늘, 곧 하나님의 소명과 임명에서 시작되었다. 물론 직분자가 신적 권위를 가지니, 군림할 수 있다는 뜻은 절대 아니다. 직분자의 권위는 위에서 온 것이지만, 철저히 말씀의 범위 안에서 위임된 것이며, 이 위임된 권위는 지배가 아니라, 섬김이다(마 20:28; 벧전 5:2-3).

삼위 하나님께서 교회에 주신 두 가지 선물이 있다. 첫째 선물은 모든 신자에게 주신 것인데 '은혜'이다. 둘째 선물은 '직분'이다. "그가 어떤 사람은 사도로, 어떤 사람은 선지자로, 어떤 사람은 복음 전하는 자로, 어떤 사람은 목사와 교사로 삼으셨으니 이는 성도를 온전하게 하여 봉사의 일을 하게 하며 그리스도의 몸을 세우려 하심이라(엡 4:11-12)." 직분은 아래에서 인간의 필요로 만들어진 것이 아니라, 위에서 하나님의 뜻에 의해 주어진 선물임을 꼭 기억해야 한다.

3. 직분의 종류

에베소서 말씀처럼 초기에는 여러 직분이 있었지만, 교회가 정착되어 가면서 크게 두세 가지로 통폐합된다. 종교 개혁자들은 성경의 가르침에 따라 '장로와 집사,' 혹은 '장로와 목사와 집사,' '장로, 교수, 목사, 집사'로 분류하기도 한다. 한국 교회는 여기에 '권사'와 '서리집사'를 첨가했다. 현재 장로교회는 항존 직분을 '목사와 장로와 집사'(행 20:17, 28; 딤전 3:1-13; 딛 1:5-9)로 정했다. '항존'이라는 말은 임기도 없이 평생(종신) 봉사한다는 의미가 아니라, 보편교회 가운데 시대와 장소를 불문하고 항상 존재해야 하는 직분을 의미한다. 고신교회는 여기에 더해 '권사'를 준 항존직으로 두고 있다. 헌법이 정한 각 직분의 역할은 다음과 같다.

'권사의 직무'는 당회의 지도 아래 교인을 심방하되, 특히 병자와 궁핍한 자, 환난 당한 자, 시험 중에 있는 자와 연약한 자를 위로하고 격려하며 교회에 덕을 세우기 위하여 힘쓰는 자(교회정치 제86조)이다. 권사는 남녀가 유별한 한국에서 여성들을 전도하고 심방하는 데 유용하게 쓰임 받았다.

'집사의 직무'는 당회의 지도 아래 교회의 봉사와 교회의 서무, 회개와 구제에 관한 사무를 담당한다(교회정치 제77조)고 규정하고 있다.

'장로의 직무'는 목사와 협력하여 행정과 권징을 관리하는 일, 교회의 영적 상태를 살피는 일, 교인을 심방, 위로, 교훈하는 일, 교인을 권면하는 일, 교인들이 설교대로 신앙생활을 하는 여부를 살피는 일, 언약의 자녀들을 양육하는 일, 교인을 위해 기도하고 전도하는 일, 목회에 필요한 제반사항을 목사에게 상의하고 돕는 일(교회정치 제66조)이다.

'목사의 직무'는 교인을 위하여 기도하는 일, 하나님의 말씀을 봉독하고 설교하는 일, 찬송을 지도하는 일, 성례를 거행하는 일, 하나님의 사자로서 축복하는 일, 교인을 교육하는 일, 교인을 심방하는 일, 장로와 협력하여 치리권을 행사하는 일(교회정치 제40조)이다.

4. 직분의 중요성

교회에는 직분자보다 일반 성도들의 숫자가 훨씬 많다. 일반 교인들의 섬김과 봉사로 교회가 세워지는 것이 아니던가? 그렇다. 하지만, 직분자의 섬김을 통하지 않으면 위로부터 오는 교회의 개념을 실현하기 어렵다. 교회는 위로부터 났기 때문에 위로부터 오는 직분의 섬김이 중요하다. 하나님이 하늘 위에서 직분자를 세우고 그들의 섬김을 통해 교회를 세우신다. 삼위일체 하나님의 다스림을 받는 교회가 제대로 된 교회임을 기억해야 한다.

그렇지 않고, 직분자들의 섬김 대신 민주주의적 운영을 하는 교회는 어떨까? 그런 교회도 나름대로 운영되고 굴러갈 것이다. 하지만, 본래 하나님께서 원하시는 교회의 모습대로 가기는 어렵다. 아래로부터 만든 조직이나 리더십이 교회를 다스리고 통치한다고 생각해 보자. 세상 사람들에게 교회가 깨어있고 앞서 나간다고 칭찬을 듣고 인기를 얻을 수도 있다. 참신해 보이고 심지어 개혁적 교회라고 불릴 수 있다. 이 모든 것이 부정적인 직분자가 없어서 그렇다.

하지만, 과연 그 교회가 하나님의 다스림과 통치를 잘 받고 있다고 할 수 있을까? 참 왕이신 하나님의 다스림을 거부한 이스라엘 백성은 비참한 삶을 살아야 했다. 참 왕이신 하나님을 거부하고 자기 소견에 옳은 대로 살았다(삿 17:6; 21:5). 그 삶은 삶이 아니었고, 고생과 슬픔뿐이었다. 하나님은 이스라엘 백성에게 임시적으로 '사사들'(Judges)을 직분자로 보내어 그들을 죄와 벌로부터 구원해 주셨다. 이처럼 새 언약의 시대인 오늘날에도 하나님은 여전히 교회에 직분자를 주신다.

직분자는 교회를 세우는 데 앞서가며 중요한 역할을 한다. 직분은 그리스도의 몸인 교회에서 '뼈와 관절'과 같은 역할을 한다. 뼈와 관절의 중요성을 강조하는 것은 잔소리이다. 몸에서 뼈가 없으면 굳건하게 서기가 어려운 것처럼, 직분자가 없으면 교회는 힘이 없고 곧 무너져 버릴 것이다. 직분은 관절과 같은 역할을 한다. 직분자는 교회의 몸이 서로 연결되도록 돕는다. 여기에 더해 '근육'과 '동맥' 같은 역할도 한다. 근육은 몸의 지체와 지체를 연결해 힘을 적재적소에 발휘할 수 있도록 해 준다. 직분자가 교회 지체를 섬김으로 교회의 힘을 발휘하게 한다. 근육 같은 직분이 없으면 교회는 무기력증에 빠지고 말 것이다. 또 직분은 '동맥'과 같다. 동맥을 통해 영양분이 공급되듯, 직분자는 하나님으로부터 영적 양식을 받아 지체들인 교인들에게로 전달한다. 목사는 말씀의 직분자이고, 장로는 말씀이 성도들의 삶 속에 적용되고 있는지를 살피며 권면하는 직분자이고, 집사는 물질적인 삶 속에 말씀이 적용되도록 섬기는 직분자이다. 그러니 이 직분이 얼마나 중요한가!

5. 직분적 섬김의 특징

일반적 섬김과 직분적 섬김의 근본적 차이는 없다. 하지만, 섬김의 지속과 범위, 강조점에 있어서 차이가 있다. 직분자는 앞서 인도하고 방향을 제시하고 연결하는 역할을 한다. 그래서 직분자에게 요구되는 행동은 솔선수범, 가르침, 모범, 버팀목, 자극, 협조, 결정, 일깨움, 교정 등이다. 은사는 교회를 세우는 데 사용된다. 모든 교인이 은사를 받지만, 직분자에게 좀 더 특별한 은사가 요구되고 또 은사를 받는다. 직분자는 하나님을 등지고 교인을 향해 섬긴다. 교인을 등지고 하나님을 섬기는 것이 아니다. 직분자는 교인의 대표가 아니라, 하나님으로부터 파송 받은 대사이다. 직분자는 교인들이 만든 것을 하나님께 드리는 것이 아니라, 하나님께서 주시는 선물을 교인들에게 전달하는 자이다. 직분은 하늘의 다스림을 땅에서 보여준다. 그런 의미에서 직분은 철저하게 신본주의적이다. 직분은 말씀의 권위와 가치와 능력에 의존할 뿐이다. 세상적인 어떤 기교나 능력이 교구되는 것이 아니라, 성경에 제시된 법으로 섬겨야 한다.

6. 직분의 중요한 원리

지금까지 살펴온 것을 바탕으로 직분의 중요한 원리를 열 가지로 정리해 보자.

① 직분은 교회를 위해, 교회를 통해 온다.
② 직분은 교회의 구원과 복지를 위해 존재한다.

③ 교회는 직분적으로 구조화 되고, 직분은 교회적으로 기능한다.
④ 직분은 교인과 대립 관계가 아니고 경쟁 관계도 아니다.
⑤ 교인은 직분자를 경시하거나 무시해서는 안 되고, 직분자는 교인을 얕봐서는 안 된다.
⑥ 직분자는 군림하지 않고 섬긴다. 앞에 서서 인도한다.
⑦ 직분이 모든 일을 독차지하지 않는다. 교인은 고객이나 환자가 아니다.
⑧ 직분자는 복음으로 교인을 먹이고 교리와 삶에서 자라도록 해야 한다.
⑨ 직분자는 교인을 수동적이고 소비자일 뿐이라고 생각하지 말아야 한다.
⑩ 직분적 봉사와 은사적 봉사가 경쟁할 필요가 없다. 교회 봉사는 은사적이며 동시에 직분적이다.

나가면서

오늘날 한국 교회의 문제는 직분의 타락이라 해도 과언이 아닐 것이다. 직분의 개혁이 필요하다는 목소리가 여기저기서 나오지만, 상식 수준에 머무는 경우가 허다하다. 물론 상식 수준이라도 맞추어야 하지만, 성경의 가르침에 따른 직분의 개혁이 정말로 절실하다. 종교 개혁자들 수준의 직분 개혁이 필요하다. 성경의 가르침에 따라 직분이 하나님께서 주신 선물임을 기억하며, 아래에서 섬겨야 할 것이다. 직분자의 이런 아름다운 섬김으로 교회는 든든히 건설될 것이다.

이것만은 꼭!

1. 직분은 인간의 필요로 만들어진 것이 아니라 하나님의 선물이다.
2. 직분이 잘못 사용되면 교회를 타락으로 인도한다.
   직분자는 특히 자신을 돌아보아야 한다.
3. 현재 장로교회 항존 직분은 '목사와 장로와 집사'이며
   준 항존 직분으로 '권사'가 있다.
4. 직분은 그리스도의 몸인 교회에서 뼈와 관절, 근육과 동맥 같은 역할을 한다.

"살펴본 바와 같이 장로교회에서 회의는
하나님의 다스림이 나타나는 통로이다."

3장
당회 제직회 운영

들어가면서

'회의(會議)가 너무 많아서 회의(懷疑)가 든다.'는 말이 있다. '회의 많이 하는 교회치고 잘 되는 교회 없다.'고 하기도 한다. 사실 교회는 회의가 많다. 특히 장로교회는 개인의 치리가 아니고 회(會)를 통한 치리를 받아들였기에 회의가 무엇보다 중요하다. 특히 직분자들의 회의인 당회와 제직회가 중요하다. 이 회의를 어떻게 운영하느냐에 따라 교회가 건설되느냐 무너지느냐가 결정된다고 해도 과언이 아니다. 그렇기 때문에 목사는 반드시 회의를 잘해야 하고 잘 인도해야 한다. 본 글에서는 회의를 잘 인도하기 위해 각 회의가 가지는 특징, 반드시 다루어야 할 안건 등을 설명하고 어떻게 원만하게 인도할지를 제안한다.

1. 장로교회와 당회

장로교회는 감독 정치도 아니고, 회중 정치도 아니다. 감독 정치와 회중 정치의 중도 노선에 위치하고 있는 것이 장로 정치이다. 장로교회의 당회는 목사와 장로로 구성된다. 이 당회는 개체 교회의 유일한 치리회이다. 하나님께서는 목사와 장로로 구성된 당회를 통해 교회를 다스리신다. 치리회로서 당회의 역할이 중요하다.

그렇기 때문에 교인이 많다고 좋은 장로교회가 아니라, 장로를 세우고 당회가 잘 운영되어야 좋은 장로교회이다. 개척을 앞둔 목사들 중 누군가는 장로를 목회의 걸림돌로 생각하고선 가급적 장로를 세우려 하지 않는다. 하지만 이것은 하나님의 다스림을 단단히 오해한 것이다. 하나님께서는 장로들의 회인 당회를 통해 교회를 다스리신다. 이 사실을 꼭 기억해야 한다.

교회를 개척한 목사는 장로를 잘 세워야 한다. 개척 교회 중 집사, 권사는 있는데 장로가 없는 교회가 제법 된다. 사실, 다른 직분을 세우기 이전에 장로를 먼저 세우고 당회를 구성해야 한다. 그렇게 당회가 구성되고 난 다음에 다른 직분을 세우는 것이 합당하다. 집사 중에서 장로가 나오기 때문에 집사를 먼저 세워야 한다고 생각하는 것은 장로교회 정치에서 맞지 않는 생각이다. 물론, 현실적으로 장로를 먼저 세우는 것이 어려울 수 있다. 그렇더라도 원칙은 분명히 알아야 한다. 장로교회에서는 장로가 꽃이다. 장로를 통해, 장로의 회를 통해 치리하는 것이 장로교회이다. 장로를 세우지 않고서는 하나님의 다스림을 받을 수 없다.

장로가 한 명이라도 세워졌으면 목사와 더불어 준당회가 구성된다. 목사 한 사람과 장로 두 사람이 세워졌다면 비로소 완전당회이고 조직교회가 된 것이다. 이때부터 예배를 제대로 할 수 있고, 성례를 제대로 집행할 수 있다. 장로교 교회정치에서 당회장은 목사가 맡는다. 미조직교회일 경우 '노회에서 당회장을 배정하고, 그 당회장이 당회 일반 직무를 처리하고, 문제가 되는 것은 시찰회의 협조를 얻어 처리하고, 권징건은 소속 노회원 중에서 목사, 장로 각 2인씩이 협조 당회원을 노회에 청하여 처리하며, 행정록을 작성하여 매년 1차 노회의 검사를 받아야 한다.'

2. 당회의 직무와 운영

1) 당회 역할

당회는 교회의 영적인 일을 책임지고 있다. 그와 관련된 구체적인 직무는 다음과 같다.

① 교인들의 들고 남: '교인의 이명증서 교부 및 접수와 제적'을 잘 해야 한다. 교인 명부는 당회에서 주관해야 한다.
② 제반 예배 주관: 예배의 요소와 순서를 결정할 권한은 당회에 있다.
③ 성례 주관: 설교단을 비롯해 세례와 성례 집행을 당회가 주관한다. 은혜의 방편을 주관하는 책임이 당회에 있다.
④ 유아세례, 학습, 입교 문답 시행: 교육은 다른 사람이 할 수 있지만, 마지막 최종 문답은 반드시 당회가 해야 한다. 당회의 문답을 통과하지 않고서는 교인이 될 수 없다.
⑤ 공동의회 소집, 직분자 선출 결정과 고시, 임직을 주관한다.

2) 당회 회집

당회는 매년 1회 이상 모여야 한다. 당회가 모이는 경우는 세 가지이다. 첫째, 당회장이 필요하다고 판단했을 때이다. 둘째, 장로 중 2인 이상이 원할 때이다. 셋째, 상회인 노회와 총회가 지시할 때이다.

당회는 자주 모이는 것이 좋다. 물론 사교 모임이나 시간을 때우는 식으로 모여서는 안 된다. 당회의 핵심 직무인 교인을 돌아보고 치리하기 위해서 모여야 한다. 이를 위해 정기적으로 심방하고 그 결과를 나눈다. 교인 한 사람, 한 사람을 돌보는 일이기에 당회는 자주 모일 수밖에 없다.

3) 당회 소집

당회 소집과 관련해 번거로운 사람을 의도적으로 제외하고 모이거나 해서는 안 된다. 당회원 전원에게 소집 사항을 통보해야 한다. 당회원에게 알리지 않고 모인 당회와 그 결정은 무효이다.

원만한 당회 운영을 위해서는 소집을 통지하면서 안건을 미리 공지해야 한다. 어떤 목사는 자신이 낸 중요한 안건을 통과시키기 위해 자신과 가깝다고 생각하는 몇몇 당회원에게 자신이 원하는 방향에 대해 미리 논의하는 경우가 있는데 이것은 하지 말아야 한다. 이것은 당회원 간에 불신과 불화만 낳을 뿐이다. 당회는 항상 공적인 접근을 해야 한다. 공평하고 투명해야 한다는 말이다.

4) 개회 성수

개회 성수를 충족해야 한다. 장로 2인이 있으면 목사 1인, 장로 1인으로 개회 성수가 되고, 3인 이상인 경우라면 목사 1인, 장로 2인으로 개회 성수가 된다.

당회의 결정은 다수결로 할 수 있지만 모든 당회원이 동의할 수 있도록 기다려야 할 때가 있다. 그렇다고 다수결에 의해서 이미 결정된 사안에 대해서는 당회의 결정으로 받고 반대를 위한 반대를 해서는 안 된다. 이것은 당회의 권위를 떨어뜨리고 회의를 지난하게 만드는 것이다. 자기 의견을 관철한다고 이미 결정된 사항에 불복하는 것은 직분자의 합당한 태도가 아니다. 하나님께서는 전원 일치가 아닌 다수결을 통해서도 일하신다는 것을 알아야 한다.

5) 당회록 작성

당회로 모일 때 당회록 작성을 정확하게 기록해야 한다. 당회 서기는 철저하게 이 일을 감당해야 한다. 당회록을 마무리하기 전에 당회원들 모두 회람하게 해야 한다. 회람을 마친 뒤 그 누구도 임의로 수정을 가해서는 안 된다. 개 교회 당회의 당회록은 매년 한 차례 노회에서 검사를 받아야 한다. 교회에 어려움이 생겨 노회에서 그 문제를 주관할 때 당회록은 주요한 판단 기준이 된다. 그러니 당회는 꼼꼼하게 기록하고 노회는 당회록을 잘 확인해야 한다. 당회록 작성은 훼손되지 않도록 수기로 하는 것이 원칙이다. 하지만 수기가 힘들어 컴퓨터 기기 등으로 기록한 경우 출력하여 일련번호를 매기고 앞뒷면을 붙여서 당회장 직인을 찍어 다른 사안을 첨가하지 못하도록 해야 한다.

3. 제직회 운영

1) 제직회 곧 집사회

제직회는 말 그대로 모든 직분이 다 같이 모이는 회의이다. 이는 사실 '집사회'이다. 목사와 장로는 치리회인 당회를 따로 구성하고 있기 때문이다. 당회가 특별히 영적인 부분을 섬긴다면, 집사들이 중심이 된 제직회는 물질을 포함한 아주 구체적인 부분을 섬긴다. 비유하자면 당회는 머리, 제직회는 몸인 셈이다.

집사 직분을 간단히 언급하겠다. 장로교회에는 목사, 장로 외에 제3의 직분으로 집사가 있다. 장로는 다스리는 직분이지만, 집사는 긍휼을 베푸는 직분이다. 그 직무 자체가 다르다. 이것은 은사에 따라 다르게 직무를 맡겨야 된다는 뜻이다. 잘 다스리는 사람을 장로로 세워야 하고, 긍휼을 잘 베푸는 사람을 집사로 세워야 한다. 흔히 장로는 무조건 집사 중에서 나와야 한다고 생각한다. 하지만 이 생각은 옳지 않다. 긍휼을 잘 베푼다고 해서 다스리는 것도 잘한다는 보장은 없다. 은사가 다르기 때문이다.

시작 부분에 언급한 것처럼, 특히 개척 교회는 집사를 일찍 그리고 많이 세우려고 한다. 한국 정서상 역할을 맡아야 봉사를 열심히 할 것이라 생각하기 때문이다. 그래서 절차가 까다로운 안수집사를 세우기보다는 임시직인 서리집사를 많이 세우려 한다. 하지만 본래 서리집사는 임시직이다. 따라서 임시직으로 계속 가기보다는 이들을 잘 교육하고 훈련시켜 안수집사로 세우는 것이 적절하다.

집사 직분에는 여성들의 활약을 기대할 수 있다. 장로교회는 남성들만 장로와 안수집사로 세운다. 여성들이 교회 섬김에 배제되는 것 같지만 한국 교회에는 권사 직분이 있다. 권사 직분은 한국 교회에만 있는 독특한 직분이다. 권사의 경우 장로 역할이 아니라 집사 역할이다. 권사로 선출된 여성들은 집사들과 같이 긍휼을 베푸는 섬김을 잘 감당해야 할 것이다.

2) 제직회 운영

당회장을 담임목사가 맡는 것처럼 제직회 회장도 담임목사가 맡는다. 그러나 제직회장 직을 목사가 맡더라도 회의의 성격상 집사 직분자들이 이 회의를 주도하도록 맡기고 격려하는 것이 좋겠다.

제직회 소집은 회장이 필요할 때나 또는 회원 1/3 이상이 요청할 때 소집한다. 개회는 교회에 공고한 후 예정된 시간에 출석한 자들로 개회한다. 당회와 달리 제직회는 개회 성수가 따로 있지는 않다.

제직회가 주요하게 다룰 안건 세 가지가 있다. '공동의회에서 의결한 예산집행사항,' '예산 추가경정사항,' '보통재산과 특별헌금 관리사항'이다. 보는 바와 같이 제직회는 교회의 예산이 제대로 집행되도록 하는 역할이다. 규모가 작을 때는 몇 사람이 간단하게 예산 집행을 확인하면 되지만 부서나 위원회가 많아지고 예산 집행이 복잡해진다면 주기적으로 점검할 필요가 있다.

예산 문제는 민감하기 때문에 제직회에서 특별히 주의해서 살펴야 한다.

이외에 다른 것으로는 구제부와 경조부 운영이다. 이들 부서는 제직회의 한 부서일 뿐만 아니라 집사들이 감당해야 할 가장 중요한 일이다. 교회 내에서 물질적으로 어려움을 당하는 이들이 없는지, 소외되는 이들이 없는지 돌아보아야 한다. 제직회는 당회의 심방을 통해 여러 가지 어려움에 처한 이들에 대한 정보를 받아서 그들을 어떻게 도울지를 구체적으로 논의하는 장이 되어야 한다.

나가면서

살펴본 바와 같이 장로교회에서 회의는 하나님의 다스림이 나타나는 통로이다. 특별히 목사와 장로로 구성된 당회는 영적인 부분을, 집사가 주로 구성된 제직회(집사회)는 물질을 포함한 구체적인 부분을 섬긴다. 목사의 경우 당회장이면서도 제직회장을 감당하기 때문에 책임이 막중하다. 목사는 회의 진행을 잘 할 수 있도록 각 회의의 원리부터 철저히 익혀야 할 것이다.

Check!

1. 나는 각 직분의 고유한 역할을 분명하게 알고 있는가?
   - 장로의 역할은 무엇인가?
   - 집사의 역할은 무엇인가?
2. 나는 당회의 주관 업무를 정확히 파악하고 있는가?
   - 당회 역할은 무엇인가?
   - 당회 회집의 요건은 무엇인가?
   - 당회 소집의 요건은 무엇인가?
   - 당회의 개회 성수는 몇 명인가?
   - 당회록 작성은 어떻게 해야 하는가?
3. 나는 제직회의 역할을 정확히 알고 있는가?
   - 제직회 역할은 무엇인가?
   - 제직회 회장은 누구인가?
   - 제직회 소집의 요건은 무엇인가?
   - 제직회 주요 안건과 관심 가질 안건은 무엇인가?
4. 나는 원활한 당회, 제직회 진행을 위해 무엇을 준비하고 있는가?

교회건설
매뉴얼

"피택자들이 가진 마음의 고민들을
먼저 들어주고 재차 권면하는 일도
직분자 교육에서 아주 중요한 일이었다."

4장
직분자 교육 사례: 광명교회

들어가면서

공동의회에서 장로 한 분과 집사 세 분 그리고 권사 세 분을 피택하였다. 참으로 오랫동안 기다린 결과였다. 당시 교회는 내적으로 어려움이 있던 터라 직분에 합당한 자를 위하여 마음이 하나가 되기 쉽지 않은 상황이었다. 그럼에도 불구하고 하나님의 나라로서 교회를 회복하고자 하는 온 성도들의 열망이 직분자 선출이라는 결과를 가져왔다. 교회가 거룩한 하나님의 나라로서 새롭게 되는 계기가 되리라는 기대와 함께, 온 마음을 다해 직분자 교육을 진행하였다.

1. 면담을 통해 준비하기

1) 마음의 소리를 듣기

직분자 교육에 들어가기 전에 먼저, 피택자들이 '직분'과 그 자리로 부르심을 받은 것을 어떻게 생각하는지를 살폈다. 사실 교회는 직분자 선출의 필요성을 인정하였지만, 시기적으로는 확신을 하지 못한 상태였다. 게다가 당회에서 선정한 후보들 중에 어떤 이는 '후보 사퇴'를 선언하기도 하였다. 이와 같은 분위기 속에서 선출되다 보니, 피택자들은 직분에 대한 기대감을 가진 동시에 심적인 불편함도 함께 가지고 있다고 토로하였다. 피택자들이 가진 마음의 고민들을 먼저 들어주고 재차 권면하는 일도 직분자 교육에서 아주 중요한 일이었다. 성령의 인도하심 속에서 자원하는 심령이 중요하기 때문이다.

2) 소명 확인하기

피택자들은 대체로 '직분자'는 교회의 지도자 정도로 이해하고 있었다. 그들은 나름대로 교회에 헌신해 왔고, 교우들에게 상당한 인정을 받고 있다고 자부했다. 그래서 직분이 무엇인가에 대한 고민보다는 성도가 선출한 자로서 교회에서 어떤 위치에 있어야 하는지에 관심이 있었다. 직분자에 대한 피상적인 이해를 가진 것이었다. 그래서 본격적인 교육 전에 직분은 성도들의 선택이란 방법을 통한 하나님의 부르심이고, 직분자는 권위가 아니라 섬김으로 세워지는 자리임을 재차 강조했다.

3) 성도로서 본이 되도록 인도하기

피택자들은 하나님의 부르심 앞에 서 있는 자신의 모습을 다시금 정립할 필요가 있었다. 직분자 역시 성도이다. 성도는 진정한 예배자여야 한다. 성령과 진리 안에서 드려지는 예배는 예수 그리스도의 십자가와 부활의 구속 사역에 대한 감사와 감격을 다시금 회복시킬 것이다. 그 감격이 직분자로서 주의 부르심을 확신하게 될 것이다. 그래서 주일 공예배와 수요일과 금요일 기도회에 빠지지 말 것과 새벽기도회에 주중 하루 이상은 꼭 참석할 것을 권면하였다. 예배와 모임 참석 여부는 모든 교육을 마칠 때까지 매주 꼭 확인하였다. 이것은 성도로서 반드시 해야 할 것인 동시에 직분자는 다른 교인들의 모범이 되어야 하기 때문이다. 피택자들에게 성도로서 은혜 받는 삶이 회복되고 모든 교우들의 본이 되는 것은 너무나도 중요하다.

2. 교육 환경 준비하기

1) 강사를 세우기

　직분자 교육(과정)을 준비하면서 가장 어려웠던 것은 '누구를 강사로 세울 것인가'하는 문제였다. 이전까지 교회는 직분자 교육을 노회에서 운영하는 평신도신학원에 위탁하였다. 이는 교회가 노회 안에서 한 지체로 있음을 알게 하는 좋은 교육 효과도 있었다. 그러나 교회 밖에서 교육이 이루어졌기 때문에 생기는 어려움도 있었다. 가장 큰 어려움은 제한된 모임 시간이었다. 평신도신학원에서 정한 교육 시간이 있다 보니 참여하지 못하는 피택자들도 있었다. 또 교회마다 상황이 다른데 그런 내용을 모두 배려 받을 수 없었다. 그렇다고 본 교회 직분자 교육에 매주 외부 강사를 초청하기에는 재정적으로 부담이 되기도 했다. 이런 고려 사항들 때문에 담임목사가 직접 강사가 되어 직분자 교육을 진행하였다.

2) 시간을 정하기

　강사 선정에도 여러 고려 사항들이 있었는데, 교육 시간을 정하는 것도 녹록하지 않았다. 피택자들 대부분이 직장인이었다. 그래서 주중에 별도 시간을 내는 것은 현실적이지 않았다. 각자의 출퇴근 시간이 다르고, 게다가 거주지가 교회 인근이 아니라 먼 거리인 분도 있었다. 새벽기도회, 수요기도회 혹은 금요기도회 참석을 강조했으니 이 시간 전후로 하면 어떨까 생각했지만 충분한 교육 시간을 확보하지 못했기 때문에 제외했다. 주일에 모이려 하니 식당 봉사 같이 각자 맡은 주일 봉사와 기관 별로 모임이 있어서 모두가 모이는 시간을 마련하기가 어려웠다. 결국 모두가 시간적으로 그리고 심적으로 여유를 가질 수 있는 토요일 오후를 교육 시간으로 정했다. 이렇게 시간을 정하게 된

배경에는 교회의 특수한 상황과 피택자들의 수가 많았기 때문이었다. 만일 규모가 작은 교회에서 장로 2명이나 집사 2명씩 세운 것이라면 좀 더 여유롭게 모임 시간을 정할 수 있지 않았을까 생각한다. 시간을 정하는데 반드시 고려할 부분은 모두 참석하고, 가능한 충분하게 시간을 확보해야 한다는 점이다.

3) 교육 장소 정하기

장소가 중요할까 생각할 수 있다. 그러나 적절한 교육 분위기 형성과 강사와 수강자의 여유를 위해 적절한 장소를 선택해야 한다. 필자는 교육 장소를 목양실로 하였다. 그곳은 함께 대화하기에 좋고 그러면서도 집중할 수 있는 장소였다. 처음에는 교회 인근 카페를 생각하였다. 그 카페는 사람이 많이 붐비지 않아서 대화를 나누는데 불편함이 없고, 또 커피 같이 음료나 간식을 따로 준비하지 않아도 된다는 장점이 있었다. 하지만 카페 자체의 소음(커피 만들기 등)과 소수의 사람이라도 그들의 움직임 때문에 교육이 방해받을 수 있었다. 목양실의 분위기 때문에 경직되지 않을까 싶어 교회 내 다른 공간을 선택해볼까 생각도 했다. 하지만 교육 시간은 토요일이었고, 그날은 주일을 준비하기 위해 여러 부서들이 분주하게 모이기 때문에 별도의 공간을 확보하기가 쉽지 않았다. 결국 목양실을 선택하였다. 강사가 담임목사이다 보니 목양실은 확보될 수밖에 없었고, 토요일에는 성도의 방문 역시 많지 않기 때문에 교육에 집중할 수 있었다. 공간을 선정할 때는 꼭, 집중할 수 있는 환경, 여유 있게 모일 수 있는 넓이 등을 고려해야 한다. 더불어 교재를 두고 필기할 수 있는 책상도 구비되어 있어야 한다.

3. 교육 진행하기

1) 교재 정하기

　교육에서 좋은 교재는 꼭 필요하다. 직분자 교육에서는 어떤 교재가 좋은 교재일까? 총회『헌법』이나 총회에서 발간한『헌법 해설』은 꼭 필요한 책이고 내용에서도 훌륭하지만, 피택자들에게는 부담일 수밖에 없다. 구비하게 하고 꼭 참고하게 해야 하지만, 직분자 교육의 교재로 선택하기에는 어려웠다. 그래서 직분자가 꼭 알아야 할 것을 종합적으로 설명하고, 교리적인 면에서도 신뢰할 수 있고, 그리고 내용 면에서도 교회에서 꼭 필요한 주제를 살필 수 있어야 했다. 더욱이 모든 성도가 직분자로서 갖추어야할 내용을 알도록 준비하는 측면도 있어야 했다. 그런 중에『교회의 직분자가 알아야할 7가지』를 선택하였다. 이 책은 이미 교회 집사회에서 구입하여 정독하기도 했다. 이 책은 그동안 우리 교회가 관심을 가지고 있었던 주제들: 장로, 임직, 회의, 기도, 찬송, 심방, 교회의 미래 등을 다루고 있었다. 많은 내용보다는 직분자가 함께 그리고 충분히 생각하고 나눌 수 있는 부분을 살필 수 있어서 유익했다.

2) 수업하기

　선택한 교재를 순서에 따라 매주 1장씩 '함께' 읽었다. 피택자들은 오랫동안 일방적인 설교 혹은 성경 공부에 익숙해서, 준비된 교재를 함께 읽고 나누는 것을 다소 부담스러워했다. 그럼에도 불구하고 독회 방식을 고수했다. 한 사람이 한 문단을 돌아가면서 읽었다. 그런 다음에 강사가 단어들, 개념들, 그리고 중요한 표현들은 자세히 설명을 하였다. 예를 들면 '장로 임기제,' '제직회,' '공동의회,' '중보기도,' '시편 찬송' 등이 그런 부류에 속한 것이었다. 이런 강독을 통해 교회의 어려운 상황 속에 있던 피택자들도 주제 자체를 거부하는 대신, 모두가 '읽고' 혹은 '들은' 내용을 객관적인 입장에서 이해할 수 있었다. 이 직분자 교육에 한 분도 낙오하지 않고 모두가 참여하였다.

3) 토론하기

교재를 읽고 설명을 들은 뒤, 질문과 토론을 통해 심화 학습을 하였다. 예를 들면, "한국 교회의 임직 문화, 개혁해야 할 것은 없는가?"를 읽은 뒤 피택자들에게 "임직을 받을 때에 교회에서 '정한' 헌금을 하는 것이 잘못된 것인가?"라는 질문을 던졌다. 교회에서 헌신적으로 일하는 분들이라 상당한 혼란이 있었다. 이제까지 교회에서는 임직자들이 일정한 감사 헌금을 함께 드렸던 전통이 있었다. 전통에 따라 교회에서 정해 둔 금액을 헌금하는 것이 옳다는 의견이 있었다. 반대로 그런 행동 자체가 직분을 돈으로 사고파는 행위라며 강경하게 반대하는 분도 있었다. 하지만 토론을 마무리하면서, 감사하는 마음으로 각자가 주님께 헌금을 하는 것은 필요하다고 정리했다. 이렇게 교재를 읽고 설명을 듣는 것으로 마치지 않고, 이어지는 질문과 토론을 통해 피택자들은 배운 내용을 깊이 확신할 수 있었다.

나가면서

교육을 마친 후 돌아보니, 각자가 소감문을 작성하고 또한 몇 명은 임직식 때 발표하는 시간을 가졌으면 더욱 좋은 열매를 맺을 수 있지 않았을까 하는 아쉬움이 남는다. 자기를 돌아보는 동시에 결단을 담을 수 있고, 교인들은 그 고백의 증인이 되는 기회일 텐데 말이다. 직분자 교육은 방법에 있어서 정답이 없다. '어떻게 할 것인가'보다는 '무엇을 함께 세워야 하는가'를 먼저 생각하는 것이 필요하다. 직분을 주시고 세우시는 하나님께서 직분자 교육에 은혜를 베푸실 것이다.

5부
신앙생활 지도, 이렇게 하면 된다

1장 교회 봉사 지도

2장 결혼식 지도

3장 가정예배 지도

4장 직장 생활 지도

5장 장례식 지도

"그리스도를 받아 그리스도를 나누는 것이
교회 봉사의 기초이자 동기가 되어야 한다.
그리스도가 중심에 계시지 않는 교제와 봉사는
교회 건설에 아무런 유익이 없다."

1장
교회 봉사 지도

들어가면서

    교회 건설에 교인들의 교회 봉사는 반드시 뒤따른다. 하지만 교인들은 교회에서 봉사하면서 어려움을 겪는다. 봉사하면서 마음이 상하고, 다른 교인과 다투기도 하고, 심하면 교회를 떠나기도 한다. 개척 교회 같은 경우에는 봉사할 사람이 많지 않다보니 몇몇 사람이 이런 저런 봉사를 도맡게 된다. 쉬고 싶은데 쉴 수가 없다. 저녁 늦게까지 힘들게 봉사하기 때문에 파김치가 된다. 너무 힘든데 봉사를 부탁해 오면 거절하지 못하고 이중 삼중으로 봉사할 수밖에 없다. 기본적으로 봉사는 모든 교인들이 다 해야 한다. 몇몇 사람이 독점해서는 교회 건설을 이룰 수 없다. 봉사가 무엇인지, 어떻게 봉사해야 하는지를 잘 훈련해야 할 것이다.

1. 봉사는 성도의 교제이다

1) 봉사는 희생이 아니라 성도의 교제이다

    봉사는 희생이 아니라 성도의 교제이다. 교회 봉사는 반드시 성도의 교제로 접근해야 한다. 만일 교회 봉사가 성도의 교제라는 것을 이해하지 못하면 세상적인 방식으로 봉사하게 될 것이다. 시간이 있는 사람은 몸으로 때우면 된다고 생각할 것이다. 시간이 없어 몸으로 때울 수 없으면 돈으로 때우면 된다고 생각할 것이다. 하지만 교회 봉사는 내가 다른 사람을 위해 희생하는 사회봉사나 재능 기부 같은 것이 아니다. 봉사를 재능과 능력의 관점으로 보아서는 안 된다. 다시 강조하지만 봉사는 성도의 교제로 이해해야 한다.

2) 그리스도와의 교제가 우선이다

봉사의 원리는 그리스도에게서 배울 수 있다. 그리스도께서 우리를 섬기신 것처럼 우리도 서로를 섬긴다. 이를 위해 그리스도와의 교제가 우선되어야 한다. 하이델베르크 교리문답(55문)은 성도의 교제를 두 가지로 나누어서 설명한다. 이때 먼저 강조하는 것이 '신자는 모두 또한 각각 그리스도의 지체로서 주 그리스도와 교제하며 그의 모든 부요와 은사에 참여해야 한다.'는 것이다. 우리는 봉사하기 전에 내가 그리스도의 지체라는 것을 의식하고 그리스도와 친밀하게 교제하고 있는지를 먼저 살펴야 한다. 교회에서의 봉사는 그리스도와 깊이 교제하는 것이 우선이다.

3) 봉사는 그리스도를 받아 그리스도를 나누는 것이다

하이델베르크 교리문답에서 언급하는 성도의 교제의 두 번째 측면은 다음과 같다. "각 신자는 자기의 은사를 다른 지체의 유익과 복을 위하여 기꺼이 그리고 즐거이 사용할 의무가 있습니다." 세상의 봉사는 내가 가진 것을 사용하거나 심지어 어떤 목표를 이루기 위한 것이다. 그러나 교회의 봉사는 그리스도를 받아 그리스도를 나누는 것이다. 우리는 다른 지체의 유익과 복을 위해서 봉사해야 한다. 그리스도께서 순종하심으로 얻으신 은혜를 교인들에게 나누어 주신다. 그 부요함과 은사를 받은 교인은 다른 교인의 유익과 복을 위해서 나누어 주어야 한다. 이것이 바로 성도의 교제이다. 그리스도를 받아 그리스도를 나누는 것이 교회 봉사의 기초이자 동기가 되어야 한다. 우리의 교제와 봉사에는 항상 그리스도께서 계신다. 그리스도가 중심에 계시지 않는 교제와 봉사는 교회 건설에 아무런 유익이 없다.

2. 은사와 직분으로 봉사해야 한다

1) 봉사하기 위해 주신 것이 은사이다

세상적인 봉사처럼 우리의 타고난 재능과 갈고닦은 수완으로 교회에서 봉사하려고 해서는 안 된다. 교회의 봉사는 본능이 아니라 은혜이다. 우리는 종종 은사를 재능으로 생각하고, 무언가를 얻는 수단으로 생각한다. 하지만 은사는 철저히 섬기기 위한 것이다. 특히 교회 봉사를 위한 것이다. 성령께서는 우리에게 각종 은사를 주셔서 교회를 봉사하게 하신다. 성령께서는 모든 교인에게 교회를 섬기기 위해 필요한 은사를 주신다. 은사가 없으면 교인이 아니니다.

2) 은사와 직분은 함께 가야 한다

은사는 질서 있게 사용되어야 한다. 우리는 종종 주위에서 질서 없이 은사를 사용해 교회가 든든하게 세워지지 못하는 것을 본다. 질서 없는 은사는 교회에 유익하지 않다. 은사를 공식화해서 질서 있게 사용하는 것이 직분이다. 직분에 따라 은사를 활용해야 한다. 이것은 직분에 적합한 은사가 필요하다는 것과 연결된다. 은사 없이 직분 없다. 질서 없는 은사가 교회를 어지럽히듯, 적합한 은사 없이 세워진 직분자들로 인해 교회에 복이 되지 못하는 것을 보기도 한다.

3) 직분은 서로의 역할이 다르다

교회 내 여러 가지 봉사를 맡은 교인이 있다. 그들 역시 은사에 따라 봉사해야 한다. 그러나 여기에서는 항존직을 중심으로 각 직분마다 필요한 은사를 정리해보겠다.

먼저 목사이다. 흔히 목사를 '말씀의 봉사자'로 부른다. 즉, 말씀으로 섬기는 자라는 뜻이다. 하나님의 말씀을 설교를 통해 선포하고, 말씀을 잘 가르쳐서 교인들을 온전케 하는 사람이 목사이다. 그렇다면 말씀을 이해하고 잘 가르치는 은사가 없는 사람을 목사 직분자로 세워서는 안 된다.

둘째는 장로이다. 장로를 '다스림의 봉사자'로 부른다. 교인들을 잘 살피고 그들에게 필요한 말씀으로 권면하고 지도해야 한다. 즉 장로는 다스리는 은사가 있는 사람이 해야 한다. 마음씨가 좋아서 교회의 궂은 일을 마다하지 않고 섬긴다고 장로로 세워서는 안 된다. 재정적인 능력이 좋거나 학벌이 좋다고 장로의 은사를 받은 것이 아니다. 교인들을 잘 돌아보고 훈계하고 권면할 수 있는 은사를 가진 자에게 장로의 직분을 맡겨야 한다.

셋째는 집사이다. 여기에 한국 교회의 특수한 직분인 권사를 포함할 수 있다. 집사와 권사는 '긍휼의 봉사자'이다. 이들은 불쌍히 여기는 마음이 커야 한다. 긍휼의 은사가 있어서 어려움을 당한 교인을 그냥 보고 지나칠 수 없는 자여야 한다. 이런 은사를 가진 자라야 공적인 도움을 베풀 수 있다.

3. 교회 봉사 지도 예시

1) 모든 교인이 다 자발적으로 봉사해야 한다

모든 교인이 교회에서 한 가지 이상씩 봉사하도록 격려해야 한다. 이것은 개척 초기부터 잘 닦아야 할 부분이다. 신속하고 효과적인 일 처리를 위해 일 잘하는 이들에게 각종 일을 모두 맡겨서는 안 된다. 각각에게 일을 맡겼으면 쉽게 그 사람의 봉사를 평가해서는 안 된다. 재정 봉사를 예로 들어 보자. 물론 재정 사용에 있어서 투명해야 하는 것은 너무나도 분명하기에 엄격하게 평가해야 하지만, 예산과 집행의 경우에서는 허비가 된다는 생각이 들더라도 일단은 지켜보는 것이 좋을 수 있다. 지나치게 간섭해 이것저것을 요구하면 봉사하는 이들의 힘이 빠지기 때문이다. 교회 일은 효율이 중요한 것이 아니라 한 사람이라도 제대로 세워주는 것이 중요하다.

2) 식탁 봉사의 부담을 줄여야 한다

과거에 교회의 모든 분쟁은 주방에서 시작된다는 말이 있었다. 주방 봉사를 하는 부인들의 다툼이 남편들의 싸움으로 옮겨간다는 것이다. 심지어 '우리 아이가 제대로 먹지 못했다'며 부모 간 싸움으로 비화되기도 한다. 식탁 봉사의 민감함은 비단 옛 일이 아니다. 기성세대는 주일에 잘 먹어야 한다고 생각하지만 젊은 세대는 다이어트를 위해서라도 끼니를 거르는 것처럼 주일에 하는 식사를 그렇게 중요하게 생각하지 않는다. 이것은 자연스레 주일 식탁 봉사를 하지 않는 것으로 이어진다. 고령화 되는 교회 현실을 고려한다면 이제부터라도 주일 식탁 봉사 부담을 점점 줄여가야 할 것이다.

어떤 교회는 개척을 시작하면서부터 각 가정에서 도시락을 싸 오도록 했고, 지금까지 그렇게 하고 있다. 청년들 같이 도시락을 싸올 수 없는 교인을 배려해서 조금만 더 여유 있게 준비해 와서 나누어 먹는다. 매 주일마다 어떤 반찬을 싸 와야 하는지 걱정이고, 다른 가정과 비교되기 때문에 부담이 전혀 없다고 할 수는 없다. 교인 수가 적은 초기에는 가능하지만 규모가 커지면 다른 방법을 강구해야 한다. 어떤 교회는 미리 반찬 가게에서 반찬을 사두었다가 주일에 들고 온다. 밥은 주일에 조금 일찍 와서 짓는다. 주일 식탁을 꼭 풍성하게 해야 할 법은 없다. 주일 식탁 봉사에 대한 시간과 부담을 줄이고 식사와 이어지는 시간에 성도의 교제를 풍성하게 하는 것이 훨씬 더 낫다.

3) 찬양대가 비대해지면 안 된다

흔히 교회가 성장하기 위해서는 웅장한 찬양대나 세련된 찬양 팀이 반드시 있어야 한다고 생각한다. 개척 교회라서 교인들이 몇 명 되지 않는데도 찬양대를 만들어야 한다고 생각한다. 은사와 관심이 없는데도 억지로 찬양대에 편입시킨다. 주일에는 봉사 시간이 겹칠 때가 많기 때문에 찬양대가 도리어 다른 봉사를 제한시키기도 한다. 교사로 섬겨야 할 교인이 찬양대를 위해 교육 시간을 서둘러 마무리하는 상황이 발생한다. 이런 경우 봉사에도 우선순위가 있음을 기억하고 찬양대가 다른 봉사를 제한시키지 않도록 지도하는 것이 필요하다.

4) 부모가 교사를 하도록 격려하라

부모가 직접 자녀들의 교사가 되게 하는 것이 좋다. 교회에까지 와서 아이들을 가르쳐야 하냐고 말해서는 안 된다. 자녀 교육의 일차적인 책임이 부모에게 있기 때문이다. 흔히 부모들은 주일학교가 잘 되어 있는 규모 있는 대형 교회를 찾아가서 교인으로 등록한 뒤, 그 주일학교에 자기 자녀들을 맡겨 버리고 나 몰라라 한다. 이것이야말로 잘못된 태도이다. 교회는 학부모가 가정에서만이 아니라 교회에서 교사로 일하도록 잘 훈련해야 한다. 특별히 가르치는 은사가 있는 부모들을 교사로 잘 세운다면 교회의 다음세대가 큰 유익을 얻을 것이다.

5) 봉사하는 이들을 알아 주어야 한다

교회에서 사람을 실컷 부려먹기만 하고 당연히 해야 할 것을 한 것이니 잔말 말고 더 봉사하라고 하면 되겠는가? 교회가 교인들에게 과도한 헌신을 요구해서는 안 된다. 물론 찬양대에 오케스트라를 만들어서 단원들에게 일일이 사례비를 주는 것은 합당하지 않다. 그러나 교회 봉사를 위해 시간을 내고 물질을 쓰는데 무조건 더, 더 희생하고 헌신하라고 하는 것은 합당하지 않다. 만일 일과 시간에 교인을 불러서 봉사하게 한다면 그것에 상응하는 대가를 교회가 지불해야 하는 것이 마땅하다. 차량을 사용했으면 주유비라도 주어야 할 것이다. 주님께서 알아주시겠지 하며 봉사하는 이들을 칭찬하지 않는 것은 적절하지 않다. 은사로 섬기는 이들을 칭찬하고 격려해 주어야 한다.

나가면서

교회 봉사는 세상적인 봉사와 분명히 다르다. 개인의 명예와 보람을 위해 봉사하는 것이 아니라, 주님께 받은 은혜와 은사로 섬기는 것이 교회 봉사이다. 개인의 자원도 중요하지만 은사에 따라 봉사해야 하는 것을 기억해야 한다. 은사에 따라 직무를 맡겨야 한다. 봉사를 원하는 교인들에게 은사를 돌아보고, 주님께 은사를 구할 수 있도록 지도해야 할 것이다.

이것만은 꼭!
1. 봉사는 교회의 각종 일을 하는 것이 아니라 성도의 교제이다.
2. 교회 봉사는 은사와 직분으로 해야 한다.
   - 은사를 공식화한 것이 직분이다.
   - 은사와 직분은 대립하지 않는다.
3. 상황과 은사에 따라 교회 봉사를 지도해야 한다.

"단순히 교육만 잘 시킬 것이 아니라
올바른 결혼 문화가 뿌리내리도록
교회 전체가 평소에 노력해야 한다."

2장
결혼식 지도

들어가면서

예전에 비해서 결혼식이 많이 달라졌다. 가장 큰 차이점은 자동차 문화의 발달로 교회당보다는 주차가 편리한 예식장에서 주로 결혼 예식이 이루어지는 것이다. 예식장을 이용하다 보니 결혼식이 이전보다 세속화 되었다. 엄숙한 결혼 예식은 더 이상 보기 어렵게 되었고 가벼운 이벤트로 변모하고 있다. 장소가 바뀌고 나니 결혼식 지도를 목사가 아니라 예식장 직원들이 한다. 예식장 직원이 하라는 대로 따라하는 주례 목사도 적지 않다. 교인임에도 불구하고 아예 서약이나 주례자 없이 결혼식을 진행하는 경우도 있다. 이런 모습은 혼례를 성사로 보기 때문에 모든 것을 (심지어 사진 촬영까지!) 철저하게 교회가 지도하는 로마 가톨릭교회와 너무나 대조를 이룬다.

1. 결혼식 지도는 당회의 소관

이와 같은 상황 속에서 교인들에게 결혼식을 지도하는 것이 가능이나 할까? 이미 대부분 교인들은 교회에서 결혼식을 지도 받아야 한다는 생각 자체를 하지 않는다. 특별히 신앙교육을 제대로 받지 않은 청년들은 교회의 간섭을 거부하고 자기 소견에 옳은 대로 하려고 한다. 상황이 이렇게 전락된 것에 대해서는 당연히 그 교회의 목사와 장로들이 책임을 져야 한다. 왜냐하면 장로교회에서는 개체 교회의 당회가 결혼식을 주관하기 때문이다. 하지만 오늘날 대부분 당회는 결혼식에 대해 관심이 없는 것 같다. 아마 결혼 승낙을 당회가 결정해야 하는가에 대해서도 모르는 당회원들이 적지 않을 것이다. 결혼식에 대한 당회의 지도 여부는 견실한 교회와 부실한 교회를 구분하는 주요한 지표이다.

결혼식을 지도하기 위해서는 결혼식을 지도해야 할 목사와 당회의 권위가 먼저 확보되어야 한다. 하지만 오늘날 당회가 지도하는 대로 순종하는 교인들이 얼마나 되겠는가? 따라서 평소에 결혼에 대한 설교와 가르침과 교육이 시행되어야 한다. 이를 통해 전체 교인들이 결혼식에 대한 바른 인식을 가지도록 해야 한다. 이를 위해서 성경뿐만 아니라 신앙고백서와 교리문답 그리고 헌법과 예식서에 나온 내용을 목사가 숙지하고 당회와 공유하고 있어야 한다. 이것을 바탕으로 성도들에게 숙지시켜야 한다. 단순히 교육만 잘 시킬 것이 아니라 올바른 결혼 문화가 뿌리내리도록 교회 전체가 평소에 노력해야 한다. 이와 같은 준비가 전반적으로 잘 되었다는 가정 하에 광교장로교회를 예로 삼아 몇 가지 지침을 구체적으로 소개하고자 한다.

2. 결혼식 전에 확인할 것

결혼하고자 하는 교인이 있다면 먼저 당회의 허락을 받도록 한다. 당회 혹은 주례자에게 제출할 서류는 본인들과 부모의 동의서(부모 동의서는 반드시 필요한 것은 아님), 혼인 관계 증명서, 건강 증명서이다. 혼인 관계 증명서와 건강 증명서에 대해서 부담감을 가질 수 있는데 이유를 잘 설명하면 충분히 이해할 뿐 아니라 교회에 감사함을 가지게 된다. 이런 것들은 본인들끼리 이야기하기 어려운 부분이기 때문이다. 이런 과정 속에서 청년들은 교회의 보호를 받는다는 것을 실제로 경험하게 되며 결혼에 대해서 보다 신중하고 무겁게 생각한다.

결혼식 전에 당회가 반드시 확인해야 할 사항은 수세 여부이다. 두 명 모두 소속 교인이라면 상관 없지만, 상대방이 타 교회 소속이라면 세례교인인지 그 여부를 확인해야 한다. 왜냐하면 의외로 요즘에 유아세례를 받고 입교를 하지 않거나 교회에 오래 다녀도 세례를 받지 않은 청년들이 많기 때문이다. 또한 구세군은 세례 없는 입대식을 시행하고 있으며 순복음교회의 극히 일부는 세례 대신 안수식을 시행하기도 한다. 따라서 이런 경우에는 결혼식을 허락해서는 안 되며 먼저 상대방이 세례를 받도록 지도해야 한다. 물론 세례 받지 않은 사람과의 결혼은 당회가 허락해서는 안 되며 만일 교인이 그것을 거부할 때 당회는 성경에 따라 치리해야 한다. 또한 혼전 순결을 지키지 않았거나 동거를 한 것이 드러난 경우에는 상황에 따라 적절하게 치리를 한 후 결혼식을 승인해야 한다. 결혼식 전까지 순결을 지킬 것을 분명하게 인지시켜야 할 것이다.

당회가 잘 살펴서 두 사람의 혼인이 문제가 없다고 판단하면 결혼식 일시와 장소를 성도들에게 공지한다. 공지할 때에는 반드시 이 결혼식에 문제가 있다고 생각하는 사람은 당회에 알려달라는 내용을 함께 공지해야 한다. 결혼 예식, 주례, 결혼의 대상, 부모의 승낙, 결혼의 예고, 증인의 확보, 결혼 증서의 발급, 결혼 명부의 기록에 대해서는 『헌법』의 "헌법적 규칙" 제6조에 자세히 나와 있으므로 이 규칙에 따라 신랑신부를 가르치고 지도하면 된다.

3. 예식장 선정

결혼식은 교회당에서 하는 것이 가장 좋지만 주차나 식사, 기타 문제로 예식장 사용은 피할 수 없다. 그럼에도 불구하고 결혼식 장소는 중요하기 때문에 최대한 결혼식에 적합한 예식장을 선정하고 미리 준비할 수 있도록 하는 것이 좋다. 다음 사항을 참고하라.

① 채플 장소처럼 테이블이 없는 예식장이 좋다. 분위기가 훨씬 더 안정적이다. 테이블이 비치되어 있는 경우 결혼식 분위기가 매우 산만하다. 그런 경우에는 테이블을 치워달라고 미리 예식장에 요청한다.
② 예식을 진행할 때 예식장의 조명을 밝게 하고 중간에 조명을 조절하지 않도록 요청한다. 또 당회에서 정한 음악 외에는 사용하지 않도록 말한다. 너무 화려한 곳은 피하는 것이 좋다.
③ 예식장 사용 시간을 최대한 미리 알아보아야 원하는 장소와 날짜와 시간에 예약할 수 있다. 예식장이 서로 비슷해 보여도 실제로 주례를 해보면 차이가 많이 나기 때문이다.
④ 주례자는 당일 미리 가서 예식장 직원들과 충분히 이야기를 나누어서 소통할 필요가 있다. 예식장 사용 시간을 최대한 확보하여야 여유 있게 예식을 진행할 수 있기 때문이다.

4. 결혼식 비용 문제

교인들, 교회의 형편에 따라 다르겠지만 축의금은 아주 예민한 문제이다.

교회의 규모가 작을 때는 문제가 덜 하지만 교회의 규모가 클수록 축의금은 큰 문제가 될 수 있다. 결혼식이 빈번해지면 축의금도 부담이 되고 사정상 참석할 수 없게 되면 교인 서로 간의 관계도 서먹하게 될 수 있다. 이와 같은 이유 때문에 광교장로교회의 경우 축의금을 교회 계좌로 모아서 한꺼번에 전달한다. 식권 값과 축의금 전체를 비교해서 모자라는 금액은 교회 재정으로 보전하고 있다. 이와 같은 이유 때문에 어린 자녀가 있는 교인들도 축의금 부담 없이 기쁜 마음으로 결혼식에 참석하고 있다. 또한 예식장이 먼 경우에 차량을 빌리는데 여기에 대한 경비도 교회가 부담한다. 이와 같은 지침 때문에 청년들은 결혼식이 진행되는 동안 자연스럽게 교회의 재정 지원에 대해서 감사한 마음을 가지게 된다.

예식 당일에는 교인들이 최대한 많이 참석하도록 격려한다. 교인들이 많이 참석할수록 혼인식 분위기가 훨씬 더 안정적이다. 물론 교인들이 신앙적 훈련이 잘 되어 있다는 것을 전제로 한 말이다. 일반적으로 좌석이 모자란 경우가 많은데 앞줄은 혼주 가족들을 위해서 남겨 두더라도 나머지 좌석들은 교인들이 미리 참석해서 앉아 있도록 지도한다. 또한 예식장 식당이 너무 붐빌 것으로 예상하거나 아주 먼 거리에 있는 예식장이라면 예식장 밖에서 별도로 식당을 잡아서 성도들끼리 즐거운 교제의 시간을 갖는 것도 추천한다. 긴 시간 동안 갔는데 밥만 먹고 급하게 오는 것은 시간 낭비이기 때문이다.

주례비도 결혼식 준비에 고려해야 할 요소 중의 하나이다. 광교장로교회의 경우 담임목사에게 주례비를 지급하지 않도록 하는데 여기에는 몇 가지 이유가 있다. 일차적인 이유는 결혼 준비에 조금이라도 부담을 주지 않기 위해서이다. 실제로 주례비가 부담되어서 주례 없는 결혼을 고려하는 경우도 있다. 또한 결혼식 준비하는데 정신없는 신랑 신부에게 주례비까지 챙기도록 하는 것이 바람직하지 않다고 생각하기 때문이다. 또한 주례는 목사로서 당연히 해야 하는 직무에 속하기 때문이다. 세례식이나 입교식을 집례하고 목사가 사례비를 받지 않는 것과 유사하다고 할 수 있다. 무엇보다 이렇게 하면 목사가 청년들에게 깊은 신뢰감을 얻을 수 있다. 신랑 신부의 집안이 불신 집안인 경우에는 교회 전체가 칭찬을 듣게 된다. 물론 이런 제도가 정착되기 위해서는 목사에게 충분한 생활비가 지급되어야 하고, 말씀 준비에 방해를 받지 않을 정도로 분주하지 않아야 한다. 또한 결혼식을 위해서 정해진 설교문을 사용하며 별도의 설교를 따로 준비하지 않는다.

5. 결혼식 설교

설교 얘기가 나온 김에 결혼식 설교를 말해보겠다. 한국에서 결혼식장은 일반적으로 매우 혼란스럽다. 따라서 처음에 분위기를 잘 잡는 것이 중요하다. 어수선한 분위기로 시작하면 예식 끝날 때까지 어수선한 경우가 많다. 결혼식은 전도를 하기에도 좋고 교회를 소개하기에도 좋은 기회이다. 설교문을 철저하게 다듬어서 잘 들리도록 편집해야 한다. 12-3분 정도로 설교 시간을 맞추어 군더더기를 제거해야 한다. 담을 내용으로는 결혼이 무엇인지, 결혼의 목적이 무엇인지, 부부의 관계가 무엇인지, 부부의 의무와 복이 무엇인지를 선명하게 선포하되 세상 사람들의 결혼과 기독교의 결혼이 어떤 차이가 있는지이다. 결혼식 설교문은 기본적으로 본 교회의 교인들을 위한 것이다. 이 설교를 통해 결혼식장에 교인들은 결혼에 대한 성경의 핵심적 교훈을 반복적으로 듣게 되고, 불신자들은 기독교의 결혼관과 자신들의 결혼관이 어떤 차이를 가지는지 인식하게 된다. 이렇게 되면 결혼식은 전도를 하기에 아주 좋은 기회가 된다. 특히 신앙생활을 이전에 했던 사람들에는 적지 않은 효과가 있다.

나가면서

결혼식은 본질상 하나님의 일(opus Dei)이다. 따라서 하나님의 역사하심이 잘 드러나는 결혼식이 좋은 결혼식이다. 주례자가 존재해야 하는 이유가 바로 여기에 있다. 가벼워진 결혼식을 성경적 가르침에 따라 경건한 언약식으로 변화시키는 것은 쉬운 작업이 아니다. 교회 전체가 여기에 대해서 공감대를 형성해야 한다. 무엇보다 목사가 분명한 결혼식에 대한 인식을 가지고 있어야 하고 당회가 결혼식을 주관해야 한다는 책임 의식을 가지고 있어야 하며 평소에 청년들에게 결혼에 대한 가르침을 부지런히 가르쳐야 한다. 이를 위해서 교회가 평소에 청년들에게 깊은 신뢰를 받아야 한다.

추천 도서

이성호, 『결혼한 자들에게 내가 명하노니』, 안성: 그책의 사람들, 2020.

이것만은 꼭!

1. 당회가 결혼식을 주관하는지 여부는 건실한 교회의 지표이다.
2. 당회는 수세나 순결 여부 등 여러 사항을 점검한 뒤 결혼 허락을 해야 한다.
3. 당회는 여러 사항을 고려해 예식장을 미리 준비하도록 한다.
4. 당회는 재정 문제를 잘 살펴 혼인 당사자들에게 부담을 주지 않도록 한다.
5. 결혼식 설교는 잘 준비해서 교인들에게는 교육 기회로, 불신자들에게는 전도의 기회로 삼아야 한다.

"가정예배는 세상에서 살아가는 동안
신앙을 보존하고 지켜주며,
더불어 자녀를 신앙으로 교육하고
훈육하는 귀한 시간이다."

3장

가정예배 지도

들어가면서

한국 교회 내 다음세대 부재와 위기에 대한 걱정이 깊다. 교회는 '큰일 났다!'고 아우성을 치지만, 해결 방안을 찾지 못하고 속수무책 당하고만 있다. 필자는 이런 상황에 놓인 한국 교회에 가정예배가 대안이고, 목사가 어떻게 가정예배를 지도할 것인지를 제시하고자 한다. 가정예배를 통해 한국 교회 재건을 꿈꾸는 것이다.

"웨스트민스터 예배지침"은 가정예배(기도회)를 이렇게 정의하고 있다(제30조 4항). "가정 기도회는 신자의 당연한 의무이므로 가정마다 행할 것이니 매일 성경을 읽고, 기도하며, 찬송함으로 행할 것이다." 여기에서 주목할 것은 "가정 기도회는 신자의 당연한 의무"라는 것과 "가정마다 행할 것이니 매일 … 행할 것이다."라고 정했다는 것이다. 가정 기도회는 선택 사항이 아니라 필수 사항이다. 어떻게 된 노릇인지 한국 교회는 가정예배의 전통이 없다. 2015년 한국복음주의신학회와 한국복음주의기독교교육학회가 연합해 낸 정책보고서(『한국교회교육의 현실분석과 미래 방향성에 대한 사회과학적 통합연구』)에 따르면, 전체 한국 교회 교인들 중 5% 정도가 가정예배를 하고 있다고 한다. 이렇게 가정예배가 부실한 이유는 무엇일까?

1. 가정예배의 부재 이유

1) 역사적 이유

　한국 교회의 가정예배 부재 이유를 미국 교회와 연결해 생각할 수 있다. 청교도를 비롯해 북미 대륙으로 이주한 초기 교인들은 종교 개혁자들의 유산인 가정예배를 잘 지켰다. 미국의 영적 대각성을 이끈 테넌트 부자(W. Tennent, G. Tennent)나 조나단 에드워즈(J. Edwards), 조지 휫필드(G. Whitfield) 역시 가정예배의 중요성을 강조했다.

　그런데, 18세기 중반을 지나면서 상황은 달라졌다. 영국의 평신도 사역자 로버트 레익스(R. Raikes, 1736-1811)에 의해 시작된 '주일학교 운동'이 미국으로 들어왔다. 레익스는 길거리를 방황하는 가난한 아이들을 교회로 데려다가 교육하기 시작했다. 산업혁명으로 인한 사회적 변화에 따라 주일학교는 급속도로 성장했다. 주일학교는 당시 최신 교수 방법을 도입하면서 효과를 보았고 선풍적인 인기를 얻으며 확산되었다. 안타깝게도 가정예배는 주일학교의 확산에 반비례하며 쇠퇴하고 말았다.

　한국에 복음을 전해 준 대부분의 선교사들은 가정예배의 소중함을 알지 못하는 세대였다. 한국 교회는 그들에게 귀한 복음을 받았지만 가정예배의 중요성과 소중함까지는 전달받지 못했다. 가정예배는 일부 극성인 교인의 전유물로 여겨졌다.

2) 신학적 이유

　한국 교회의 신학적 특징도 한 몫 한다. 한국 교회 교인들의 특징을 이렇게 정리할 수 있다. '한국 교회 교인은 성경을 듣고 믿어 성령의 체험적 능력으로 전도와 선교에 힘쓴다.' 교파나 교단 구분 없이 이런 특징에 따라 한국 교회는 놀라운 성장을 이뤄냈다. 하지만 이런 신학적 특징 덕택에 이원론적인 교인을 양산해 내기도 했다. 개인주의적인 신앙생활이다 보니 전체 하나님 나라에 대한 관심이 적다. 성(聖)과 속(俗)을 쉽게 분리하고 주일(主日)과 평일(平日)의 생활도 분리한다. 그러다 보니, 주일에 교회에서 하는 주일 예배와 주일 성수는 중요하게 여기는 반면, 평일에 가정에서 하는 가정예배는 별로 중요하게 생각하지 않는다. 평일은 단지 교회에서 하는 모임에만 잘 참석하면 된다고 생각한다.

이런 신학적 특징은 자녀 신앙교육에도 영향을 미친다. 단지 부흥회나 수련회에 참석해서 성령의 역사를 체험하기만 하면 한순간 뒤집어질 것이라고 생각한다. 자녀들의 신앙교육은 주일학교 1시간만으로 충분하다고 생각한다. 평소에 가정에서 자녀들에게 신앙을 가르치고 훈련하며 전수해야 한다는 하나님의 명령에는 관심이 별로 없다.

3) 사회문화적 이유

산업과 기술의 발달로 사회가 빨라지고 인간은 여유로워지지 않고 점점 더 바빠지고 있다. 밤에도 전등 아래 계속 일을 한다. 온 가족이 함께 모여 식사할 겨를도 없다. 이런 상황에서 온 가족이 매일 모여 가정예배를 한다는 것은 사치로 보일 정도이다. 시간이 있다 한들 TV나 스마트폰 같은 미디어 매체에 시간을 쏟고 있다. 가족 사이에 대화가 부재하다. 현대인은 점점 혼자 있는 것을 즐기려 한다. 그렇기 때문에 가정에서 온 가족이 모여 가정예배를 하기 어렵다고들 하소연한다. 그러나 시간이 없다는 것은 참으로 핑계다. 과외하고 학원 갈 시간은 어떻게 해서든 만들어 내는 것을 생각해 보라.

2. 잃어버린 보물 가정예배

본래 가정예배는 구약 시대부터 초대교회까지 있었다. 특히 아버지는 언약 공동체인 가정에서 영적 지도자로서 하나님의 약속을 전하며 가르치는 중요한 직분자였다. 그런데 중세 천년 기간 동안 가정예배는 소홀히 되었다. 중세 교회는 '가정과 가장'보다는 '교회와 성직자'를 귀하게 여겼다. 신앙의 중심과 영역이 '결혼한 가장과 가정'에서 '독신 성직자와 교회'로 이동했다. 가정이 영적 공동체라는 개념마저 사라졌다.

16세기 종교 개혁은 교회뿐만 아니라 가정도 개혁했다. 종교 개혁자들은 독신 서약을 깨고 결혼했고 자녀를 낳아 가정을 이루었다. 종교 개혁자들은 낳은 자녀를 신앙교육하기 위해 가정예배를 강조하며 실천했다. 그들은 가정에서 자녀를 신앙으로 양육하기 위해 수많은 교리문답을 만들기도 했다.

그 후 종교 개혁신앙을 따르는 교회들은 모두 가정예배를 강조하며 실천했다. 프랑스와 네덜란드 개혁교회는 하루에 세 번 가정예배를 드리는 전통을 세웠다. 아침, 점심, 저녁 식사를 마친 뒤 성경을 읽고 찬송과 기도를 하면서 가정예배를 했는데, 지금도 그 전통이 내려오고 있다. 스코틀랜드 장로교회는 반대로 식사 전 가정예배를 했다. 웨스트민스터 신앙고백서는 예배와 주일을 말하는 장에서 가정예배를 언급한다(제21장 6항). "그러나 매일 가정에서 … 하나님을 예배해야 한다." 뿐만 아니라, 스코틀랜드 총회는 1647년 웨스트민스터 표준문서를 채택하면서 "가정 경건회 지침서(A Directory of the Family Worship)"도 결정했다. 모든 교인이 가정에서 아버지의 인도로 가정예배를 해야 한다고 천명한다. 목사와 장로는 가정을 심방하면서 가정예배를 하지 않는 가정에게 권면하고, 권면에도 불구하고 가정예배를 하지 않으면 엄중히 경고하고 권징하도록 했다.

이처럼 가정예배는 종교 개혁의 귀중한 유산이며 여전히 중요하게 시행되고 보존되어야 할 전통이다. 가정예배는 주일을 제외한 평일, 곧 6일간 세상에서 살아가는 동안 신앙을 보존하며 지켜주며, 더불어 자녀를 신앙으로 교육하고 훈육하는 귀한 시간이기 때문이다.

3. 가정예배 지도 방안

1) 먼저 목사 가정이 가정예배를 실천해야 한다

교인들이 가정예배를 하도록 지도하기 위해선 먼저 지도할 목사가 가정예배를 실천해야 한다. 목사 스스로 가정예배가 특권이자 의무로 확신하고 시행해야 한다. 그래야 교인들이 목사의 지도를 즐겁게 받고 가정예배의 혜택을 누릴 것이다. 목사 자신도 하지 않는데 가정예배를 하라고 지도한다면 교인들은 그 지도를 잔소리 정도로 치부해 버린다는 것을 기억하라. 목사가 가정예배를 통해 경험한 은혜를 설교나 교육 모임 때 소개하고 언급하면 자연스러울 것이다. 목사가 가정예배를 해보면서 좋은 방법이나 피해야 할 것들, 주의사항을 미리 파악해두면 심방 때 지도하기 용이할 것이다. 상세한 방안은 추천 도서들을 참고하라.

2) 목회 패러다임을 바꾸어야 한다

온 가족이 매일 같은 시간 한 장소에 함께 모여 성경을 읽고 찬송하고 기도하는 아름다운 모습을 그려보는 것이 사치일까? 가장 기본이 되는 가정예배가 실종된 한국 교회는 새로운 변화를 모색해야 할 때가 되었다.

한국 교회의 목회는 교회 중심적(church centered)이다. 각종 예배는 홍수

처럼 가득하다. 예배 외 소그룹으로 모이는 구역 모임이나 교육 모임, 조기축구반 같은 교제 모임이 있다. 이런 모임이 활성화될수록 가정 모임은 하기 어렵고 가정의 기능은 더 약해질 수 있다는 점을 기억해야 한다. 교회의 온갖 세미나와 예배와 봉사에 교인들이 동원되다 보면 자연스레 온 가족이 모이는 시간은 줄어들게 된다.

앞으로 교회 중심적 사역보다는 가정에서의 신앙교육을 더 강조하는 방식으로 패러다임 전환을 시도할 필요가 있다. 목회 패러다임을 교회 중심에서 가정 중심(family centered)으로 바꾸는 대대적 수술이 필요한 시점이다. 교회 모임 때문에 가정에서 모일 시간과 에너지가 없다면 가정예배를 아무리 강조하고 지도한들 공허한 소리일 뿐이다. 누군가는 가정예배를 목회 돌파구나 새로운 프로그램 정도로 생각하는지 모르겠다. 그러나 가정예배를 잘 하기 위해서는 목회 패러다임까지 바꿀 용기를 내야 한다.

3) 가정이 튼튼해야 교회가 성장한다

현대 교회는 전도의 효과가 미미하고, 자라나는 다음세대는 교회를 떠나는 이중고를 겪고 있다. 여러 가지 방법을 시도해 보지만 백약이 무효다. 이럴 때일수록 기본에 충실해야 한다. 무너진 가정을 바로 세우는 일부터 시작해야 한다. 지금까지 교회는 밀려드는 사람들을 관리하기에 바빴다. 그러다 보니 가정의 내면을 돌볼 겨를이 없었다. 이제 해체된 가정을 다시 일으켜 세울 새로운 개혁이 절실하다.

가정예배를 잘 드릴 때 가정이 하나님 앞에 바로 서게 될 것이다. 가족이 바른 신앙으로 굳게 서면 결국 교회가 유익을 얻는다. 가정예배를 통해 가정을 영적으로 잘 다스리고 섬길 줄 아는 아버지는 교회의 좋은 직분자로 섬길 수 있다(딤전 3:5). 가정예배는 신앙교육과 훈련을 통해 가족 구성원의 영적 부요함을 공급한다. 안정된 가정은 결국 든든한 교회를 세우게 될 것이다. 가정예배를 지도하는 목사는 이 점을 꼭 기억해야 한다. 교회의 많은 모임이 교회를 든든하게 세우는 것이 아니라, 튼튼하게 세워진 가정이 교회를 세운다.

나가면서

산업화, 도시화가 되면서 가족이 떨어져 사는 것이 자연스럽게 되었다. 가족들이 함께 모이기가 어렵다. 이런 상황에서 부모와 자녀 사이, 형제간의 우애가 형성되기 힘들다. 가족 간의 반목과 갈등은 심각하다. 가장 가까워야 할 관계에 시기와 질투, 싸움이 있다. 가족 간의 우애와 화목은 저절로 생기지 않는다. 가정예배는 가정에 화목을 가져다 줄 것이다. 가정예배보다 가족을 더 잘 결속시키는 화합의 끈은 없을 것이다. 가정예배는 아버지를 더욱 아버지답게, 남편을 더욱 남편답게, 아들을 더욱 아들답게, 딸을 더욱 딸답게 만들 것이다. 더불어 가정예배는 자녀의 신앙교육과 훈련을 가능케 할 것이다. 삼각형처럼 온 가족이 가정예배를 통해 하나님께 가까이 가면 갈수록 가족끼리도 더 가까워진다. 그런 의미에서 가정예배는 가정을 천국으로 만들어 줄 것이다. 더 나아가 가정예배는 교회를 튼튼하게 하고 굳건하게 세울 것이다.

추천 도서

임경근. 『꼭 집어 알려주는 가정예배 가이드』. 서울: 생명의 말씀사, 2020.
임경근. 『교리와 함께하는 365 가정예배』. 서울: 세움북스, 2014.

Check!

1. 나는 목사로서 가정예배를 하고 있는가?
2. 교회 가운데 가정예배를 하는 가정이 얼마나 되는가?
3. 가정예배의 중요성에 대해 인식하고 있는가?
4. 가정에서 자녀 신앙교육을 어떻게 할 수 있을까?
5. 목회 패러다임을 교회 중심에서 가정 중심으로 어떻게 바꿀 수 있을까?
5. 가정예배를 방해하는 요인들이 무엇인가?
6. 가정예배를 어떻게 인도해야 할까?
7. 가정예배를 하는 가정들끼리 그룹을 만들어 서로 피드백 하는가?

교회건설 매뉴얼

"모든 기독 직장인은 '사명자'로서
하나님의 명령하신 임무를
수행해야 할 과업을 가지고 파송되었다."

4장
직장 생활 지도

들어가면서

"내가 너를 구속하였고 내가 너를 지명하여 불렀나니 너는 내 것이라(사 43:1)." 하나님이 우리를 '구원한다'를 하나님이 우리를 '부른다'로 표현하기도 한다. 모든 그리스도인은 하나님의 부름으로 예수 그리스도의 구속을 믿음으로 하나님 나라의 백성이 되고 하나님의 자녀로 입양된다. 부름 받은 그리스도인은 세상 밖이 아니라, 세상 속에서 구별된(거룩한) 하나님 나라 백성으로 살아간다. 여기서 문제가 발생한다. '세상 나라'에 있는데, '하늘 나라' 백성으로 살아야 하기 때문이다. 꼭 이중 국적자인 셈인데, 긴장이 존재한다. '그리스도인으로서 직장 생활은 어떻게 해야 하느냐'는 문제도 이런 긴장 속에 있다. 그렇다면 목사는 교인의 직장 생활을 어떻게 지도해야 할까?

1. 종교 개혁신앙에서 배우는 노동(직업)

중세교회는 성속(聖俗) 이원론으로 세상 노동과 세속 직업을 천대했다. 그러나 대표 종교 개혁자인 마르틴 루터는 일상의 모든 노동이 거룩한 하나님의 소명임을 직시했다. 칼뱅은 직장을 소극적 측면으로는 '영혼의 수련도장'으로, 적극적인 측면으로는 '영적 전쟁터'로 보았다. 직장은 영적 전투를 위한

'초소'(Post assigned)인 것이다.

개혁신앙은 직장을 개인적 소명을 넘어 사회적 부르심으로 이해하고 적용했다. 개혁신앙은 하나님 앞에 선 개인과 서로 관계하는 사회적 인간을 직시했고 부부, 가족, 교회, 그리고 직장과 국가, 더 나아가 인류, 국제 사회를 아우르는 세계관을 형성했다.

"전적 타락(Total Depravity)"은 인간의 전 영역에 영향을 미쳤다. 결혼생활, 가정생활, 인간관계, 사회생활, 경제적 활동 모두 왜곡되었다. 교회 공동체는 사회 가운데 한 세포 혹은 한 핵으로서 존재한다. 이 세포는 비록 규모는 작지만, 사회적 인간성 회복을 위한 기폭제 역할을 하기에 충분하다. 교회에서 시작된 변화는 왜곡된 부부 관계, 가족 관계, 사회관계를 회복하게 한다. 그러므로 교회에서부터 시작된 개혁은 그리스도인이 살아가는 직장에서의 개혁으로 연결된다.

2. 소명 ⇨ 사명 ⇨ 직업

'직업'이라는 말은 '소명'에서 유래했다. '소명'(召命)은 부를 '소(召)', 명령 '명(命)'으로 '불러 명령한다'는 뜻이다. 특히 '하나님의 일을 하도록 사람이 부름 받는 일'을 말할 때 쓰인다. 영어로는 '콜링'(calling)이라 한다. 서구 기독교 세계에서는 '소명'이 바로 '직업'과 연결된다. 직업(소명)에 해당하는 단어가 '보케이션'(vocation)인데 이는 '부르다'(to call)라는 의미의 라틴어 '보카레'(vocare)에서 유래했다.

'소명'과 '직업' 사이에 '사명'이 있다. 소명을 받은 그리스도인은 직업과 노동으로 하나님에게 받은 사명을 이룬다. '사명'은 곧 '미션'(mission <

missus < mittere)이다. '선교사'로 번역되는 '미셔너리'(Missionary)는 사실 '사명자'로 번역하는 것이 옳다. 선교 영역에서 일하는 '선교사'들만 미셔너리가 아니라, 모든 직업에서 활동하는 그리스도인이 미셔너리이다. 그러므로 모든 기독 직장인은 '사명자'로서 하나님의 명령하신 임무를 수행해야 할 과업을 가지고 파송되었다. 목사는 모든 교인들이 자신이 받은 사명을 분명히 떠올릴 수 있도록 지도해야 한다.

3. 직장 생활

그리스도인의 직장 생활을 본격적으로 살펴보자. 앞에서 '소명-사명-직업'의 관계를 이야기한 이유가 있다. 많은 경우 그리스도인도 깊은 자각 없이 직장을 얻고 일한다. 직업을 단순히 생업으로 여기거나, 혼인한 여성의 경우 아무런 준비도 없이 어머니로서의 사명을 받고 주부로서 사명을 받아 노동한다.

하지만, 곰곰이 생각해 보자. 그리스도인은 하나님의 부르심을 받고 직장인이 된다. 모든 그리스도인이 사명을 받았다. 그 사명을 직장에서 수행한다. 이 원리를 지속적으로 생각하고 의식하지 않으면, 직장 생활 내 환란, 핍박, 고난을 이겨내기 어렵다. 많은 기독 직장인이 자신의 정체성을 잃어버리거나, 포기하고 타협하며 살아간다. 하지만 이것은 교인으로서 합당한 모습이 아니다. 고난을 잘 견디고 받은 사명을 완수해 내야 한다.

그렇다면 어떻게 그렇게 직장 생활을 할 수 있을까? 말씀에서 그 원리와 방법을 찾을 수 있다. 특별히 십계명에 주목해야 한다. 알려진 대로 1-4계명은 하나님과의 관계와 관련된 내용이다. 특별히 예배이다. 정체성을 지키고 받은 사명을 이루어 내기 위해서는 끊임없이 힘을 공급받아야 하는데, 그 힘은 하나님께서 주시며 예배를 통해 공급하신다. 이어 5-10계명은 세상에서 사람과 관계하며 살아가는 방법을 말한다. 본 글에서는 제5계명 '권위 문제,' 제8계명 '재물 문제,' 제9계명 '진위 문제'를 가지고 직장 생활의 지침을 정리한다. 이 점에 대해 웨스트민스터 대교리문답은 아주 상세하고도 분명한 지침을 우리에게 준다. 목사는 이 가르침에 따라 교인들의 직장 생활을 지도하고 점검해야 한다.

1) 상급자에 대한 하급자의 역할(5계명, 127-128문답)

하급자는 상급자를 마음과 말과 행동으로 존경해야 한다. 그들을 위해 기도함으로 그들이 베푸는 은혜를 받는 것을 즐거워해야 한다. 더 나아가 정당한 명령과 조언에 즐겁게 순종해야 한다. 뿐만 아니라 정당한 징계를 내릴 때 달게 받아야 한다. 상급자의 지위와 권위에 충성하며, 그들을 변호하고, 지지해야 한다. 심지어 상사의 연약함을 짊어지고 받아들여 그들을 섬겨야 한다.

하급자가 상급자에게 하지 말아야 할 것들도 있다. 하급자는 상급자에 대한 자신의 의무를 소홀히 해서는 안 된다. 상급자가 정당한 권고와 명령, 징계를 했는데, 이것을 무시하고 불평불만을 떠벌리고 사람들을 모아 험담하는 것은 잘못이다.

2) 하급자에 대한 상급자의 역할(5계명, 129-130문답)

우선 상급자는 하나님께서 자신을 상급자로 세우셨다는 것을 기억해야 한다. 주신 권세와 지위에 따라 하급자를 사랑하고 축복할 뿐만 아니라, 가르치고, 권고하며, 훈계하는 것이다. 또 잘하는 자는 격려하며 상을 주고, 잘못한 자는 책망과 징계를 해야 한다. 뿐만 아니라, 그들을 보호해야 한다. 또 신중하며 지혜롭고, 모범적인 태도를 보이며 스스로 품위를 유지해야 한다.

상급자가 하지 말아야 할 것도 있다. 상급자로서의 의무를 게을리하는 것은 잘못이다. 또 이기적인 명예 추구, 안일함, 사익 추구, 그리고 쾌락을 지나치게 추구하는 것도 죄이다. 하급자에게 권위를 가지고 옳지 않은 일, 악한 일을 명령하거나 부추겨서는 안 된다. 또 힘에 부치는 일을 강요해서도 안 된다. 부당하게 하급자를 징계해서는 안 되고, 하급자를 분노하게 해서도 안 된다. 그들의 인격을 부당하게 깎아 내리는 일을 맡기거나 환경을 조성해서도 안 된다.

3) 직장 동료 상호간의 역할(5, 9계명, 131-132, 144-145문답)

직장 내 동급 동료들 간 관계는 어떠해야 할까? 직장 동료 간 관계의 중요성을 모르는 사람은 없다. 실천하기 어려울 뿐이다. 그래서 좋은 관계 유지를 포기하기도 한다. 그러나 그리스도인은 받은 사명을 이루기 위해 동료 간의 의무를 다해야 한다. 구체적으로는 서로 존중하며 동료의 업무 능력을 존중하고 진급을 자기 것인 양 기뻐하는 자세가 필요하다. 진급이 달린 평가에서는 선하게 평가하고 그들의 명예를 존중해야 한다. 사촌이 땅을 사면 배가 아프다는 속담은 인생의 현실이지만, 성경적인 자세가 아니다. 만일 동료가 억울한 일을 당했다면 그의 진실함을 변호해주어야 한다. 동료를 험담하는 자들이 있다면 저지시키거나 그 자리를 피하는 것이 좋다. 동료가 시정해야할 것이 있다면 사랑 안에서 진실하게 말해야 한다. 동료의 약함을 이해하려 하고 받아들이는 것이 필요하다. 그들의 업무 능력을 기꺼이 인정하는 것도 포함된다.

반대로 직장 동료로서 해서는 안 되는 것들은 무엇일까? 맡겨진 의무를 소홀히 하는 것 외에도, 상대방의 가치를 평가 절하하거나, 능력을 시기하고, 진급이나 좋은 일로 속상해 하며, 그 사람의 것을 빼앗으려는 태도이다. 직장 생활을 하다 보면 험담에 빠지기 쉽다. 그러나 그리스도인은 거짓말, 비방, 험담, 나쁜 소문을 퍼뜨리거나 수군거리며, 비웃고, 욕하며, 편파적이고 비난해서는 안 된다. 동료 평가나 보고할 때 거짓말하거나 위증, 고의적으로 송사를 해서는 안 된다. 의도와 말과 행동을 왜곡시키는 것도 죄이다. 아첨과 헛된 자랑, 그리고 자신이나 남들을 지나치게 높게 혹은 낮게 생각하고 말하는 것도 피해야 한다. 쓸데없이 약점을 찾아내며, 헛소문을 퍼뜨리고, 악한 소문을 받아들이고, 공정한 변호에 귀를 막는 것은 잘못이다.

4) 회사를 운영할 때 갖추어야 할 태도(8계명, 141-142문답)

회사를 운영하면서 자신뿐만 아니라, 회사의 부와 재산을 획득하고 보존하며 증진시키기 위해 모든 정당하고 합법적 수단을 동원하여 애써야 한다. 다른 사람의 필요에 따라 능력과 재물을 아낌없이 내어주는 아량도 필요하다. 계약과 거래는 항상 진실하고 공정하게 해야 한다. 하지만 계약을 불성실하게 이행하는 것도 잘못이다. 물건 값을 부당하게 올리는 등 불법적인 방법을 활용할 정도로 과도하게 이득을 추구해서는 안 되고 뇌물이나 부당한 소송, 공공재를 사유화하는 행동은 해서는 안 된다. 직원들에게 돌아갈 몫을 속이거나 부당하게 취해서도 안 된다. 다른 회사의 번영을 시기하는 것도 적절하지 않다. 이 세상 재물에 대한 애착을 절제하며, 생필품을 얻고 보존하며 사용하고 처리하는 것에 있어 신중하게 생각하고 연구하는 자세가 필요하다. 세상 재물을 과도하게 소중히 여기는 것은 주의해야 한다. 게으름, 방탕, 도박 중독 같은 태도는 개인적인 태도 같지만 회사의 재산에 손해를 끼치는 태도이기에 개선해야 한다.

나가면서

그리스도인 직장인을 위한 생활 지침이라고 하지만, 사실은 일반 그리스도인이 모든 상황에서 행해야 할 것이다. 십계명은 단지 교회 내에서만 행해야 할 그 무엇이 아니다. 특별히 제5, 8, 9계명은 직장 생활에 적용하기에 적절하다. 지면의 한계로 인해 제6계명 '생명에 관한 것', 제7계명 '혼인에 관한 것,' 제10계명 '탐심에 관한 것'을 살피지 못했지만 이것 역시 직장 생활과 무관하지 않다. 그러나 물론 사회는 급변하고 있기 때문에 문자 그대로 적용하기에는 무리가 있음도 기억해야 한다. 말씀에서 시작되지만 구체적 직장 생활의 모습은 다양한 모습을 보이며 다양한 결과를 낳을 것이다. 이에 따라 목사는 심방을 통해 교인의 상황을 면밀히 살피고, 사회 변화에도 민감해야 한다.

이것만은 꼭!
1. 직장인은 하나님의 부름을 받은 사명자이다.
2. 대교리문답 십계명 해설은 직장 생활 지도의 주요한 지침이 된다.
3. 상급자, 하급자, 동료 간에 지켜야 할 의무대로 지도해야 한다.
4. 직장 생활을 지도하기 위해 교인의 삶을 면밀히 살펴야 한다.

"장례식은 가정의 일이라는 원리를 미리 가르쳐야 한다.
그러나 장례식을 가볍게 여겨서는 안 되고
하나님의 위로가 임하길 구하고 깊이 위로해야 한다."

5장
장례식 지도

들어가면서

앞선 장에서 살펴본 것처럼 결혼식은 당회 주관으로 진행되어야 한다. 그 이유는 결혼식에서 하나님과 교인들 앞에 엄숙한 서약을 하기 때문이다. 따라서 결혼식 지도는 당회의 중요한 일이다. 그렇다면 결혼식과 더불어 중요한 일인 장례식은 어떨까? 고령화 사회가 될수록 장례는 교회에서 빈번하게 일어나고, 중요한 일이 될 것이다. 따라서 목사는 미리 다음 내용을 살핌으로 장례식 지도를 잘 숙지해야 할 것이다.

1. 장례는 가정의 일이다

결혼식과 달리 장례식은 하나님 앞에 서약하는 순서가 필요하지 않기 때문에 교회의 공식적인 일이 아니다. 따라서 장례식은 당회의 허락을 받아 하는 교회의 일이 아니다. 물론 교인의 장례를 교회 앞에 공지하고 참여한다. 이런 태도는 중세 로마 가톨릭교회의 미신적인 장례식에 반대한 종교 개혁자들의 장례식 이해를 반영한 것이다.

1) 종교 개혁자들의 장례식 이해

"도르트 교회정치(1619)" 제65조는 교회의 공식적인 장례 예배는 없다고 규정하고 있다. 목사와 장로가 유족의 요청으로 장례식을 주관하더라도 주일 공예배에서 선포되는 설교와 같은 식의 선포를 하는 것을 금지하였다. 장례식에서 목사는 유족들을 위로하고 참석한 교인들을 교훈하기 위한 권면의 말 정도를 전해야 한다. 이렇게 하는 것은 그 사람을 배려한다고 공예배 설교처럼 준비했을 때 목사의 일이 과중해지기 때문이다.

"웨스트민스터 예배지침(1645)" 또한 장례식에 대해 다음과 같이 말하고 있다.

> 누가 이 세상을 떠나면 죽은 시체는 장례식 날 집에서 매장지까지 규율에 따라 옮겨가고 즉시 묻을 것이다. 시체 앞에 무릎을 꿇거나 그 옆에 서서 죽은 시체를 향하여 기도하는 것은 미신적인 것이고, 찬송이나 기도, 성경을 봉독하는 것도 불필요하게 남용되었다. 그러나 그리스도인들이 세상을 떠난 사람의 친구나 친척들과 함께 말씀을 상고하고 위로하는 것은 매우 필요하다. 목사가 참석하였으면, 그런 경우 가족을 잃은 사람들을 자주 찾아 그들의 상처를 씻고 그들이 맡겨진 의무를 잘 이행하도록 인도한다.

이러한 규정들은 오늘날 한국 교회 예배지침과 유사한데, 모두 종교 개혁자들의 이해가 반영되었기 때문이다.

이렇게 종교 개혁자들이 장례식을 교회의 공식적인 예배나 모임으로 하지 않은 이유는 로마 가톨릭교회의 미신적인 장례식 이해를 염두에 두었기 때문이다. 로마 가톨릭교회는 장례식에서도 주일 공예배에서 선포되는 설교 개념으로 설교를 시행하였고 장례식을 교회의 공식적인 예배로 보았다. 교회의 일이기 때문에 시신을 예배당 안으로 가져왔고, 사제는 시신 앞에서 죽은 자의 영혼의 안식을 구하는 기도를 하고 설교를 했다. 그리고 소위 거룩한 물과 함께 '축성된 땅'에 매장하였다.

    종교 개혁자들은 이와 같은 로마 가톨릭교회의 장례식 관습에서 두 가지 위험을 보았다. 첫째는 죽은 자를 위해 기도하는 것은 이교도의 관습인데 로마 가톨릭교회가 이를 따르고 사람들도 좋아한다는 점이다. 둘째는 장례식에서 행해진 설교이다. 본래 설교는 하나님의 영광을 드러내고 찬송해야 하는데, 장례식 설교에서 죽은 자를 칭송하는 말이 열거되었기 때문이다. 하나님의 영광 대신 사람의 영광이 돋보이게 되었고, 이로 인해 죽음의 엄숙함이 선포되지 못했다. 종교 개혁자들은 이런 위험성을 깨닫고 장례식에 미신적인 행습을 제거하였고 이런 전통이 오늘날까지 이르고 있다.

2) 장례식과 한국 교회

    그렇다고 종교 개혁자들이 교인의 아픔을 나 몰라라 하고 장례식에 참석조차 하지 않은 것은 아니다. 특별한 일이 아니면 그들 역시 유족들과 협의해 목사, 장로, 교인들이 장례식에 참석하고 주관하였다. 그때 찬송도 부르고 기도도 하였다. 사도신경과 주기도를 고백하고, 성경을 읽고 권면도 전했다. 주일 공예배와 유사하다.

    그러나 그들은 장례식을 교회의 공식적인 일로 보지 않았고 공예배와 구분했다. 또 장례식에서 하는 기도나 권면의 말을 직분자의 의무로 생각하지는 않았고 내용도 달랐다. 기도와 권면으로 죽은 자를 칭송하거나 그를 위한 말을 하지 않았다. 대신 고인과 함께하신 하나님의 은혜를 높이고 감사했다. 또 유족을 위한 위로의 말과 기도를 드렸다. 이런 목사의 말을 넓은 의미에서는 설교라 부를 수 있겠으나, 공예배에서 선포되는 설교와는 분명히 구분된다.

사실 한국 교회는 장례식을 교회가 주도하여 진행하고 있다. 어떤 의미에서 이는 좋은 전통이라 할 수 있다. 우리 문화가 경조사에는 가족뿐 아니라 공동체가 함께하는 관습을 가지고 있기 때문이다. 이러한 문화에서 교회가 교인의 장례식을 도외시한다면 유족들은 물론 사회에서도 지탄받을 것이다. 오히려 교인의 장례식에는 할 수만 있다면 많은 교인이 참여해서 위로하고 봉사할 수 있도록 독려해야 할 것이다.

그렇지만 장례식은 교회의 주일 공예배와 같은 공적 예배는 될 수 없으며 장례식의 기도 역시 장로나 직분자의 공적인 의무로 간주할 수 없다. 목사의 설교 역시 주일 공예배 설교와는 달리 유족을 위로하고 살아 있는 자들을 위한 권면의 말이 되어야 한다. 특히 사회와 교회가 고령화 될수록 이것을 꼭 염두에 두어 일이 과중해지지 않도록 해야 할 것이다.

2. 장례식 지침

현재 고신교회는 "헌법적 규칙" 제2장 제7조에서 장례식에 대한 지침을 다음과 같이 규정하고 있다.

1. 위로: 장례식에는 시나 찬송을 부르고 합당한 성경을 낭독하며 설교를 하고, 특별히 슬픔을 당한 자로 하나님의 은혜를 받게 하며 저희의 슬픔이 변하여 영원한 유익이 되게 하며, 위로를 받도록 해야 한다.
2. 소망에 대한 확증: 장례식은 주례목사의 의견대로 하되 그 중요한 뜻을 잃지 말아야 하며 생존자를 위로하는데 힘을 쓰고 신앙 없이 생활

하다가 별세한 자에 대한 소망은 언급하지 않아야 한다.
3. 복장: 상복은 굴건(屈巾) 제복 대신 상주를 표하는 간편한 복장을 입는다.
4. 시신 안장: 시신을 입관할 때에 관 안에 고인(故人)의 성경과 찬송가를 넣거나 불에 태우는 일은 옳지 않고 잘 보관하여 고인을 추념(追念)함이 정당하다.
5. 빈소: 별세자의 무덤이나 관 앞에 촛불을 켜거나 향을 피우거나 배례함을 금한다.

위에서 보는 것처럼 교인의 장례식은 죽은 자를 위한 것이 아니라 살아 있는 사람 특히 유족들에게 위로가 되고 유익이 되어야 한다는 점을 꼭 기억해야 한다.

이와 더불어 세상적인 관습이나 미신이 들어오지 않도록 주의해야 한다. 예를 들어 서양에서는 교회에서 장례식이 진행되는 동안 종을 치는 관습이 있었다. 이것은 종소리가 악령을 쫓아낸다는 미신 때문이다. 교회는 이 관습을 제거하기 위해 애를 썼다. 한국 교회의 경우에도 고인의 관이나 무덤 앞에 촛불을 켜거나 향을 피우는 것 같은 관습을 경계했다.

3. 그 외에 참고할 장례식 지침

그 외에 참고할 장례식 지침은 다음과 같다.

첫째, 장례 일정은 조정할 수 있다. 사회의 관습대로 교인의 장례 역시 3일장을 하지만 장례일이 주일이 되지 않게 2일장 혹은 4일장으로 조정할 수 있다. 흔히 한국 사회의 관습을 따라 입관, 발인, 하관(화장) 때마다 교인들이 위로회로 모여 유족들을 위로하는 시간을 가지는데, 이것은 상황에 따라 조정 가능한 일이다. 목양과 편의상의 이유로 위로회는 하관(화장) 때보다 앞서서 가지는 것이 좋다.

둘째, 입관 시에 고인의 부장품을 넣지 않는 것이 좋다. 오히려 고인이 사용한 찬송가나 성경 등 유품은 잘 보관하여서 고인을 추모함이 좋다. 화장의 경우 분골은 납골당이나 기타 적당한 장소에 안치하면 되는데, 이때는 가급적 유족 중심으로 진행하는 것이 좋다.

셋째, 장례의 상황과 배경이 너무나 다양하기에 장례를 주례하는 목사는 장례를 행하는 형태에 대해 신중하게 접근해야 한다. 예를 들면 어린아이나 청년의 장례식은 일반적인 장례식과는 다르게 접근해야 할 것이다. 또 우울증에 빠져 자살한 사람의 장례식도 마찬가지일 것이다. 고인의 죽음을 두고 이런저런 말을 하기보다 유족들과 살아 있는 자들의 슬픔을 함께 나누며 위로하는 것에 초점을 두어야 할 것이다. 장례식 역시 하나님의 영광을 위하고 교인의 덕을 세우기 위해 있음을 기억해야 한다.

넷째, 고인의 구원과 소망에 대한 언급은 하지 않아야 한다. 신앙 없이 별세한 자에게 소망을 언급하지 않아야 하고, 반대로 교인이 회개하지 않고 죽었다거나 구원의 소망이 없이 죽었다는 등의 언급도 하지 않아야 한다. 오직 하나님이 재판장이시다. 특히 자살한 교인의 경우가 그렇다. 자살한 교인이 천국에 갔다는 말을 적극적으로는 감히 하지 못한다고 할지라도 지옥에 갔다는 말도 결코 해서는 안 된다. 삼위 하나님이 재판장이심을 기억하자.

다섯째, 목사는 유족들에게 확신의 유일한 근거로서 오직 그리스도 예수 안에 있는 하나님의 은혜를 가리켜야 한다.

여섯째, 장례식의 최종 목표는 사람이 아니라 하나님께 영광을 돌리는 것임을 분명하게 기억해야 한다. 따라서 고인을 지나치게 높이고 칭송하는 것은 금해야 하며 성경 본문과 기타 예배 순서에 강조점이 주어져야 할 것이다.

일곱째, 교인의 장례식에 적합한 용어들을 사용해야 한다. 교인의 장례식에 '영결식'이라는 명칭은 좋지 않다. 영결식은 '영원한 이별'이라는 뜻을 내포하고 있는데, 교인의 죽음은 영원한 이별이 아니다. 또 '저 세상에서도 복을 누리라'는 뜻을 가진 '명복을 빈다.'는 인사도 삼갈 필요가 있다. 교인의 가정에는 '하나님의 위로가 함께하시기를 바랍니다.' 등의 위로 인사가 적당하고, 불신자의 가정에는 '얼마나 상심되십니까?' 등으로 인사하는 것이 좋다. 흔히 사용하는 '천국 환송 예배' 표현도 적절하지 않다.

나가면서

사회와 교회가 고령화 될수록 장례식은 교회에서 빈번하게 일어날 것이고 목사에게도 부담으로 다가올 것이다. 이럴 때일수록 장례식은 가정의 일이라는 원리를 기억하고 교인들에게도 미리 가르쳐야 할 것이다. 그러나 장례식을 가볍게 여겨서는 안 되고 하나님의 위로가 유족들 가운데 임하길 구하고 깊이 위로해야 할 것이다.

이것만은 꼭!
1. 교인의 장례식은 원칙적으로 교회의 일이 아니다.
2. 찬송하고 성경을 읽고 권면하지만 주일 공예배와 구분해야 한다.
3. 장례식에서 세상적인 관습이나 미신이 들어오지 않도록 주의해야 한다.
4. 오직 그리스도 안에 있는 하나님의 은혜로 유족들을 위로해야 한다.
5. 장례식의 최종 목표는 사람이 아니라 하나님께 영광 돌리는 것이다.

6부
전도와 선교, 이렇게 하면 된다

1장 교회 건설을 위한 전도 원리

2장 교회 건설을 위한 선교 원리

3장 지역 사회에 교회 알리기

4장 교회 알리기 사례: 시광교회

5장 교회 전도 사례: 관악교회

"교회 건설은 전도를 통해 일어난다.
목사는 전도의 모범을 보여야 하고,
교인들에게는 일상이
전도의 현장이라는 것을 가르쳐야 한다."

1장
교회 건설을 위한 전도 원리

들어가면서

예수님은 하나님 나라의 복음을 전파하여 제자들을 부르시고 교회를 세우셨다. 유대와 사마리아와 베니게와 구브로 그리고 안디옥교회는 박해로 인해 흩어져 예루살렘을 떠났던 사람들이 복음을 전한 결과로 세워졌고(행 8:1-4; 11:19-21), 소아시아와 그리스 지역의 교회들은 안디옥 교회가 파송한 바나바와 바울이 복음을 전하여 세웠다(행 13:1-3). 사도들이 전한 복음을 받아 세워진 교회들은 그들이 받아 믿은 복음을 다른 지역 다른 사람에게 전했다(살전 1:8). 이처럼 교회는 전도의 결과로 개척되고 건설된다.

1. 교회 개척과 전도

사도행전이 보여주는 것처럼 교회 개척의 첫 단계가 개척 팀 구성이라면, 두 번째 단계는 전도이다. 교회 개척 단계에서 전도의 위치는 다음 그림과 같이 표현될 수 있을 것이다. 전도 없이 교회가 형성될 수 없고 전도 없이 교회가 성장할 수 없다. 이것은 성경이 가르치는 진리일 뿐만 아니라 상식이기도 하다. 개척이 시작되었다 하더라도 불신자들을 회심하게 하여 세례를 받게 하는 전도가 이루어지지 않으면 양육과 제자 훈련으로 나아갈 수 없고, 회심자들을 모아 예배를 드리고 직분자들을 세워 자립하는 교회를 세울 수 없다. 전도를 통하여 회심한 사람들이 세례를 받지 않는 개척 교회는 성장의 핵이 없는 세포와 같다.

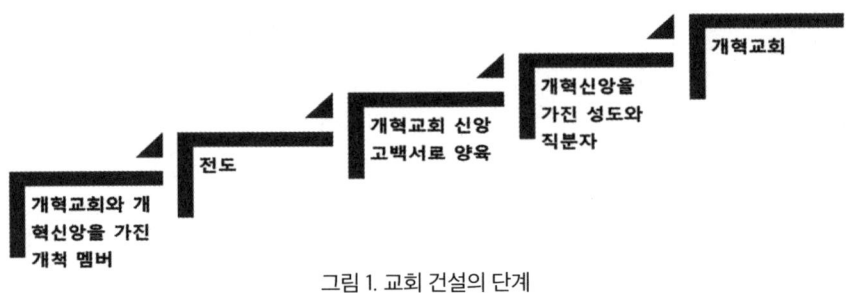

그림 1. 교회 건설의 단계

그러므로 교회 개척을 준비하거나 개척 중인 사역자들은 모두 열정을 가진 능숙한 전도자여야 한다. 어떤 방법을 사용하여 어떻게 전도할 것인지에 대한 분명한 계획과 청사진을 가지고 있어야 한다. 그렇지 않으면 교회는 개척될 수 없고 자립하고 재생산하는 단계로 성장할 수 없다. 지나친 말일지 모르겠으나, 어떻게 전도해야 하는지 모르거나 전도에 대한 구체적인 계획이 없는 사역자는 교회 개척을 시작하지 않아야 한다. 특히 개척 초기, 적극적인 전도를 통해 회심자들을 얻는 데 집중해야 할 시기에 각종 모임과 예배 형식을 갖추는 데 치중하여 거기에 에너지를 집중하면 교회는 성장하기 어렵다. 전도에 집중하지 않으면 결국 교회는 제자리를 맴돌다가 개척을 중단하는 상황을 직면하게 된다.

오늘날 사역자들 가운데 소위 수평 이동을 기대하거나 혹은 수평 이동을 통한 교회 개척을 염두에 두는 분들도 있지만, 그것은 적절한 교회 개척의 동기와 목적이 아니다. 교회를 개척하는 일차적인 목표는 불신자들에게 복음을 전하여 그들을 회심하게 하고, 세례를 주어 제자로 삼아 교회를 세우는 것이다.

2. 전도란 무엇인가?

전도는 성령을 힘입어서 인간을 구원으로 이끄시는 예수 그리스도의 복음을 알리고 선포하고 증언하는 것이다. 전도의 목표는 아직 하나님을 믿지 않는 사람들이 복음을 받아들여 회개하고 하나님을 믿는 것에 있다. 전도는 단지 복음을 전하거나 선포만 하는 것이 아니다. 전도는 듣는 자들이 복음을 받아들여 믿도록 복음의 내용과 구원의 방식을 제시하고, 회개하고 그리스도를 믿으라고 권고하고 설득해야 하며, 회개하고 그리스도를 믿는 사람에게 하나님이 주시기로 약속하신 용서와 구원을 알려주어야 한다.

전도하는 자는 최선을 다해 복음을 전해야 하지만, 믿지 않는 자를 회심하게 하는 것은 전도자가 아니라 성령이라는 사실을 기억하고 처음부터 마지막까지 성령을 믿고 의지해야 한다. 성령을 힘입어 복음을 전하는 사람은 전도 대상자의 종교, 나이, 경제적 사회적 신분, 외모에서 풍기는 인상 등에 구애받지 않고 모든 사람에게 담대하게 전도할 수 있다.

1) 전도의 내용

간략하게 전도의 내용을 말하면 십자가에서 죽으시고 사흘 만에 다시 살아나신 예수 그리스도를 믿는 자에게 하나님의 사죄의 은혜가 주어지고 하나님의 자녀가 된다는 것이다. 물론 전도를 시작할 때는 전도 대상자가 처해있는 상황, 겪고 있는 문제 그리고 관심사에서 출발해야겠지만 거기에서 계속 머물지 말고 다음과 같은 네 가지 필수사항을 반드시 전해 주어야 한다.

① 하나님에 대한 메시지: 하나님은 인간과 우주의 창조주이시고 우리 인간은 그분의 형상으로 만들어졌다.

② 죄에 대한 메시지: 그러나 우리 인간이 하나님을 반역하는 죄를 지어 하나님과 원수가 되었고 그 결과 인간은 저주와 고통, 죽음 아래 놓이게 되었다.

③ 예수 그리스도에 대한 메시지: 하나님은 이런 비참한 상태 아래 있는 우리 인간을 위하여 죄 없으신 자신의 유일한 아들 예수 그리스도를 보내어서 십자가에서 우리의 죄를 대신해 죽게 하심으로 구원의 길을 여셨다.

④ 회개와 믿음을 촉구하는 메시지: 그러므로 우리는 죄를 회개하고 예수님을 구원자와 주로 믿어 새 생명을 얻고 죄와 죽음의 고통에서 구원을 받아야 한다.

2) 전도자의 자세와 목표

전도의 열매를 거두기 위해 교회 개척자는 다음과 같은 자세와 목표를 가져야 한다.

첫째, 교회 개척을 이끄는 목회자가 전도의 모범을 보여야 한다. 목회자는 교회 안에서 설교와 성경 공부를 통해 복음을 전하지만, 주님의 명령에 따라 교회 밖 세상 속에 있는 사람들에게 나아가 복음을 전하고 교인들을 준비시켜 세상으로 보내야 한다. 교회 개척을 이끄는 목회자가 전도의 모범을 보이지 않으면, 아무리 교인들에게 전도를 독려한다 한들 교인들이 따르지 않는다.

둘째, 하나님이 예비해 놓은 자들이 있으며(행 18:17-18), 성령께서 함께하신다(요 15:26-27)는 믿음과 확신이 있어야 한다. 그럴 때 사람들로부터 거절과 거부를 당해 생기는 실망과 두려움을 극복하고 전도의 열매를 맺을 수 있다.

셋째, 복음을 전하는 자는 겸손한 태도와 그들이 이해할 수 있는 방식으로 전도해야 한다. 예수님이 자신을 비우고 낮추어 사람의 형체를 가지고 오셔서 사람들이 이해할 수 있는 방식으로 복음을 전하셨다. 사도 바울도 더 많은 사람을 얻고자 "모든 사람에게서 자유로우나 스스로 모든 사람에게 종이 되었다(고전 9:19)." 전도자는 전도 대상자의 의사를 무시하고 일방적으로 선포하는 등 무례한 태도로 믿음을 강요하거나 정죄하는 태도를 보여서는 안 된다. 전도자의 태도나 방법이 무례하다고 인식되는 순간 전도 받는 자는 마음의 문을 닫아 버리고 더 나아가 복음과 교회에 대해 좋지 못한 편견을 가지게 된다. 전도가 한번에 열매를 맺는 경우도 있지만, 대체로 긴 과정의 결과로 나타나게 된다. 그러므로 전도자는 복음의 내용을 알기 쉽고 분명하게 전하면서도 전도 대상자들에 대한 겸손과 존중의 태도를 잃지 않아야 한다.

넷째, 전도자의 말과 삶이 일치해야 한다. 전도자는 능력과 확신으로 복음을 전해야 하며(살전 1:5), 동시에 자신이 전하는 복음이 진리임을 삶을 통해 보여주어야 한다(살전 2:7-10). 노방 전도처럼 잠시 익명으로 만난 사람들에게는 분명하면서도 예의 있게 복음을 전해야 하지만, 주위 사람들에게 전도할 때는 말과 행동이 함께해야 한다. 전도자가 복음을 반영하는 삶을 살 때 사람들은 복음에 관심을 기울이고 마음 문을 연다. 전도자의 말과 삶의 차이가 큰 만큼 복음과 교회에 대한 사람들의 마음은 닫히게 될 것이다.

다섯째, 전도의 목표는 영접이나 회심이 아니라 "믿어 순종하는 자(롬 1:5)," 곧 예수 그리스도의 제자가 되게 하는 것이다(마 28:19-20). 세례를 받아 순종하고 다른 사람들에게 복음을 전하는 자가 되도록 하는 데까지 나아가야 한다.

3. 전도 방법

전도는 교인이 개인적으로 그리고 교회가 공동체적으로 해야 한다. 개인 전도가 전도자 중심의 '찾아가는 전도'라고 한다면, 교회 공동체로 하는 전도는 '찾아오는 전도'라고 할 수 있다. '찾아가는 전도'는 '찾아오도록 하는 전도'를 활성화하고, '찾아오도록 하는 전도'는 '찾아가는 전도'에 동기를 부여하고 자극한다. 이처럼 전도는 양방향으로 이루어져야 한다.

1) 전도자 중심의 찾아가는 전도

교인들은 매 주일 예배 후 세상으로 파송 받아 불신자들에게 복음을 전하는 전도자로 살아가야 한다. 교회는 먼저 각 교인들이 세상 속에서 복음의 증인으로 사명을 성실히 감당하도록 준비시키고 훈련해야 한다. 교인들이 교회 밖으로 나가 전도하지 않으면 회심자도 생겨나지 않으며 교회도 건설되지 않는다. 교인들은 전도를 위해 누구를 찾아갈 필요가 없다. 불신자들과 더불어 살아가는 일상의 현장이 선교의 현장이기 때문이다. 교인들이 일상적인 삶 가운데서 전도자로 살아가려면 예수님의 제자로서 살아가는 것이 중요하다. 왜냐하면 교인의 삶을 통해 사람들이 복음에 관심을 가지고 마음의 문을 열기 때문이다. 일상의 전도는 몇 번의 시도나 일회성 이벤트로 끝나는 것이 아니라, 전도자의 삶과 말을 통해 반복되는 과정이다. 한 사람이 복음에 관심을 가지고 주님을 영접하고 회심하기까지 전도자는 그리스도의 제자로서 삶과 말로 복음을 전하는 일을 지속해야 한다. 전도는 상당한 인내와 기도를 요구한다. 우리는 전도의 결과에 관심이 많지만, 교회가 더욱 관심을 두고 가르치고 배워야 할 것은 전도의 과정이다.

2) 교회 중심의 찾아오는 전도

교회는 불신자들이 교회로 나오도록 기회를 마련하고, 교회에 온 사람들을 말씀으로 회심하게 하고 성장하게 해야 한다. 이것이 교회 중심의 찾아오는 전도이다. 교회는 교인들이 전도 중인 사람들을 교회로 초청할 수 있도록 기회와 자리를 마련하고, 교회에 왔을 때 복음의 은혜를 경험하고 맛볼 수 있도록 준비해야 한다. 교회의 준비는 중요하다. 교인들이 열심히 전도해 교회로 데려오더라도 교회에서 정작 복음의 은혜를 경험하지 못하면 교회에 정착하지 못하고 회심하지 않기 때문이다. 이런 일이 반복되면 교인들의 전도 의지가 약화되고 결국 교회 전체가 동력을 상실하게 된다.

오순절 성령강림으로 세워진 예루살렘교회(행 2장)와 안디옥교회를 비롯한 신약의 교회들이 건강한 교회로 성장한 것은 교회의 4가지 기능인 교제, 예배, 양육, 전도가 유기적으로 작용했기 때문이다. 전도가 다른 3가지 기능과 유기적으로 작용하지 않으면 풍성한 열매를 거두지 못한다. 전도를 중심으로 다른 세 가지 기능을 살펴본다면, 교제는 전도 대상자들을 자연스럽게 예배로 인도한다. 사람들은 자신에게 정체성과 소속감과 안정을 주는 좋은 공동체를 갈망하므로 성령 안에서 친밀하고 풍성한 성도의 교제를 누리는 교회는 열매 맺기 쉽다.

예배는 전도되어 온 사람들이 회심하여 믿음을 갖게 한다. 성령 안에서의 교제가 전도되어 온 사람들의 마음을 열고 계속 교회에 나오도록 한다면, 성령 충만한 예배와 예배 때 선포되는 하나님의 말씀은 그들을 회심으로 이끈다. 교회 중심의 전도에서 목회자가 해야 할 가장 중요한 일은 하나님의 말씀을 참되고 능력 있게 설교하는 것이다. 하나님의 말씀이 온전하고 힘 있게 선포될 때, 성령은 그 말씀을 통해 사람들의 마음을 여시고 역사하신다. 교회의 규모가 작아 전도 역량이 부족하다면 목사는 설교에 더 많은 의미와 중요성을 두어야 한다.

양육은 회심한 사람들을 성숙하고 성장하게 하여 다른 사람들을 전도하게 만든다. 개척 교회는 전도 받은 사람이 믿어 다른 사람을 전도하고, 제자가 된 사람이 다른 사람을 제자로 삼는 과정을 통해 성숙하고 성장한다. 소수라도 전도된 사람들을 양육하지 않으면 전도의 연속 작용은 일어나지 않으므로, 교회 개척자는 초신자들을 양육하는 데 힘써야 한다.

나가면서

교회 건설은 전도를 통해 일어난다. 목사는 전도의 모범을 보여야 하고, 교인들에게는 일상이 전도의 현장이라는 것을 가르쳐야 한다. 교회 전체는 전도 준비를 잘 갖추어 초청되어 온 사람들을 잘 맞이해야 한다. 세속화가 계속 진행되면서 점점 전도하기 어려워지고 있다. 그러나 성령의 인도와 역사를 확신한다면 전도는 포기할 수 없다.

이것만은 꼭!

1. 전도 없이 교회 개척은 이루어지지 않는다.
2. 교회 개척을 하려면 전도 방법과 계획이 있어야 한다.
3. 성령을 의지하고 복음의 능력을 믿고 전도해야 한다.
4. 회심은 단회적 선포나 제시가 아니라, 말과 삶을 통한 지속적인 증거의 결과이다.
5. 교인들은 일상에서 복음의 증인으로 살아야 한다.
6. 교회의 전도는 성령 안에서의 교제와 예배와 양육의 유기적 결과이다.

교회건설
매뉴얼

"오늘날 선교지에서 일어나는 문제는
대부분 무질서하게 선교가 진행되었기 때문이다.
열정적으로 선교해야 하지만 질서 있게 해야 한다."

2장
교회 건설을 위한 선교 원리

들어가면서

선교는 교회의 사명이다. 한국 교회는 이 사명에 따라 많은 선교사를 파송하고 왕성하게 선교 활동을 벌였다. 그렇지만 성경이 말하는 바른 선교 원리를 따르지 못해 선교지에서 적지 않은 문제들이 일어나고 있다. 이제는 성경이 제시하는 바른 원리를 따라 선교하는 것이 어떤 것인지를 확인하고 이 토대를 견고히 할 필요가 있다.

1. 첫째 원리: 선교는 교회의 사명이다

"그러므로 너희는 가서 모든 민족을 제자로 삼아 아버지와 아들과 성령의 이름으로 세례를 베풀고 내가 너희에게 분부한 모든 것을 가르쳐 지키게 하라 볼지어다 내가 세상 끝날까지 너희와 항상 함께 있으리라 하시니라(마 28:19-20)."

"또 그의 이름으로 죄 사함을 받게 하는 회개가 예루살렘에서 시작하여 모든 족속에게 전파될 것이 기록되었으니 너희는 이 모든 일의 증인이라(눅 24:47-48)."

위 말씀은 흔히 선교 명령으로 잘 알려진 구절이다. 예수님께서 교회의 터요 교회의 대표자인 사도들에게 주신 명령이다. 이 명령은 모든 민족을 제자로 삼아 '세례를 베풀고' '예수님이 명령하신 것을 가르치고' '지키게 하는' 것으로 요약된다. 예수님은 여기서 교회에 항존(港存)할 직무 중인 설교와 성례, 그리고 이것을 지키기 위한 수단(아마도 권징)을 말씀하고 있다. 정리하면, 설교와 성례, 권징이라는 항존 직무를 맡은 사역자가 선교 명령을 받아 모든 민족이나 타 문화권에 가서 사역을 할 때 그 사역을 선교라 하고, 그를 가리켜 선교사로 부른다.

교회 건설은 교인의 수가 증가하고, 시설을 완비하고 조직을 구비하는 것에 그치지 않는다. 그런데 어떤 교회는 자기들이 속한 지역에 관심이 없을 뿐 아니라 먼 나라 일에는 더더욱 관심이 없다. 국내든 해외든 선교에 대한 거부감을 가지고 있고, 선교 이야기를 꺼내지 않고, 선교사를 강사로 모시는 것을 꺼린다. 노골적으로 선교를 반대하지는 않지만 교회의 사명을 교회 내부 일로 국한한다. 성경 공부를 더 시키고, 지역에 봉사 활동도 하고 인근에 교회를 개척하는데 투자까지 하면 할 일을 다 했다고 생각한다. 이런 모습은 꼭 회원권을 제한한 비밀 친목 단체 같다.

그러나 이런 태도는 주님의 명령을 오해한 것이다. 주님께서는 성령이 임하면 권능을 받고 예루살렘과 온 유대와 사마리아, 땅 끝까지 이르러 증인이 되라고 말씀하셨다(행 1:8). 주님은 우리에게 지금 서 있는 곳에 안주하라고 하지 않으셨다. 땅 끝, 모든 민족에게 가라고 말씀하신다. 땅 끝까지 나아가 모든 민족에게 전해야 하는 이유는 그들 역시 모든 나라의 주재이신 주님을 찬송하고 예배할 자들이기 때문이다. 마지막 날에 모든 나라, 모든 족속이 하나님의 집에 모여 주님의 길을 배우고 주님의 길을 행할 것이다(미 4:2). 각 나라와 족속, 백성 방언에서 셀 수 없는 무리들이 나아와 하나가 되어 하나님과 보좌에 앉으신 어린 양을 찬송할 것이다(계 7:9). 그렇기 때문에 응당 교회는 지역을 넘어 저 멀리 있는 자들에게도 복음을 전해야 한다.

"땅의 모든 끝이 여호와를 기억하고 돌아오며 모든 나라의 모든 족속이 주의 앞에 예배하리니 나라는 여호와의 것이요 여호와는 모든 나라의 주재심이로다(시 22:27-28)."

2. 둘째 원리: 선교의 주체는 교회이다

오늘날 선교지에서 일어나는 문제는 대부분 무질서하게 선교가 진행되었기 때문이다. 열정적으로 선교해야 하지만 질서 있게 해야 한다. 우리『헌법』 교회정치 제159조는 목회자이든 전문인이든 선교사로 가려면 모두 총회의 파송을 받아야 할 것을 강조하고 있다. 나아가 총회의 지도 감독을 받을 것을 분명히 언급한다. 이는 파송의 주체가 교회임을 분명히 하고 있다. 선교를 명령하신 주님께서 이 일을 교회에 위임하셨다. 따라서 선교사는 개인의 헌신이나 열정으로 자원하여 선교하러 가는 것이 아니라(물론 이는 무시되어선 안 된다), 교회를 대표하는 총회(고신의 경우 KPM)에 의해 파송을 받아야 한다. 그리고 계속해서 지도 및 감독을 받아야 한다. 이처럼 선교는 선교사 개인이나 선교 단체가 아니라 교회가 주체가 되어야 한다. 선교사를 발굴하고 훈련하며 파송 및 후원하고 보고를 받고 감독하는 것 모두 교회가 중심이 되어야 한다. 이것이 성경의 원리이다.

사도행전 13장 1-3절을 보면 사역자를 선택하여 보낸 것도 교회이며 새로운 사역 보고를 듣고 연락을 계속하면서 그 사역을 든든하게 한 것도 교회이다. 예루살렘에서 모인 최초의 총회는 결국 예루살렘교회의 지시 없이 나간 자들이 선교지에서 다른 복음을 전함으로 인해 발생한 문제를 수습하기 위해 열렸다(행 15:24). 갈라디아교회에도 가만히 들어온 거짓 형제(갈 2:4)들이 교회를 요동시켰다(갈 5:10). 이들은 선교의 열정과 구령의 열정을 가지고 선교지에 나갔으나 이는 교회와 무관한 개인의 일이었고, 결국 교회와 교인들을 괴롭게 하고 말았다. 그 결과 진리에서 떠난 자들도 있었다. 성경이 교훈하는 바 교회의 지도에 따라 질서 있게 선교하는 것이 중요하다.

총회는 선교사를 파송할 때 여러 측면에서 그를 검증해야 하고, 또 선교지로 파송한 이후에도 계속 감독할 수 있어야 한다. 특별히 그가 바른 복음을 전하고 있는지를 감독해야 한다. 그리스도께서 복음의 말씀을 통해 자기 백성을 불러서 교회를 모으시기 때문이다. 성경이 교훈하고 교회 역사가 교훈하듯 복음을 올바르게 전하지 않았을 때 문제가 발생했다.

따라서 오늘날 총회와 치리회의 파송을 받지 않고 또 감독과 지도를 받지 않는 선교사들은 아주 위험한 일을 하고 있는 것이다. 자칫 하다간 자기 교회를 세우거나 자기 사업, 자기 왕국을 세울 가능성이 있다. 선교지의 상황이 천차만별이라 할지라도 정기 보고서가 없다는 것은 부끄러운 일이다. 선교 현장에서 몇 명에게 세례를 베풀고 유아세례를 시행하였는지, 또 몇 명의 장로와 직분자를 세웠는지, 당회를 조직했는지, 얼마나 많은 신학생을 교육하고 있는지, 조직된 노회는 있는지, 재산 상황은 어떤지, 회집 인원은 얼마나 되는지에 대한 통계를 찾아볼 수 없다. 정기 보고서를 부실하게 제출하거나 보고하지 않는 것은 교회를 선교의 주체로 고백하는 것에 정면으로 배치되는 일임을 기억해야 한다.

3. 셋째 원리: 선교의 목적은 교회 건설이다

　이미 살핀 대로 선교 명령은 교회가 민족에게까지 가서 말씀과 성례와 권징을 통해 교회를 세우라는 교회 건설 명령이었다. 예수님께서는 이 교회를 신앙고백 위에 세우시겠다고 말씀하셨다(마 16:18). 따라서 선교지에서 구호 활동을 하고 학교를 세우고 고아원과 병원을 세운다고 할지라도 이것이 과연 그리스도의 몸인 교회를 세우는 것에 도움이 되는가를 항상 물어야 한다. 이 구호 활동을 비롯해 모든 선교 활동은 결국 교회를 세우는 것이 되어야 한다. 따라서 선교사는 선교지에서 어떤 교회를 세울 것인가에 대한 설계도를 분명하게 가져야 한다. 이 설계도에는 항존 직무를 어떻게 수행하고, 이 직무를 수행할 항존 직원을 어떻게 세울지, 항존 직원을 지도 감독할 노회는 어떻게 세울지가 들어 있어야 한다. 이를 위해 교리표준(신앙고백서, 교리문답)과 관리표준(예배지침, 교회정치, 권징조례)이 있는 것이다.

　이와 관련해 조선 땅에 하나님의 집인 교회를 건설하려는 초기 내한(來韓) 장로회 선교사들은 너무 간단한 설계도, 혹은 원칙이나 중심이 없는 설계도를 가졌던 것은 아닌가 하는 생각이 들 때가 있다. 먼 땅, 정세가 불안한 나라로까지 와서 영혼을 살리려 했던 열정은 대단하지만, 그 열정에 비해 교회 건설에 대한 분명한 그림 곧 교리나 공예배, 직분, 치리회에 대한 이해는 부족한 것이 아닌가 하는 의구심이 생긴다. 왜냐하면 1907년에 조선예수교장로회가 채택한 12신조는 교리표준으로서는 너무나 간단하기 때문이다. 1922년에 가서야 웨스트민스터 소교리문답을 『헌법』에 수록하고, 고신교회의 경우 선교사 내한 85년이 되는 해인 제19회 총회(1969년)에 가서야 표준문서로 웨스트민스터 신앙고백서와 대교리문답을 채택했다. 또 1907년 대한예수교장로회 독노회 결성 시 채택한 "교회정치" 역시 웨스트민스터 교회정치가 아니라 "간단한" 교회정치였다(곽안련,『한국교회사전휘집』, 44): "너무 중한 짐이 되어 연약한 교회가 감당키 난하니 맛당히 만국장로회의 보통원리에 터하야 간단히 제정 사용하다가 몇 개 년 후 교회가 성장하여 장로회교회에 한숙하게 된 후에 교회가 자기의 형편에 적당한 정치를 제정하는 것이 합당한다." 이 '간단한' 도면은 이후 미국 북장로교회 소속 곽안련 선교사의 주도로 1922년에 개정한 뒤 오늘까지 이르고 있다. 하지만 지금 우리에게 어떤 것은 부족한 것도 있고(예. 장로 윤번제), 불편한 것도 있고(예. 서리집사에 대한 조항), 무리한 것도 더러 있고(예. 직원 선출 시 3/4, 2/3 규정), 왜곡된 것도 있다(예. 장로를 교인의 대표로 본 것과 장로의 직무에 행정을 더한 점 등).

이는 새로운 토대에서 교회 건설에 진력한 종교 개혁자들과 너무 대조가 된다. 예를 들어 제네바교회의 칼뱅은 간단한 신조나 교회정치가 아니라 제대로 된 제네바 교리문답과 제네바 교회정치를 작성하였다. 독일의 팔츠 지방의 선제후 프리드리히 3세는 하이델베르크 교리문답과 함께 팔츠 교회정치를 작성하였다. 스코틀랜드 장로교회 역시 신앙고백서와 함께 제1권징서(1560), 제2권징서(1578)를, 이후 웨스트민스터 총회(1643-1649)는 신앙고백서와 교리문답, 예배지침과 함께 교회정치(1645)를 작성하였다.

폴란드 태생의 종교 개혁자 요한 아 라스코(1499-1560)는 런던에서 난민들을 대상으로 목회하면서 교회 건설을 위해 애를 썼다. 그는 먼저 교회 건설의 가장 중요한 단계로 "교리개요"를 작성했다. 교회에 가입하려는 교인은 이 문서에 공적으로 서명해야 했고, 서명한 후에야 교인 명부에 이름을 올리게 했다. 이와 더불어『영국 런던에 있는 피난민 교회 교회적 봉사의 전반적인 예식과 가르침』을 작성했다. 이것은 예배지침과 교회정치를 합친 내용인데, 이를 통해 구체적인 설계도를 제시한다. 그가 건설하려는 교회는 같은 신앙고백을 통해 연합을 이루는 교회, 교회의 4대 공적 사역 즉, 설교, 성례, 구제, 권징이 신실하게 시행되는 교회, 직분자 선출과 권징(특히 출교)에 교인들이 적극적으로 참여하는 교회, 장로들의 회인 치리회를 통해 권징이 나타나는 교회, 말씀을 강조하는 교회였다(Springer, *Restoring Christ's Church*). 이처럼 종교 개혁자들은 교회 건설의 토대를 철저하게 준비했다. 교리표준과 관리표준은 교회 건설의 토대이고 이것은 교회 건설을 목표로 하는 선교 원리에서도 동일하다.

나가면서

교회가 선교사를 많이 파송하고 후원하며 선교 활동이 왕성하게 나타날 때 우리는 더욱 조심해야 한다. 우리의 선교가 과연 바른 터 위에 서 있는가를 돌아볼 필요가 있다. 다시 한번 교회의 사명은 선교이며, 선교의 주체는 교회이며, 선교의 목적은 교회 건설이라는 이 평범한 선교의 원리를 잊지 말자.

추천 도서

김성운. 『개혁교회의 선교』. 서울: 생명의양식, 2020.

이것만은 꼭!

1. 교회의 사명은 선교이다.
2. 선교의 주체는 교회이다.
3. 선교의 목적은 교회 건설 곧 교회를 세우는 것이다.
4. 교회 건설의 토대는 교리표준과 관리표준이다.

"지역 사회의 가장 약한 부분을 찾아서
꾸준히 섬긴다면
교회가 지역 사회에서
칭송 받을 것이고 알려질 것이다."

3장
지역 사회에 교회 알리기

들어가면서

시간이 가면 갈수록 전도가 힘들어지고 있다. 한국 사람들은 이제 대부분 교회에 대해서 알고 있기 때문에 굳이 전도를 하지 않아도 된다고까지 하지만 교회가 손을 놓고 있어서는 안 된다. 적극적으로 전도하지 말고 자발적으로 찾아오는 교인만 잘 받으면 된다고 생각하는 것은 오만이다. 반대로 전도해도 소용없다는 패배감에 사로잡혀서도 안 된다. 그리스도께서는 부활하신 뒤에 제자들에게 너희는 가서 모든 족속을 제자 삼으라고 하셨다. 이 명령이 일차적으로는 사도들에게 주어졌지만, 교회는 사도적인 교회이기에 복음 전도에 힘을 쏟아야 한다.

1. 교회 자체의 모습이 중요하다

1) 교회는 산 위의 동네이다

교회는 숨길 수가 없다. 우리는 숨길 수 없이 드러나 있기 때문에 온 세상이 보고 있다는 것을 기억해야 한다. 그러니 교인 한 사람 한 사람의 삶이 중요하다. 교회 내에서의 모습이 아니라 세상에서의 모습이 중요하다. 교인이 복음에 합당한 삶을 사는 것이 전도의 핵심이다. 교회는 복음을 선포해야 하고, 신자는 복음에 합당한 삶을 살아야 한다.

2) 교인들을 도울 길을 찾으라

교회가 우선해야 하는 일은 지역 사회의 문제를 해결하겠다고 손발을 걷어붙이고 나서는 것이 아니라 교회 구성원들을 돕는 일이다. 집사의 일이 바로 이것이다. 먼저, 교회 한 식구들을 돌아보아야 한다. 교회의 연약한 지체들을 돌아보면 자연스레 지역 사회의 연약한 고리와 접촉하고 돕는 것으로 이어질 것이다.

3) 목사의 역할이 중요하다는 것을 인식해야 한다

개척 교회라면 목사가 앞장서서 전도해야 한다고 생각한다. 교인들은 목사 자기는 전도하지 않으면서 교인들만 닦달한다고 말한다. 이상하게 들릴지 모르겠지만 목사가 나가서 적극적으로 전도하지 않더라도 전도는 목사가 한다. 무슨 말이냐 하면 예배에 찾아오는 불신자나 이사 와서 등록할 교회를 찾는 이들에게 목사가 우선 고려 사항이기 때문이다. 목사의 설교가 제일 중요하고 말이다. 그래서 결국에는 목사가 전도한다고 말할 수 있다.

4) 목사의 성장을 돕는 것이 전도를 잘 하는 것이다

너무 극단적인 말 같지만 목사가 전도하고, 또한 목사가 교인을 떨어뜨리기도 한다. 그만큼 목사의 역할이 무엇보다 중요하기에, 교회는 목사를 잡무에 시달리도록 할 것이 아니라 설교를 잘 준비할 수 있도록 도와야 한다. 교회는 목사가 계속해서 성장할 수 있도록 도와야 한다. 이것이 바로 교회가 전도를 잘 할 수 있는 길이다.

2. 교인들을 잘 격려해야 한다

1) 교인이 자기 교회를 자랑할 수 있도록 해야 한다

교인들이 전도하지 않는 이유는 하기 싫어서라기보다는 전도해서 교회에 데려왔는데 우리 교회 분위기 때문에 그 사람이 남아 있기 힘들 것이라 생각하기 때문인 경우가 많다. 이럴 경우에는 전도하라고 닦달하기보다는 먼저 교회 자체의 문제를 해결해야 한다. 교인들의 관계가 회복되는 것이 우선이라는 말이다. 교회에 사랑이 넘치면 전도하지 말라고 해도 전도할 것이다.

2) 전도지를 나누어 주는 것도 필요하다

전도지를 나누어 주자고 하면 부담스러워하는 교인들이 있다. 아직까지도 전도지를 나누려고 하냐는 핀잔을 들을 수 있다. 전도지를 나누어 주는 것을 믿지 않는 이들이 극도로 혐오하는 경우가 많기 때문에 전도지를 나누어 주는 것 자체를 부정적으로 생각하는데, 그럴 필요는 없다. 전도지를 나누어 주는 것은 전도라기보다는 교회를 알리는 것이다. 전도지를 나누어 주면 교회가 어디 있냐고 묻는 경우가 많다. 이때 교회당을 가리키면서 교회를 소개하면 된다.

3) 전도지를 잘 만들어야 한다

전도지를 잘 만드는 것이 필요하다. 전도지 내용과 구성에 심혈을 기울여야 한다. 천편일률적인 전도지는 사람들의 관심을 끌지 못한다. 사람들의 관심을 끌어낼 수 있는 전도지를 구상해야 하는데, 예를 들면 담임목사를 잘 소개하는 전도지를 만들거나, 교인들의 이야기가 담긴 전도지를 만드는 것 등이다. 물론, 요즘에는 전도지를 나누어주는 것을 넘어서 전도지에 티슈나 사탕을 끼워서 나누어 주거나, 차나 음료수를 대접하거나, 기계를 사서 호떡과 붕어빵을 구워주기도 한다. 지역 사회, 교회 상황에 따라 적절한 것을 선택하는 것이 필요하다.

4) 인터넷을 적극적으로 활용해야 한다

요즘에는 교회를 방문하기 전에 인터넷으로 충분히 검색해 보고 방문한다. 그래서 교회를 알리고자 하는 교회는 홈페이지를 개설해 운영해야 한다. 홈페이지가 어렵다면 카페나 블로그라도 만들어 교회에 관한 기본적인 정보를 제공해야 한다. 물론 꾸준히 관리해야 한다. 관리하지 않으면 차라리 안 만든 것보다 못한 경우가 되기 때문이다. 새 글 없이 몇 년 전에 올라온 글이 마지막이라면 오히려 좋지 않은 인상을 남길 수 있다. '혹시 교회가 없어졌나?' 하는 의문을 가질 수밖에 없다. 이에 전문적인 관리자가 없다고 하더라도 '이 교회가 죽지 않았구나!' 하는 인상이 들도록 한 달에 한 두 번씩은 설교문이나 설교 동영상을 올려야 할 것이다.

3. 모든 교회는 지역교회이다

1) 마을 목회를 고민하라

최근에 '마을 목회'라는 말이 회자되고 있다. 마을 목회는 시골에 더 어울리는 것이기는 하지만 도시라고 해서 전혀 관계없는 것은 아니다. 도시에는 지역교회라는 말로 바꿀 수도 있겠다. 모든 교회는 기본적으로 지역에 자리 잡고 있기 때문에 지역과 어떻게 관계를 맺느냐는 중요하다. 예수님이 친히 말씀하셨듯이 교회는 세상의 빛이요 소금이다. 빛과 소금이기 위해서는 반드시 세상으로 들어가야 한다. 교회는 세상 속에 존재하고 세상을 위해 존재한다.

2) 교인들이 커뮤니티를 형성하라

교통수단의 발달과 집값 문제 등으로 인해 지역교회의 특성이 희석되고 있는 것이 사실이다. 현대적인 의미의 지역교회성은 그 범위를 훨씬 더 넓게 잡아야 할 것이다. 그럼에도 불구하고 교인들이 교회 건물 주위로 이사 와서 같은 생활권을 형성한다면 유익이 클 것이다. 마실가듯 서로 왕래하고 같은 지역이니 지역 사회를 위해 머리를 맞대는 것도 용이할 것이다. 교인들이 교회 주위로 와서 함께 생활하는 것이 아주 중요하다.

3) 교인들이 지역에 적극적으로 참여해야 한다

교회가 프로그램을 만드는 것도 좋겠지만 중요한 것은 교인들의 일상생활이다. 교인들의 삶이 지역 사회에 밀착되어 있어야 한다는 말이다. 교인 중에 통장, 반장을 하도록 격려해야 한다. 아파트 동대표를 하도록 격려하는 것도 좋다. 통장이 되어서 지역민들에게 교회를 소개하면 얼마나 좋겠는가? 만일 주중 교회 모임이 과도하게 많다면 이런 역할을 격려하기는 어려울 것이다.

4) 지역에서 물품을 산다

교회에서 필요한 물품을 살 때에 인터넷으로 싼 가격의 물품을 구입할 수도 있지만 인근에 위치한 가게에서 적극적으로 구입하는 것이 좋겠다. 조금 비싼 가격에 물품을 산다고 하더라도 지역 사회와 접촉하는 면을 넓혀야 한다. 이렇게 교인들이 지역 사회에 밀착해서 생활하기를 격려하는 것이 좋겠다.

4. 지역 사회의 필요를 구체적으로 파악해야 한다

1) 여러 가지 프로그램을 만들려고 하지 말라

요즘 부모들은 자기들이 시간을 낼 수 없기 때문에 교회든 어디든 상관없이 아이들을 맡길 곳을 찾는다. 하나에 정착하지 않고 어떤 프로그램이 끝나면 다른 프로그램을 찾는다. 더 좋은 프로그램이 있다면 당연히 옮겨가고, 더 많은 시간 동안 자기 아이들을 맡아줄 수 있는 곳을 찾는다. 다시 말해 교회가 좋은 프로그램을 만든다고 사람들이 교회로 몰려들지 않는다는 말이다. 아이들과 함께 부모들을 교육하지 않으면 아무런 소용이 없다.

2) 지역 사회의 약한 고리를 찾아야 한다

요즘에는 주민센터에서 수많은 프로그램을 만들어서 진행하고 있기 때문에 작은 교회는 그런 프로그램을 따라갈 수가 없다. 주민센터 등에서 잘하고 있는 것을 굳이 흉내 내어 따라할 필요가 없다. 대신 지역 사회의 가장 약한 고리가 무엇인지를 찾아야 한다. 단 하나의 프로그램이라도 지역 사회의 가장 약한 부분을 찾아서 꾸준히 섬긴다면 교회가 지역 사회에서 칭송 받을 것이고 알려질 것이다.

3) 교인들이 제일 잘 할 수 있는 것을 찾아야 한다

교인들이 스스로 필요성을 느껴 자발적으로 무언가를 하는 것이 좋다. 몇몇이 주도해서 억지로 동원해서는 안 된다. 교인들이 가장 잘 할 수 있는 것이 무엇인지를 찾아야 한다. 자신들이 봉사하면서도 기쁨으로 할 수 있는 것이 무엇인지를 찾아야 한다. 그것이 지역 사회의 필요와 맞아 떨어지면 그것이 지역 사회에 기여하는 구체적인 길이 될 것이다.

4) 지역 사회의 기관들을 접촉하라

흔히 교회가 양로원이나 고아원을 도우려 하는데, 이들 기관은 지속성이 필수이다. 지속적으로 돕기 어렵다면 시작하지 않는 것이 더 유익할 것이다. 사실 교회가 잘 할 수 있는 분야는 교육 분야이다. 인근 초등학교, 중고등학교를 접촉해 학교나 학생들의 필요 중 교회가 도울 수 있는 부분을 확인해보라. 특히 기독교 학교가 있으면 더 좋을 것이다. 그 학교와 접촉하라. 그 학교 채플과 학급 전도, 학부모 기도회 등을 통해 교회를 소개할 수 있을 것이다.

나가면서

전도가 어려워지고 있는 상황이지만 포기할 수 없다. 교회는 지역에서 빛과 소금의 역할을 잘 감당해야 한다. 복음 전도와 더불어 지역 사회의 약한 고리를 섬김으로 이 일을 감당할 수 있을 것이다. 이를 위해 목사와 직분자들은 각각 맡은 직무에 따라 섬기고, 교인들과 함께 복음과 일치하는 삶을 살도록 애를 쓰고 이와 더불어 지역 사회에도 계속 관심을 가져야 할 것이다.

> **Check!**
> 1. 교회의 존재 목적에 대해 나는 분명하게 인식하고 있는가?
> 2. 교회를 적극적으로 소개할 수 있는 분위기인가?
> 3. 모든 교회는 지역교회라는 것을 확신하는가?
> - 교인들이 교회 가까이에 얼마만큼 있는가?
> - 교회가 위치한 지역을 조사해 보았는가?
> 4. 지역 사회의 필요와 우리 교회가 제일 잘 할 수 있는 것이 무엇인가?

"복음의 재발견으로 내적 부흥을 경험한 교인들이
주변 불신자들에게 자신이 누리는 복음을 말하는 것을 보았다.
그러면서 교회의 이름이 알려졌다."

4장
교회 알리기 사례: 시광교회

들어가면서

교회를 알리는 일에 대해 부정적으로 생각하는 분들도 있을 것이다. 그리고 어떤 의미에서는 필자도 그렇다. 세속 마케팅 기법을 적극적으로 사용하여 교회를 알림으로, 교회의 고유하고 본질적인 메시지에 흠집을 내는 행위는 복음의 역동성을 강화시키기보다는 약화시키기 때문이다. 예컨대 사람들의 마음에 불편함을 줄 수 있기 때문에 죄나 심판, 회개 등의 메시지를 전하지 않는다면, 곧 구원과 은혜, 사랑의 가르침 역시 필요를 잃게 될 것이다. 하지만 "믿음의 소문이 각처에(살전 1:8)" 퍼지도록 하는 일은 그 자체로 교회의 자연스럽고 고유한 사역이다. 복음의 메시지는 불쾌감을 줄 정도로 적나라하지만, 동시에 삶 전체를 기꺼이 걸 수 있을 정도로 매력적이다. 복음의 메시지를 충분하고 깊이 있게 전달한다면, 반드시 그 복음을 전하는 메신저와 교회의 이름은 서서히 알려지게 된다. 필자는 여기서 "교회를 알린다"는 말을 "복음 자체가 가지고 있는 역동성으로 인해 복음을 선포하는 교회가 자연스럽게 드러나는 것"으로 정의하고, 구체적인 행동 방안을 두 가지 측면에서 살펴보려고 한다. 하나는 복음의 재발견을 통한 역동성을 증가시키는 방안이며, 둘째는 그 역동성을 뒷받침할 수 있는 사역 방안을 몇 가지만 제시해 보려고 한다.

1. 복음의 재발견을 통한 역동성의 증가: 복음 설교

필자가 주장하는 원리가 유효함을 확신시키기 위해, 시광교회의 교세를 언급하는 것을 양해해 주길 바란다. 시광교회는 개척 당시 12명이었고, 2020년 4월에 들어서는 250명 정도에 이른다. 교인들의 평균연령은 30.1세이며, 가장 많은 연령대는 92년생(현 29세)과 94년생(현 27세)이다. 하지만 시광교회는 아직도 정식 홈페이지가 없으며(네이버 카페 사용), 심지어 크게 드러나 보이는 교회 간판도 없다(그래서 찾는 사람들이 애를 먹곤 한다). 예배는 전통적인 방식이며, 매주 성찬을 시행한다. 공예배 시간에는 오직 피아노만을 사용하며, 오후 기도회와 기타 집회에만 다른 악기들을 사용하는 찬양을 한다. 그 외의 젊은이들이 좋아할 만한 어떤 인테리어나, 조직화된 프로그램 같은 것들은 거의 없다(이제 조금씩 생기고 있는 중이다). 필자는 개척 당시 이름이 알려진 목회자도 아니었다(게다가 전도사였다). 그렇다면 우리 교회가 알려지고 사람들을 모이게 한 가장 큰 원동력은 무엇이었는가.

1) 복음을 전하기

시시하게 들릴지 모르겠지만, 나는 이것이 시광교회가 알려지게 된 가장 중요한 요소였다고 믿는다. 모든 설교가 복음은 아니다. 심지어 성경의 모든 내용이 복음인 것도 아니다. 우리는 복음과 복음이 아닌 것을 구분해야 한다. 성경의 여러 명령들은 복음이 아니다. 이 말을 설교 때 윤리적 명령을 해서는 안 된다는 식으로 오해하지 말라. 우리는 윤리적인 명령을 선포해야 한다. 하지만 복음을 기반으로 선포해야 한다. 예를 들어보자. 언약의 복과 저주를 말하는 신명기 28장을 어떻게 설교할 것인가? 우리는 "강해설교를 해야 하니 본문의 의미를 충실하게 드러내면 되지."라고 생각하며 하나님께 순종하면 복을, 불순종하면 저주를 받는다는 식으로 설교하기 쉽다. 그러면서 "그러므로 하나님께 순종합시다."라고 마무리 지을 수 있다. 이것은 성경을 가르치는 설교이긴 하지만, 복음을 전하는 설교는 아니다. 따라서 성경을 전하지도 못하는 설교가 된다. 왜 그런가?

여기에는 우리가 행해야 하는 것(율법)은 있지만 그리스도 안에서 우리를 위해 하나님께서 하신 일(복음)이 없기 때문이다. 혹자는 "그렇다면 본문을 신실하게 전하는 것이 아니라 왜곡하라는 겁니까?"라며 항변할지도 모르겠다. 하지만 우리는 이런 질문을 할 수 있다. "과연 인간들 중 이 모든 율법을 지킴으로 복을 누린 사람이 있는가?" 아니 더 나아가서 이런 생각을 해 보아야 한다. "이 율법을 다 지켰는데도 불구하고 복을 받지 못하고, 하나도 어기지 않았는데도 저주를 받은 사람은 없는가?" 있다. 누구인지 아는가? 바로 예수님이다!

그리스도께서는 모든 율법을 다 지켰는데도 불구하고 약속된 복을 하나도 받지 못했다. 율법을 하나도 어기지 않았는데도 나무에 달려 저주를 받으셨다. 왜 그런가? 우리는 이유를 알고 있다. 그분이 저주를 받으셔서, 율법을 어긴 우리의 저주를 가져가셨고, 그분이 복을 받지 못하심으로, 율법을 지키지 않은 우리가 하나님의 자녀가 되는 복을 얻었다. 신명기 28장을 이러한 정경적 맥락과 분리하여 이해하게 되면 하나님을 은혜의 하나님으로 선포하지 못하게 된다. 도리어 다른 이방 신들과 똑같은 비즈니스적 거래의 하나님으로 말하게 된다.

하지만 우리가 복음을 전하고, 이후에 "그러니 여러분들은 율법을 지켜야 사랑을 받는 것이 아니라, 사랑을 받았기 때문에 이 율법대로 살아야 합니다."라고 선포한다면, 하나님에 대한 교인들의 이해가 바뀌게 된다. 많은 강단에서 복음에 근거한 율법을 선포하지 않기에, 사람들은 이런 복음 설교를 아주

신선하게 받아들인다. 필자는 "20년 넘게 교회를 다니면서 이런 이야기를 처음 들었어요!"라는 말을 계속해서 들었고(물론 슬픈 이야기이다), 복음의 재발견으로 내적 부흥을 경험한 교인들이 주변 불신자들에게 자신이 누리는 복음을 말하는 것을 보았다. 그러면서 교회의 이름이 알려졌다.

2) 복음 적용하기

위의 내용이 1단계라면, 이제 2단계이다. 복음을 바르게 전하는 것뿐 아니라, 복음을 올바르게 적용해야 한다. 예를 들어보자. 어떤 설교자가 "우리 모두는 은혜로 구원받습니다. 모든 인간은 타락하여 스스로는 하나님을 알 수도, 만날 수도 없습니다. 하지만 그러한 죄인에게 하나님께서는 자신의 영원한 아들을 주셨고, 그분의 죽음과 부활로 인해 우리는 아무 조건 없이 오직 믿음으로 구원을 받고 하나님을 알게 되었습니다."라고 설교했다고 하자. 교리적으로 문제가 없고, 복음을 명료하게 전했다. 하지만 이어서 이렇게 전했다고 하자. "그런데 저 사악한 펠라기우스주의자들은 은혜를 무시합니다. 저들은 악합니다. 저들은 칭의를 잘못 이해하고 있습니다." 여기서 교인들은 묘한 부조화를 느끼게 된다(이단을 이단이라고 말하지 말라는 의미는 아니니 오해하지 말자).

여기에는 이러한 암시가 주어진다. "저들은 은혜를 모르고 우리는 은혜를 안다. 저들은 구원을 모르는 나쁜 놈들이지만 우리는 구원을 아는 괜찮은 사람이다." 물론 설교자는 절대 이걸 의도하지 않았을 것이다. 그러나 사람들은 마음 깊숙한 곳에서 "인간은 전적으로 타락했지만, 나(칼뱅주의자)는 전적으로 타락하지 않았어."라는 생각을 가지게 된다. 이는 은혜에 역행하는 것이다. 복음을 이해했지만, 적용하지 못한 것이다.

하나 더 예를 들어보자. 칭의의 메시지는, 그리스도 안에서 우리의 최종 판

결은 끝났다는 메시지이다. 그런데 우리는 자주 일상에서 우리의 삶에서 남이 나를 어떻게 판단할지에 대해 고민하고 괴로워한다. 이는 뇌로는 칭의를 믿지만, 마음 깊숙한 곳에서 칭의를 피상적으로 받아들인다는 징후이다. 이럴 때 설교자는 "여러분들은 늘 재판석에 서 있습니다. 회사에서의 평가, 당신을 향한 친구, 가족들의 평가, 자기 자신의 평가 등이지요. 그러나 그리스도 안에서, 하나님 보시기에 당신은 의롭습니다."라고 적용함으로 칭의를 마음으로 받아들이게 할 수 있다. 또는 수험생이나 청소년들에게는 "하나님 앞에 우리는 만점짜리들이다."라는 식으로 변주를 줄 수도 있다. 이때 교인들은 복음을 마음으로 더 깊이 받아들이고, 복음이 주는 유익을 더 많이 누릴 수 있다. 이렇게 복음을 누리는 교인은 삶이 변한다. 유해지고 부드러워지며 넉넉해진다. 복음 안에서 자신이 얻은 것을 빼앗길 수 없다는 것을 알기에, 더 넉넉하게 베풀 수 있다. 이러한 변화는 필연적으로 주위 사람들에게 "네가 다니는 교회 어디야?"라는 질문을 유발시킨다.

3) 변증적으로 전하기

3단계이다. 대체로 많은 교인들이 자신이 듣는 복음을 주변 친구들에게도 전하고 싶어 하는 욕구가 있다. 하지만 그 욕구를 가장 방해하는 것이 뜻밖에도 설교일 수 있다. 이것을 많은 설교자들이 잘 모른다. 예컨대 교인들은 이렇게 생각할 수 있다. "나는 저 설교가 좋아. 하지만 내 친구가 저 설교를 듣고 은혜를 누릴 수 있을까?" 이것은 본능적인 두려움이며, 이러한 상황에서 전도를 종용해 봤자 위축된 심정은 변하지 않는다.

당신의 설교에 변증을 포함하라. 교인들이 당연하게 여기는 상황에 대하여 짧막한 변증을 제공하라. 예컨대 우리는 "여기 계신 분들 중 어떤 분들은 절대 진리를 말하는 것이 편협하다고 생각할지도 모릅니다. 하지만 절대 진리가 없다고 생각하는 것 역시 또 다른 절대 진리를 주장하는 것 아닐까요? 자신의 생각을 재고해 보시기를 요청합니다."라고 말할 수 있다. 심지어 그때 교인 중에 그렇게 생각하는 사람이 없어도 상관없다. 대신 누군가는 듣고서 "맞아! 저 이야기 우리 회사 과장님이 들으면 좋을 텐데!"라고 생각할 것이다. 그리고 몇 주가 지나면 과장님이 그 자리에 앉아 있게 되는 것을 볼 것이다.

항상 예배 자리에 무신론자들이나 회의론자가 몇 명씩 있다고 가정하고 설교하라. 그들에게 모든 것을 맞출 필요는 없지만, 그들을 위한 배려가 있음을 알게 하라. 그들과 기꺼이 대화할 의지가 있음을 보여주라. 교회 내에서만 통용되는 특정한 용어를 지나치게 남발하지 말고, 비신자들을 비하하거나 조롱하는 용어를 사용하지 말라. 심지어 교인들이 좋아해도 절대 사용하지 말라. 교인들은 당신의 조롱에 웃겠지만, 마음 속 깊은 곳에서는 "우리 회사 과장님은 데려올 수 없겠는걸."이라고 생각할 것이다. 이 경우 전도를 막는 것은 설교자이다. 하지만 설교자가 열린 마음을 가지고 회의론자와 무신론자들에게도 따뜻한 복음을 전한다면, 어느새 그들이 교회에 와서 앉아 있는 것을 보게 될 것이다. 그들 사이에서도 "저 교회에 가면 내가 질문할 수 있대."라는 소문이 퍼지게 되는 것을 볼 것이다.

2. 역동성을 증가시키기 위해 사역하기

이 문제는 길게 말하지 않을 것이다. 이는 각자 처한 교회 상황이 다를 것이기 때문이다. 필자는 유튜브나 홈페이지를 어떻게 해야 하는지에 대해는 아는 바가 없다. 하지만 어떤 원칙에 입각해야 하는지는 말할 수 있을 것 같다.

1) 교인들의 자발성을 통해 사역하기

설교자가 하지 말아야 할 것이 있다. 아주 예쁜 디자인에 멋지게 찍힌 동영상을 빨리 가지고 싶다는 욕구를 드러내서는 안 된다. 먼저 당신을 안심하게 하자면, 그런 동영상은 당신을, 그리고 당신의 이름을 알리게 하지 못한다. 이미 너무나도 많은 동영상의 홍수 시대이기 때문이다. 게다가 교인들은(특히 청년들은) "홈페이지 만들어."라든지 "동영상을 편집해."라는 당신의 요구 이면에 자신을 높이고자 하는 욕망이 있는지를 예리하게 짚어낸다. 대놓고 목사에게 그걸 지적하지는 않겠지만, 기쁨과 자발성으로 그 일을 하지도 않을 것이다.

오히려 복음의 역동성이 교인들 사이에 가득하다면, 그걸 어떻게 인터넷과 지역 사회에 퍼뜨릴지에 대해 스스로 의견을 내게 하라. 물론 이 방식은 극단적으로 진도가 느리기에 인내해야 한다. 하지만 놀라운 아이디어가 나올 것이고, 그것은 당신의 교회에 딱 들어맞는 수준의 예산과 상황을 반영할 것이다. 절대로, 교인들 전반에 복음이 살아 움직이는 것을 눈으로 보기 전까지는 먼저 홍보책을 마련하지 말라. 뜻밖에도 유튜브와 홈페이지는 별로 홍보에 도움이 되지 않는다.

2) 가장 뒤에 서 있되, 가장 힘 있게 지원하라

홍보와 연관한 의사 결정에는 가장 뒤에 서 있으라. 특히 당회 전체가 그렇게 하는 것이 좋다. 전문가 그룹에게 일을 맡기고, 그들의 의견이 반영되도록 하라. 목회자가 보기에 좋아 보이는 것이 꼭 효과적인 결과를 낳지 않는다. 의견을 제시할 수는 있지만, 관철시키기보다는 관심을 두고 지원하라.

3) 성도들의 봉사를 귀히 여기고 감사를 드러내라

굳이 설명이 필요할 것 같지 않다. 특히 전문 지식을 가진 교인들의 봉사를 기뻐함으로 감사를 드러내라.

나가면서

필자는 개인적으로 교회 홍보는 유기적으로 일어날 때 가장 역동적이라고 믿는다. 교인들의 즐거운 삶이야말로, 교회를 드러내는 가장 강력한 홍보 방법이다. 복음으로 말미암아 누리는 감격과 기쁨으로 교인들이 교제하고 표현할 때, 사람들은 놀랍도록 격렬히 반응할 것이다. 이는 여타 홍보 매체가 절대 보여줄 수 없는 것들이다. 이미 사람들은 홍보 영상에 나오는 웃음이 어느 정도 연출된 것임을 알고 있다. 당신의 지역 사람들이, 그리고 젊은이들이 "저 교회 다니는 사람들은 참 행복해 보이네."라고 말하고 있다면, 이미 홍보는 입소문을 타고 있을 것이다. 나는 강단에서의 복음 전파와 적용만이 이 사역을 가능케 한다고 믿는다.

하나 덧붙이자면, 필자가 섬기는 시광교회가 이 모든 것을 잘해내고 있지는 않다는 것을 말하고 싶다. 사실 일부라도 잘해내고 있지 않다. 즉, 이 원칙을 완벽하게 구현해내지 못한다고 좌절할 필요는 전혀 없다는 것이다. 하지만 우리 교회가 일부라도 이 원칙을 지켜내려고 할 때, 하나님께서는 우리가 노력한 것보다 훨씬 더 많은 것들을 주셨다. 이런 은혜가 고군분투하는 다른 교회에도 주어질 것이다.

추천 도서

마이클 호튼. 『그리스도 없는 기독교』. 김성웅 역. 서울: 부흥과개혁사, 2009. 이 책을 통해 죄나 심판, 회개 메시지를 전하지 않을 때 발생하는 위험성을 깊이 깨달으라.

티모시 켈러. 『복음 안에서 발견한 참된 자유』. 장호준 역. 서울: 복있는사람, 2012. 이 책을 통해 복음 적용과 은혜 누림의 과정을 잘 이해할 수 있다.

Check!
1. 교인들이 복음을 풍성하게 누리고 있는가?
2. 준비하는 설교에 복음 메시지가 담겨 있는가?
3. 설교를 준비할 때 불신자를 염두에 두고 있는가?
4. 홍보할 때 목사의 의견만 과도하게 반영되고 있지는 않는가?

"전도 대상자가 교회에 정착한 경우는 별로 없었던 것 같다.
그런데 놀라운 것은 열심히 전도하고 있을 때,
하나님께서 새가족을 보내 준다는 것이다."

5장
교회 전도 사례: 관악교회

들어가면서

교회 전도 사례를 소개해야 한다는 말을 들었을 때 난감했다. 나와 관악교회가 부족한 부분이라고 생각하기 때문이다. 그러나 교회가 복음을 바로 선포할 때 "주께서 구원받는 사람을 날마다 더하게 하시니라(행 2:47)."는 말씀대로 주님께서 하신 일에 대해서 함께 나누려 한다.

1. 전도를 위한 시도들

1) 기도와 말씀 준비에 집중(2009. 5 – 2010. 5)

관악교회가 시작된 2009년 한 해 동안은 기독교 단체의 소강당을 주일에만 빌려서 예배를 드렸다. 목사는 대부분의 시간을 기도와 말씀 준비에 보냈다.

2) 독립 공간 임대와 전도지로 전도(2010. 5 – 2015)

(1) 가정 방문과 전도지 배포(2010-11)

2010년 5월에는 서울광염교회의 지원으로 서울대 근처 대학동(고시촌)에 있는 상가 공간을 교회당으로 임대했다. 장소를 옮긴 뒤 목사는 가정을 방문하고 길거리에서 전도지를 나누어 주며 전도했다. 주일 오후에는 어린이도 포함하여 전교인이 교회 근처 길에 나가서 전도지를 나누어 주었다. 그런데 고시촌은 원룸이라 들어가기가 힘들었다. 전도지는 음식점 광고지와 같이 버려져 공해처럼 되었다. 그래서 이 방법은 그만두었다.

(2) 공원 전도(2012-13)

목사는 거리 전도보다는 두 곳의 작은 공원에 집중하여 전도했다.

(3) 병원 전도(2010-12)

2010년 10월에는 한 친구 목사의 부탁으로 그 교회 교인의 어머니가 입원해 있는 요양병원 심방을 시작했다. 그 할머니의 입원실에서 간단한 경건회를 드렸고, 기도를 따라 하게 했다. "하나님께서 세상을 창조하셔서 감사드립니다. 나는 죄인입니다. 지옥가야 했습니다. 하나님의 아들이 사람이 되었습니다. 나를 위해 십자가에 죽으셔서 죄용서 받았습니다. 저는 예수님을 믿습니다. 구원받았습니다. 죽어도 지옥가지 않고 천국가니 감사합니다." 입원실에 있는 분들에게 가서 동의를 구하고 한 명씩 개인 기도를 해 주었다. 2년 후에 그분이 천국으로 가셨지만 요양병원 전도는 계속했다. 그러나 입원해 있던 한 불교 신자의 완고한 반대로 6개월 후에는 그만두어야 했다.

(4) 교회 인근 약한 사람 전도(2011-)

고시촌에 있는 어려운 상황에 있던 사람들이 복음에 더 마음을 열었다. 월남전에 참전했고 전동휠체어를 타고 다니던 홍00 씨. 서울대 미학과 2학년을 다니다가 중퇴하고 우울증으로 고생하던 40대 최00 씨. 이혼당하고 혼자 살던 30대 후반의 김00 씨. 역시 이혼하고 월 60여만 원의 복지 지원으로 생활하는 50대 후반의 김OO 씨. 목사는 이들의 집에 방문하고 또 교회로 오게 하여 복음을 전했고 우리 교회에 출석했다. 그러나 지금은 다른 곳으로 이사를 했거나 우리 교회에 출석하지 않고 있다.

3) 지역 중심 전도(2015-2020)

2015년 9월에 목사 사택을 교회 근처로 이사한 후에는 지역 사회에 더 뿌리를 내리게 되었다.

(1) 지역 사회와 단체에 목사와 교회 알리기

우리 동에서 만든 민간인 복지 자문 기구인 "대학동 지역사회보장협의체," 관악 지역 주민 단체인 "관악발전협의회," 복지를 위한 지역 NGO인 "관악사회복지," 주민들이 자발적으로 만드는 의료 공동체인 "정다운 관악의료사회복지협의회" 등에 목사가 먼저 찾아가서 회원이 돼 회비를 내고 있다. 교회가 입주해 있는 상가에 새 가게가 들어오면 축하 화환을 보내고 있다. 가게가 자주 바뀌는 덕분(?)에 벌써 6개의 화분을 기증했다.

(2) 경로당 전도(2015-2020)

2015년 말부터 지금까지 경로당 전도를 계속하고 있다. 목사는 한 주에 한 번 혹은 두 주에 한 번 과일을 들고서 방문한다. 1층에는 할머니들, 2층에는 할아버지들이 계신다. 매번 "나의 살던 고향은," "예수 사랑하심을" 노래를 이어서 부른 뒤, 축복기도를 하고 마친다. 할머니들은 교회에 출석하지 못하는 것을 미안해하면서 2018년, 2019년 성탄에는 10만원 헌금 봉투를 주었다. 아쉽게도 경로당에서 한 사람도 우리 교회에 출석한 사람이 없다. 그러나 지금으로서는 거기가 열린 문이니 계속 나간다. 전도와 관계없이 예수님의 사랑을 실천하는 것으로 의미가 있다고 생각한다.

2. 교회에 정착한 새가족

1) 전도하고 있을 때 하나님께서 새가족을 보내주심

아쉽게도 전도 대상자가 교회에 정착한 경우는 별로 없었던 것 같다. 그런데 놀라운 것은 열심히 전도하고 있을 때, 하나님께서 다른 곳에서 새가족을 보내 준다는 것이다. 우선 성도들을 보내 주셨다. 교회 설립의 초기인 2009-2013년에 조용준 집사, 김재윤 교수, 임일택 집사, 김정권 장로를 하나님께서 보내 주셨다. 정장순 교인은 새벽에 기도하러 나오다가 정착한 경우이다. 5Km가량 떨어진 교회에 출석하고 있었는데, 나는 그분의 담임목사를 찾아가서, "우리는 개척 교회니 이분을 파송해 주십시오."하며 부탁했다. 그 후 우리 교회로 옮겨서 교회 관리, 부엌 책임 등 정말 중요한 봉사를 하고 있다.

2) 고시촌의 젊은이들: 신앙적 방황기의 교인과 불신자들(2015-2020)

고시촌에서 학원을 다니던 여러 기독교인 청년들이 우연히 우리 교회에 들렀다가 말씀에 은혜 받고 교회에 정착했다. 불신자인 청년, 신앙의 방황을 하고 있던 청년, 이단이 운영하는 기관에서 일하던 기독인 청년이 교회를 통해 믿음을 새롭게 하고 잘 정착했다.

3) 교회에 대한 상처로 방황하던 성도의 정착

몇 가정은 원래 출석하던 교회에서 상처를 받고 교회에 출석하지 않던 중 우리 교회에 와서 예배드리면서 새롭게 그리스도를 만나고 교회에 정착했다.

4) 불신 남편의 교회 출석

한 자매의 불신 남편이 교회에 출석하여 학습을 받았고, 2020년에는 세례를 받을 준비를 하고 있다. 한 자매의 남편은 세례를 받았지만 교회에 출석하지 않다가 우리 교회에 출석하고 있다.

3. 새가족 정착 과정

1) 새가족 정착 과정의 목표

새가족 정착 과정은 세 가지 목표를 두고 있다. 첫째, 복음을 다시 알고 확신하게 한다. 둘째, 성도의 교제 안으로 들어오게 한다. 셋째, 담임목사/장로가 그들의 상황을 파악하고 관계를 형성한다.

2) 정착 과정

정착 과정은 아래와 같다. 특별히 처음 방문한 첫째 주일과 이어서 방문한 둘째 주일은 좀 더 구체적으로 적었다.

(1) 교회 출석 첫째 주일

① 점심시간: 기존 교인 한 명에게, 새가족과 함께 식사하도록 말해 둔다. 청년부는 새가족을 기존 교인과 연결해 주는 일을 맡은 담당자가 있다. 과거에는 새가족이 처음 오자마자 목사가 함께 점심식사를 했다. 그러나 그것이 부담을 주는 것 같아서 최근에는 다른 교인과 식사하게 하고 있다.

② 주중에 전화 연락: 담임목사는 교회를 방문한 모든 사람에 주중에 전화를 한다. "우리 교회에서 함께 예배해서 감사드립니다. 혹 불편하신 점은 없었

습니까? 이상하게 느끼셨거나 질문하실 것 있으세요?"라고 묻는다. 우리 교회에 더 이상 출석하지 않으려 생각했던 한 가정은 전화 통화에서 위로를 받고 등록했다.

(2) 교회 출석 둘째 주일
① 식사 후 담임목사 혹은 장로가 교회를 소개한다.
② 오후 2시에 있는 교리문답반에 참석하게 한다.
③ 교리문답 공부 후 "당회 면담"을 가진다.

그 이후부터는 (3) 구역 배정, (4) 하이델베르크 교리문답/새가족 공부, (5) 심방, (6) 세례교인 회원으로 받기 순서이다.

4. 새가족 정착을 돕는 주요 방법 예시

1) 당회 면담

목사와 장로가 1시간 반 가량 면담을 한다. 처음 20분은 담당 집사도 함께 참석하여 얼굴을 서로 익히게 한다. 당회 면담은 이 말로 시작한다. "보통은 우리가 가르치지만 오늘은 듣겠습니다. 주님께서는 형제-자매님을 섬기도록 우리를 불러 주셨습니다. 잘 섬기기 위해 우리가 형제-자매님을 개인적으로 잘 아는 것이 필요합니다. 그래서 어떻게 살아왔는지, 신앙생활은 어떻게 해 왔는지, 요즘 감사할 일, 고민은 무엇인지 편하게 말해 주십시오." 우리 교회의 지혜로운 장로님은 참으로 적절한 조언을 한다. 목사는 주로 듣는다. 감사하게도 첫 면담에서 신입 교인이 가진 문제가 해결되는 경우가 많았다.

2) 구역(조)에 배치

관악교회는 2017년부터 구역을 편성하여 운영했다. 전교인을 3개 구역으로 나누었고, 각 구역장은 3명의 집사가 맡았다. 집사는 자신이 맡은 새가족에게 전화를 하거나 만나서 교제를 나눈다. 2020년부터는 6개조로 나누었다. 각 조에는 장년 조장과 청년 조장이 있어서 새가족을 돌본다.

3) 새가족반/교리문답

이명회원을 포함한 새 교인, 입교 교육자 등은 하이델베르크 교리문답 전체를 공부한다. 강의는 빈 칸 채우기를 할 수 있는 두 장의 자료를 나누어 주고 30분 동안 강의한다. 4명씩 그룹을 나누어 토론한다(40분). 마칠 때 즈음에 "오늘 배운 것 가장 중요한 것 하나씩 말해 봅시다. 요즘 감사할 일 기도제목을 나눕시다."고 말한다. 질문에 대한 나눔을 한 후 기도로 마친다. 결석자들은 교회 홈페이지에서 교재를 다운받고 교리문답 강의 동영상을 보면서 빈 칸 채우기를 하여 제출하게 한다. 교리문답반을 졸업할 때는 교리문답 1-2문을 암송한다. 7분 간증을 작성하여 발표한다. 간증문에는 신앙 경력, 관악교회에서 받은 유익, 지금 신앙고백, 앞으로 각오 등이 포함된다. 간증문 초안을 목사에게 미리 보내서 함께 다듬는 과정도 거친다.

4) 새가족 심방

등록 후 1개월 이내에 목사와 장로가 함께 심방한다. 담당 집사(구역장)도 가능한 함께 간다.

5) 회원으로 받기

고신교회로부터 이명해 온 교인인 경우 당회 면담 후 그 다음 주에 입교회원으로 받아들인다. 회원이 된 후에도 새가족반 공부는 반드시 참석하여 수료해야 한다. 타 교단 교회에서 온 경우 이명서를 가지고 올 것을 권한다. 새가족의 믿음의 정도에 따라 대개 교회 출석 후 3-10개월 정도 지나 회원으로 받는다.

6) 기도

새벽마다 교인 한 명 한 명의 이름을 부르며 기도한다. 기도는 전도와 새가족 정착의 중요한 수단이다.

7) 설교

설교할 때 새가족들이 잘 모르는 내용은 부연 설명을 한다. 또 사소한 것들도 새가족을 위해 신경을 쓴다. 예를 들어, 설교 대지에도 "막"이라 쓰지 않고 "마가복음"이라고 쓰고 성경 쪽 수도 함께 쓴다.

8) 교회를 떠난 성도들

우리 교회에 정착한 성도들 중에 다시 떠난 이들도 있었다. 이유도 다양하다. 관계의 문제로 떠난 가정. "주일 오후 예배까지 참석하지 않으면 우리 교회 성도가 아니다."는 목사의 말 때문에 떠난 가정. 자녀를 신앙적으로 잘 양육하지 못한다고 강하게 책망했더니 떠난 가정. 그들이 떠난 후 몇 년 동안 계속 기도하다가, 목사가 마음으로는 사랑하면서도 사랑의 방법이 미숙해서 상처를 준 것임을 깨닫고 각 가정에 전화했다. "저의 미숙함으로 상처를 준 것 죄송합니다. 용서해 주시기 바랍니다." 1년 후 한 가정은 다시 돌아왔다. 목사나 교회가 가진 원칙을 기계적으로 적용하면, 그 기준에 맞지 않는 성도, 또 목사가 기대한 방법이나 속도로 성장하지 않는 성도에게 상처를 준다는 것을 지금은 알고 있다.

나가면서

새가족 전도와 정착은 나 자신과 관악교회에게 아주 부족한 영역이라고 생각한다. 그럼에도 불구하고 교회에 주님의 양들을 보내 주신 주님께 감사 드리며, 이런 은혜가 다른 교회에도 풍성하길 바란다.

이것만은 꼭!

1. 교회 근처 사람들, 단체들과 적극적인 관계를 맺어야 한다.
2. 전도의 열매가 없어 보여도 계속 전도해야 한다.
3. 여러 방법을 시도하면서 지역의 특성, 목사와 교회의 은사에 적합한 방법을 찾아야 한다.
4. 획일적으로 하지 말고, 새가족 한 명, 한 명의 특성을 잘 알고 그에 맞게 돌보아야 한다.
5. 목사는 새가족이 늘지 않는 것에 초조해 하지 말고, "나에게도 주님의 양을 맡겨 주신다."는 믿음으로 순간순간 최선을 다해야 한다.

7부
교회 개척 프로세스

1장 장로교회 교회 개척 원리

2장 교회 설립까지 행정 및 법적인 절차

3장 교회 개척에 있어서 재정의 중요성

Tip 교회 개척 오답 노트

4장 교회 개척 사례: 올곧은교회

"장로교회는 교회가 교회를 개척하는 원리이다.
개척자 개인이나, 몇몇 뜻이 맞는 신자들이
주도해야 할 일이 아니라
개체 교회가 공적으로 수행해야 할 일이다."

1장
장로교회 교회 개척 원리

들어가면서

어쩔 수 없이 교회를 개척하는 경우가 많지 않은가? 40대 중반이 지나도록 담임목사로 청빙 받지 못한 부목사들이 선택의 기로로 내몰린다. 더 이상 부목사로서 교회에서 계속 봉사할 수 없기 때문이다. 그래서 선택하는 것이 선교사이기도 하고, 교회를 개척하는 것이기도 하다. 교회를 개척하는 것은 기존 교회 목회와 상당히 다르다. 어떤 부분에서는 훨씬 더 탁월함이 요구된다. 기존 교회를 잘 목회하는 담임목사가 개척을 해도 어려운데, 어쩔 수 없이 개척하는 신출내기 목회자가 성공할 수 있을까? 이런 상황일수록 기본으로 돌아가야 한다. 그래야 그나마 성공 확률이 높아질 것이다.

1. 장로교회 개척 원리

교파별로 교회 개척 방식이 다르다. 회중교회는 교회를 개척할 때 철저하게 개체 교회가 주도권을 가진다. 개체 교회 내 선교위원회가 교회 개척 계획부터 후원까지 책임지고 추진한다. 감독교회는 지역교회의 주도권을 허락하면서도 총회 위원이나 전도위원회가 책임을 지고 교회 개척을 추진한다. 교회 정치 형태는 아니지만 최근에 인기가 있는 셀교회는 교회 내 셀(구역 모임)의 무한한 증식을 추구하지만 새로운 교회를 개척하려고 하지는 않다.

　이와 달리 장로교회는 교회가 교회를 개척하는 원리이다. 교회 개척은 개척자 개인이나, 몇몇 뜻이 맞는 신자들이 주도해야 할 일이 아니라 개체 교회가 공적으로 수행해야 할 일인 것이다. 개척 사역자나 몇몇 교인들이 기도하면서 교회 개척을 시작했다고 하더라도 그 일을 개체 교회에 알려서 빠른 시일 내에 공적으로 추진하도록 해야 한다. 교인들이 회원으로 소속된 개체 교회에 알리지도 않고 은밀하게 교회 개척을 진행하는 것은 바람직하지 않다.

　교회를 개척하려고 하는 이는 누구든지 자신이 개체 교회에 속한 회원이라는 것을 명심해야 한다. 개체 교회의 당회는 교회 회원 중에 교회를 개척하고자 하는 마음이 있다는 것을 확인했다면 되도록 신속하게 이 일에 개입해 주도해야 한다. 개인이나 몇몇 이들이 주도하도록 해서는 안 되고, 개체 교회가 공적으로 진행하는 일이 되어야 한다. 『헌법』 교회정치 제14조 1항에서는 "예배장소를 준비하고 일정한 교인들이 회집하다가 교회를 설립하고자 하면, 노회에 청원하여 허락을 받아야 한다."고 명시하고 있다. 이 조항을 먼저 교회 개척을 해서 모이다가 이후에 설립을 허락받기 위해 노회와 접촉하면 된다고 해석해서는 안 된다. 정확하게는 교회 개척 초기부터 노회와 접촉하여 지도를 받아야 한다는 의미이다. 장로교회 정치 원리가 지역교회들의 모임인 노회가 개체 교회의 문제를 협의하고 결정하는 구조를 가지고 있기 때문이다. 이 정치 원리에 따라 교회 개척을 준비할 때는 미리 노회에 보고하여 지도를 받아야 한다.

2. 개척선교회, 모교회, 노회의 역할

　한국 장로교회의 전신이라고 할 수 있는 청교도들의 교회 개척 과정을 살펴보는 것은 도움이 된다. 미 대륙에 정착한 청교도들, 특히 회중정치를 지향했던 청교도들은 다음과 같은 교회 개척 원리를 확립했다. 먼저, 교회를 시작하려고 하는 이들은 서로 만나 사적으로 서로의 영적인 상태를 점검한다. 다음으로 이들은 행정 기관과 주위 교회에 자신들이 교회를 세우고자 하는 뜻이 있으며 공식적으로 모이려고 한다는 것을 알린다. 공적인 모임이 시작되면 금식과 기도에 전념하면서 자신들의 신앙고백을 분명하게 하고 이웃 교회들의 목사들이 질문할 때 분명하게 답할 준비를 한다. 준비가 되었다고 판단하면 거룩하고 엄숙한 언약을 하는 날을 잡는데 이미 작성해 놓았던 언약을 그들의 입으로 고백하고 자신들의 손으로 서명까지 한다. 마지막으로 다른 교회의 대표자들이 그 회중과 교제의 악수를 한다. 이후 기도하고 시편 찬송으로 하나님을 찬양하고 축복을 선언한 뒤 모임을 마친다.

　그렇다면 한국 상황에서는 어떻게 진행할 수 있을까? 우선, 교회를 개척하려는 분명한 의도를 가진 이들의 모임을 '개척선교회'라고 불러보자. 한국에서는 목회자의 가정이 개척을 시작하는 경우가 많지만 교회의 지원 없이 무작정 개척하려는 것은 바람직하지 않다. 혹 교인 가정이 개척을 주도하기도 하는데 그 가정이 너무 많은 부담을 안게 된다. 서두르지 말고 개척에 동참할 수 있는 교인 가정들을 확보하는 것이 좋다. 이때 중요한 것은 다른 이들에게 어떤 '지역'에 '이런' 교회가 필요하다는 것을 분명하게 밝히면서 시작하는 것이다. 여러 개체 교회에 속한 이들이 함께 모여 개척선교회를 시작할 수도 있다. 이 경우에는 소속된 여러 교회들이 함께 논의하면서 지도하는 것이 필수적이다. 개척선교회 단계에서는 참여하는 이들의 회원권이 개척선교회에 있는 것이 아니라 그들이 소속된 교회에 있다는 것을 잊지 말아야 한다. 개척선교회가 교회 개척을 시작하면 개척을 적극적으로 지원하고 후원할 '모교회'가 나서야 한다. 개척교역자가 있다면 모교회가 그의 생활비를 지원하고, 개척에 동참할 이들을 모집해 파견하는 것은 모교회가 감당하는 것이 바람직하다. 개척선교회가 교회 개척을 준비할 때 노회는 하루라도 빨리 이 사안을 공적으로 끌어안아야 한다. 노회 내에 교회 개척을 주관하는 선교전도부가 교회 개척에 동참한 이들을 불러서 진행 내용을 확인하고, 지도하고 감독해야 한다. 교회 개척에 동참한 이들이 처음에는 대단한 열심으로 그 일을 시작했다 하더라고 어느 순간에 가서는 동력이 떨어져 교회 개척을 포기해 버릴 가능성이 많기 때문이다. 헌법에서도 말하지만 노회는 쉽게 교회 설립을 허락해서는 안 된다. 교회 설립까지 지속적으로 살펴야 한다. 교회 설립 요건이 갖추어지지도 않았는데 교회 설립을 덜컥 허락하고 그 이후에는 알아서 하라고 하며 나 몰라라 해서는 안 된다.

3. 분립 혹은 합병을 통한 개척

장로교회 교회 개척은 '교회가 교회를 개척하는 원리'로 진행되어야 하기 때문에 사실 가장 바람직한 것은 분립 개척이다. 개체 교회가 지나치게 비대할 경우 분립하여 교회를 개척하는 것이 교회에 유익하다. 2017년 고신총회는 회중 500명이 되는 교회는 분립 개척을 권장하기로 했다. 의무 사항으로까지 했으면 어땠을까 하는 아쉬움이 있다. 개척자와 그의 가정이 교회를 개척하여 수 년 동안 엄청난 고통을 겪으며 목회를 하다가 결국 교회를 폐쇄하는 경우가 많다. 이 때문에 분립 개척이야말로 교회가 안정된 상태에서 개척

되어 굳건하게 서 갈 수 있는 방법이 될 것이다. 분립 개척은 개체 교회 당회와 공동의회가 분립 개척을 하기로 결의한 뒤 노회의 허락을 받는 순으로 진행된다. 특히 부교역자를 두고 있는 교회는 분립 개척을 적극적으로 실시하는 것이 좋겠다. 개체 교회에서는 부교역자가 5년 이상 사역하고 나면 그 교역자와 함께 교회를 개척할 가정들을 모아서 분립 개척을 진행하는 것이다. 분명히 교회 분립이 쉽지는 않다. 하지만 교인들끼리 서로 친밀하게 교제하고 돌아보기에 적당한 교회 규모로 분립한다면 교인들에게도 크게 유익할 것이다.

교회가 개척된 지 수 년이 지나도 적당한 수의 직분자를 세울 수 없는 상황, 즉 교회로서 제대로 설 수 있는 상황이 아니라면 무겁지만 교회 폐쇄를 고민해야 한다. 목사 자신도, 노회에서도 교회를 폐쇄하자는 말을 하기가 쉽지 않은데 과감하게 결정할 필요가 있다. 폐쇄를 앞두고 있는 교회의 경우 노회에 속한 교회들로 교인들을 파송하는 등 그 교회를 살리는 길을 찾아야 할 것이다. 약한 교회들을 합병하는 것이 좋은 대안이 될 수도 있다.

4. 교회 개척의 종료

교회 개척이 종료되는 시점은 언제일까? 『헌법』 교회정치 제14조에 의하면 장년교인 20명이 되면 노회의 허락을 받아 설립 예배를 드림으로 법적으로 개척이 종료되고 비로소 설립 교회가 된다. 이때부터는 개척 교회라는 말을 쓸 필요가 없다. 그러나 교회 설립을 허락 받고 설립 예배를 드렸다고 해서 끝난 것이 아니다. 교회가 성장하고 교인들이 늘고 재정적으로 자립한다고 해서도 완전한 교회가 된 것이 아니다.

장로교회는 장로회, 즉 당회가 조직되어야 비로소 조직교회가 되고 완전한 교회가 된다. 목사 없이 교인들 주도로 개척이 진행되면 먼저 목사를 청빙해야 한다. 장로가 함께 동참하면 좋지만 그렇지 않은 경우에는 최대한 서둘러 장로를 세워야 한다. 보통 개척한 뒤 서리집사를 먼저 세워 일을 맡기는데, 장로교회에서는 장로를 세워 당회 조직을 목표로 해야 한다. 장로 2인 이상이 있을 때 완전당회가 되고 1인이 있을 경우 준당회이다.

현실에서는 장로를 세우는 것이 무척 어렵다. 어떤 경우에는 장로를 세우는 데 10년, 20년이 걸릴 수도 있다. 만일 목사가 장로는 목회에 짐이 되고 장애물로 여겨 장로를 세우지 않는 것이라면 그 생각을 바꾸어 장로를 속히 세워야 한다. 하지만 장로로 선출될 교인이 없어서 세우지 못할 수도 있다. 직분자를 선물로 주시는 주님께 직분자를 세워주시길 간구해야 한다. 이런 점에서 장로를 함께 파송해 교회를 세우는 분립 개척은 아주 유익하다.

나가면서

어려운 상황일수록 기본 원리에 충실해야 한다. 원리 대신 편법이 섞이기 시작하면 교회가 튼튼히 건설되기보다는 부실하게 세워질 것이다. 장로교회의 개척 종료는 많은 교인 수도, 충분한 재정으로 이루어지지 않는다. 완전 당회가 조직될 때 비로소 장로교회로 세워지는 것이다. 교인이 많아지는 것도 중요하겠지만, 한 명이라도 좋은 장로를 세우는 것이야말로 장로교회요, 굳이 말하자면 성공한 목회인 것이다. 다른 것을 부러워할 필요가 없다.

Check!

1. 나는 장로교회 개척 원리를 알고 있는가?
   - 나는 홀로 교회를 개척하려고 하지는 않는가?
2. 나는 개척선교회, 모교회, 노회의 역할을 알고 있는가?
   - 개척을 원하는 이들을 어떻게 찾을 수 있는가?
   - 개척 멤버들이 있는 모교회의 역할은 무엇인가?
   - 교회를 개척할 때 노회는 언제부터 관여해야 하는가?
3. 나는 분립이나 합병에 의한 개척 사례를 알고 있는가?
4. 나는 교회 개척이 언제 종료되는지를 알고 있는가?
   - 교회 설립 청원을 어떻게 하는지 알고 있는가?
   - 처음부터 장로, 집사를 포함한 직분자를 세우는 방법은 없는가?

"교회 설립 요건은
첫째, 장년 교인이 20명 이상이어야 한다.
둘째, 개척 교회가 위치한 지역에 있는
노회의 허락을 받아야 한다."

2장
교회 설립까지 행정 및 법적인 절차

들어가면서

교회를 개척하거나 교회를 설립하고자 할 때 밟아야 할 행정적인 절차나 법적인 절차가 있다. 행정과 법을 위한 용어이다 보니 익숙하지 않다. 알면 피가 되고 살이 되지만 모르면 자기는 물론이거니와 주변 사람들도 괴롭힐 수 있으니 잘 숙지하는 것이 좋다.

1. 간단한 개념 정리: 개체 교회와 기도소

보통 우리는 개체 교회니 기도소니 이런 말을 하지 않는다. 아니 굳이 이런 말을 일상에서는 사용할 필요가 없다. 그러나 시찰회나 노회, 총회와 관련하여 행정적인 지위나 법적인 절차를 말할 때는 이런 용어를 사용하기 때문에, 비록 어색한 느낌이 들더라도 이런 용어에 익숙해지는 것이 좋다. 우선 "개체 교회"와 "기도소"를 구별하자.

여기서 "개체 교회"는 '지역교회,' '교회'와 같은 뜻이다. 예배 장소가 준비되고 일정한 교인들이 모여 예배하다가 이제 정식으로 (개체) 교회를 설립하려고 하면 다음 두 가지 요건이 충족되어야 한다(교회정치 제14조): 첫째, 개체 교회 설립에 필요한 교인들의 수로 장년 교인(원입, 학습, 세례에 상관없이

만 14세 이상)이 20명 이상이어야 한다. 둘째, 개척 교회가 위치한 지역에 있는 노회의 허락을 받아야 한다.

즉, 교회정치에서 규정하는 "개체 교회"는 첫째, 만 14세 이상 교인이 20명 이상 회집해야 하며 둘째, 지역 노회로부터 설립 허락을 받은 교회이다.

2. 기도소

1) 기도소란?

개체 교회로서 갖추어야 할 두 가지 요건을 충족시키지 못한 교회는 모두 행정적으로나 법적으로는 "기도소"이다. 즉, "기도소"는 노회로부터 교회 설립을 정식으로 허락받기 전까지 모이는 그리스도인들의 회집을 가리키는 명칭이라 할 수 있다. 교회 설립 이전까지 개척 교회의 행정적 지위, 법적인 지위는 "기도소"임을 명심하자(교회정치 제19조 제1항). 물론 일상에서는 기도소라 부르지 않고 '교회'라고 부른다. 적은 인원이라도 주의 이름으로 모인 곳에는 주님이 함께 계시기에 '교회'로 부를 수 있다. 『헌법』은 기도소를 다음과 같이 간접적으로 언급하고 있다(교회정치 제19조 제1항):

> "개체 교회가 설립 허락을 받은 후, 장년 교인 수가 20인 미만의 상태로 2년이 경과되면 노회의 결의에 따라 기도소로 변경할 수 있고, 교회 설립의 여건이 회복되면 교회설립청원 수속을 받아야 한다."

통상적으로 교회라 부르지만 엄격하게 말하면 노회의 허락으로 교회가 설립되기 전까지는 "기도소"라고 부르는 것이 행정적으로나 법적으로 볼 때 옳다. 그러니 장로교회 정치 원리와 교회 질서를 존중해서 "기도소"라 부르는 것을 기분 나쁘게 생각할 필요는 없다.

2) 기도소 설립과 치리

이 말은 '교회 개척은 누가 하는가?'라는 질문과 같다. 세 가지 경우를 생각할 수 있다: 첫째, 개체 교회의 당회가 주체가 될 수 있다. 둘째, 노회가 주체가 될 수 있다. 그래서 노회 전도부나 선교부를 통해, 그리고 노회가 파송한 전도목사를 통해서 할 수 있다. 셋째, 개체 교회의 당회나 노회와 상관없이 교인들이나 목사가 주체가 될 수 있다. 이 경우가 가장 일반적일 것이다. 그렇다면 기도소의 행정과 치리(관리)는 누가 담당할까? 경우에 따라 다르다. 먼저 첫째 둘째 경우를 살펴보자. 셋째 경우는 조금 뒤에 살펴보겠다.

첫째, 개체 교회의 당회가 개척한 경우이다. 교회 설립 이전까지 그 교회(당회)의 치리를 받는다. 비록 노회가 다른 지역에서 개척된 기도소이더라도 개척을 주관한 교회의 치리를 받는다. 이 말은 행정이나 법적으로, 그리고 영적인 일에서도 모두 그 교회의 치리를 받는다는 뜻이다. 그러나 설립 허락은 개척 교회(기도소)가 위치한 지역의 노회에 청원해야 한다는 것을 명심해야 한다. 그리고 교회 설립을 허락 받은 후부터는 그 노회의 치리를 받는다. 예를 들어 경남 지역에 속한 한 교회가 강원도 지역에 개척을 했다. 그렇다면 설립 이전까지는 그 개척 교회(기도소)의 치리는 개척한 경남 지역의 교회가 한다. 대신 모이는 인원이 20명이 넘어 설립을 하고자 할 때는 경남노회가 아니라 강원노회에 설립 청원을 해야 한다. 강원노회가 교회 설립을 허락해서 교회를 설립했다면 그 후부터는 강원노회의 치리를 받는다.

둘째, 노회가 개척한 경우이다. 설립 이전까지는 개척한 노회의 관리를 받는다. 아마도 주관하는 지역 내에 개척하겠지만 만일 다른 지역에 개척했다면 주의해야 한다. 교회 설립은 당연히 개척 교회(기도소)가 위치한 지역의 노회에 청원을 하고 허락을 받아야 한다. 그리고 설립 이후에는 개척한 노회가 아니라 설립을 허락한 노회의 치리를 받아야 한다. 노회가 개척하더라도 주관하는 지역이 다르다면 개척한 노회와 설립을 허락하는 노회가 다를 수 있다는 점을 기억해야 한다. 예를 들어 경남노회 전도부가 주도하여 강원도 지역에 개척을 했다. 그 개척 교회(기도소)는 설립 이전까지는 개척한 경남노회의 치리 아래에 있다. 그러나 설립을 할 때는 경남노회가 아니라 개척 교회(기도소)가 속한 강원노회의 허락을 받아야 하며, 설립 이후에는 강원노회의 치리를 받는다. 경남노회는 자기 노회가 개척하였으나 설립한 이후에는 그 교회를 치리할 수 없다.

3. 교회 설립 전체 과정

1) 교회 설립 목적

개척을 준비하면서 끊임없이 물었을 질문이다. '교회를 설립하는 목적이 무엇인가?' 여러 가지가 가능하겠지만 『헌법』 교회정치 제11조와 제12조가 이를 밝히고 있다.

첫째, 예배가 개체 교회로 회집하는 가장 첫째 목적이다. 이때 예배는 주일 공예배를 가리킨다. 교회는 예수 그리스도의 공로로 구원 받은 그리스도인들이 모여 하나님 앞에서 예배하는 공동체이기 때문이다. 이런 교회의 정통성은 하나님의 말씀이 정확하게 선포되고 성례를 올바르게 집행하며, 권징을 정당히 시행함으로써 정통성을 유지해야 한다(예배지침 제1조).

둘째, 경건한(성결한 혹은 거룩한) 생활이다. 『교회정치 문답조례』 34문답은 교회 설립의 주된 목적을 공예배와 거룩한 생활 두 가지를 말한다. 예배는 하나님께 기도와 찬양을 드리고 하나님으로부터 교훈을 받는 것을 말하며, 거룩한 생활은 받은 하나님의 말씀을 적용해 서로 동정하며 돕고 사는 생활을 가리킨다고 한다.*

셋째, 연합이다. 믿음 안에서 서로 연합을 이루어 하나인 교회를 유지하기 위함이다. 지체로서 서로를 섬겨 그리스도의 몸을 세우기 위함이다.

넷째, 예수 그리스도의 나라가 확장되는 것이다. 결국 교회가 세워지는 것을 통해 예수 그리스도의 나라가 이 땅에 확장된다.

2) 교회 설립 요건

앞에서 간략히 교회 설립 요건을 살펴보았는데 여기서 조금 더 자세히 살펴보자.

먼저, 20명 이상의 장년 교인이 있어야 한다. 예수를 믿는다고 고백하는 모든 자들과 그 언약의 자녀들이 합심하여 모이더라도 법적으로는 만 14세 이상 장년들이 있어야 설립할 수 있다. 여기서 장년 교인은 세례교인이 아니라도 괜찮다. 원입인이나 학습인이 되어도 괜찮다. 장년의 기준이 애매할 수 있는데, 제67회 총회(2017년)는 장년 교인의 연령 기준을 학습과 세례 문답을 받을 수 있는 연령에 해당하는 만 14세로 해석하였다.

둘째, 일정한 장소가 준비되어야 한다. 기도소로 있을 때는 장소가 일정하

---

* 교회정치 제11조, 제12조에서 교회 설립의 목적을 '성결하게 생활하고,' '성실하게 생활하고'라고 되어 있는데 모두 '교회정치 문답 조례'(1884년)에서 나온 것이다. 본래는 '경건한 생활'(혹은 '거룩한 생활'; godly living)로 되어 있다(33-34문답). 1922년판 교회정치 제2장 제4조는 이를 '성결하게 생활하고'로 번역했고 이후 예장 통합과 예장 합동 측이 이 번역을 지금까지 고수하고 있다. 고신교회는 1957년 교회정치에서부터 현재 번역을 사용하고 있다. 그러나 '성실한 생활'은 오역으로 보인다.

지 않을 수 있으나 교회 설립을 위해서는 장소를 마련해야 한다.

셋째, 교인들이 교회정치와 교리에 복종하는 서약을 해야 한다(교회정치 제12조,『교회정치 문답조례』제41문답). 위에서 말한 교회 설립의 목적을 이루기 위해 반드시 거쳐야 하는 과정이다.『교회정치 문답조례』제41문답은 교회 설립을 위한 청원이 노회에 들어왔을 때 노회는 위원을 구성하여 그곳에 파송하여 교인들로 이를 서약하도록 해야 한다고 하였다: "입회한 사람은 공적으로 기립하여 손을 들거나 기록된 문서에 날인하거나 장로교회 정치와 교리에 따라 교회 관계를 지속할 것을 동의하며 서약해야 한다."

넷째, 성경과 헌법에 교훈한 대로 공동예배로 회집해야 한다(교회정치 제12조).

3) 교회 설립 절차

이상의 요건을 갖추었을 때 교회 설립을 위한 절차를 밟아야 한다. 총회가 정한 서식과 다음 사항을 구비해 해당 노회에 청원한다. 노회 청원은 즉시 노회로 하는 것이 아니라 지역 시찰회를 경유해 노회로 올라간다. 사전에 노회와 연락이 닿았으면 시찰회로 쉽게 연락할 수 있지만, 사전에 아무런 정보가 없다면 해당 노회를 통해 시찰회 연락처를 받아야 한다. 통상적으로 노회 서기에게 연락하면 된다. 연락처는 매년 발행하는 교단 주소록을 확인하거나 총회 사무실(02-592-0433)로 연락하면 알 수 있다. 노회 서기에게 교회 설립의 뜻을 밝히고 절차를 상세하게 안내 받으면 된다. 이어서 시찰장이나 시찰회 서기에게 연락해 관련 서류를 전달하면 된다.

구비해야 할 서식과 총회가 정한 서식은 다음과 같다.

① 설립(혹은 분립) 교회의 명칭과 소재지

② 설립(혹은 분립) 일자

③ 교인들이 서명 날인한 명단

④ 장년 교인 수와 가정 수

④ 어린이, 청소년 등 장년 이외 교인 수

⑤ 예배당 상황(대지와 교회당 평수 및 계약서 또는 권리증 사본 등)

⑥ 교회의 재정 상황

⑦ 부근 교회와의 거리. 물론 이때 부근 교회는 고신교회를 가리킨다.

　(*부근 교회와 직선거리 300미터 이상 유지 - 헌법적 규칙 제3장 제2조).

⑧ 지역사회 환경의 현황(호구 수, 문화와 생활 정도 등)

관련 서식은 총회 홈페이지(www.kosin.org) 행정지원실 ⇨ 자료실 ⇨ 총회 표준문서 양식 파일을 다운로드 받으면 된다.

4) 노회 허락

장로교회 정치 원리에 따라 교회를 설립하는 권한은 오직 노회에게 있다. 개체 교회의 당회가 파송한 총대들에게 위임한 권위에 근거하여 노회는 그리스도의 권위를 가지고 노회 구역 내에 있는 개체 교회, 당회, 목사 및 교역자, 소속 기관 및 단체를 다스리고 돌보며 살피는 것을 그 직무로 하기 때문이다(교회정치 제132조 참고).

여기서 또 질문이 생길 수 있다. '굳이 노회가 왜 필요한가?' 이에 대해 교회정치 제126조가 잘 설명하고 있다.

"그리스도의 몸된 교회가 나뉘어 여러 개체 교회가 되었으므로 서로 협력하므로써 교리의 순결과 온전함을 보전하여 신앙을 증진시키고 교회행정과 권징을 동일하게 하며, 배교와 부도덕을 방지하며, 교회의 전반적인 사항과 목사의 제반 신앙문제의 처리를 위해 상회로서 노회를 설치한다."

5) 목사 없는 교회 설립

사역하는 목사 없이 교인들이 노회에 교회 설립을 청원한 경우 어떻게 해야 할까? 이런 교회를 가리켜서 궐위(闕位)교회라고 부른다. 비록 교회는 설립되었지만 아직 완전한 조직교회가 세워졌다고 할 수 없다. 하나님의 말씀이 목사를 통해 선포되지 않고 성례가 집행되지 않는데, 이는 항존 직무와 교회의 표지를 제대로 갖추지 못하고 있는 것과 같다. 이때 노회는 즉시 설교자 혹은 목사를 파송하여 교회를 돌아보아야 한다.

6) 당회 없이 설립 요청을 할 때

치리장로가 없어서 당회를 구성하지 못한 채 노회의 허락을 받아 설립한 교회일 경우 어떻게 해야 할까? 이런 교회를 가리켜서 미조직(未組職)교회라고 부른다. 교회가 설립되었지만 당회가 구성되지 못해 그리스도의 치리와 권징이 시행되지 않기 때문이다. 온전한 조직교회가 설립되었다고 할 수 없다. 이때 노회는 당회장을 파송하여 설립된 교회가 속히 치리장로를 세워서 당회를 구성하고 조직교회의 면모를 갖추어 교인들을 돌아볼 수 있도록 해야 한다.

나가면서

법적인 절차를 번거롭고 거추장스러운 것으로 여겨서는 안 된다. 교회 건설은 원리와 법적 절차에 따라 질서 있게 이루어진다는 것을 늘 기억해야 한다. 처음에 말한 것처럼 이런 절차를 알지 못할 경우 목사는 허둥지둥하게 되고, 이런 모습이 교인들에게 비춰진다면 목사는 신뢰를 잃을 가능성이 있다. 그러니 익숙하지 않더라도 교회정치와 행정적 법적 절차에 관심을 기울이고 능숙해져야 할 것이다.

이것만은 꼭!

1. 개체 교회: 만14세 이상 교인 20명 이상 회집하고 지역 노회에서 설립 허락을 받은 교회
2. 기도소 설립 주체: 특정 교회(당회), 특정 노회(전도부 등)와 파송된 전도목사, 교역자와 교인
3. 기도소 치리: 교회 설립까지는 설립 주체가 관리하나, 설립 이후는 관할 지역 노회가 한다.
4. 개체 교회 설립 절차
   설립 요건(특히 만 14세 이상 교인 20명) 충족 ⇨ 총회 서식 구비 ⇨ 관할 지역 노회 시찰회에 제출 ⇨ 시찰회를 경유해 노회 제출 ⇨ 관할 지역 노회 허락 ⇨ 설립 예배

서식청원 예 : 교회설립청원(목사)

○○교회(가칭)

수 신 노회장
(경유)
제 목 교회설립허락 청원

교 역 자 :
교회명(가칭):
교 회 주 소 :
소 속 시 찰 :

주님의 은혜와 평강을 기원합니다.
본인은 교회를 설립하고자 서류를 구비하여 청원하오니 허락하여 주시기 바랍니다.

붙임서류 1. 설립 대표자 이력서 2부
          2. 설립 교회 현황표 2부
          3. 교회 설립에 필요한 의견서 2부
          4. 교인들이 서명 날인한 명단 1부. 끝.

                                    교회
              설립자 대표 목사   ㊞
              (경유) 시찰장 목사   ㊞

시 행 문서번호/   시행일자/   접수일자/
담당자   전화/   FAX/
주 소 (-   )   이메일/

서식청원 예 : 교회 분립(합병) 청원

○○교회(가칭)

수 신 노회장
(경유) 시찰장
제 목 교회설립허락 청원

주님의 은혜와 평강을 기원합니다.
본 교회에서는 교회를 분립(합병)하고자 교회정치 제16조에 의하여 청원하오니 허락하여 주시기 바랍니다.

1. 교회 현황보고(양식)

		분립전(합병후)교회	제1교회	제2교회
교회명				
주 소				
부동산	소유형태			
	대 지(㎡)			
	연건평(㎡)			
동 산				
교 인	원입(남, 여)			
	세례(남, 여)			
	학생(남, 여)			
	계(남, 여)			
교역자	성 명			
	직 명			
	현 시무처			

* 소유형태 난에는 본 교회 소유인지, 유지재단에 편입된 것인지를 기재함.
* 학생은 유치부부터 중고등부가지로 세례교인일지라도 학생이면 이 범주에 포함함.

2. 분립(합병) 경위 :

붙임서류 1. 교인서명부
         2. 분립(합병)결의서
         3. 당회록과 공동의회록 사본
         4. 토지, 건물 등기부등본 1통
         5. 임대차 계약서. 끝.

분립(합병)청원 교회 대표 ○○○ ㊞

시 행 문서번호/   시행일자/   접수일자/
담당자   전화/   FAX/
주 소 (-   )   이메일/

예시: 설립교회 현황표

1. 설립 교회의 명칭 : 매뉴얼교회
2. 설립일(예정): 20--년 --월 --일
3. 교인 명단

    *별첨 확인.

4-5. 장년 신자 수와 가정 수

    (1) 장년 신자: 20명(세례교인 17명, 원입인 3명)

    (2) 가정 수: 5 가정. (3) 어린이: 8명

6. 예배당 상황

    (1) 예배당 전용 면적: 50평(161㎡).

    (2) 임대 전세: -,--- 만원. 임대 월세 : --- 만원.

    (3) 부속건물: 없음.

      *권리증 사본 별첨 확인.

7. 교회의 재정 상황

    (1) 수입: 월 400만원(헌금, 후원). (2) 지출: 월 400만원(사례비, 임대비 등).

    (3) 후원교회 상황: --제일교회, --중앙교회, --삼일교회, --교회, ---교회,

    그 외 개인 후원 OO명.

    (4) 사택 형편: 목사 자가 전세 주택.

8. 주변 우리교단 교회와의 거리

    가장 근거리 교회는 2.5km 떨어진 곳에 위치한 oo노회 ----교회가 있습니다.

9. 지역사회 환경의 현황

    호구 수: 약 20,000명. 지난해보다 2,000명 가량 증가. 평균 연령 43세.

    문화 생활: 최근 공업 단지가 들어서면서 관련 시설들이 구비되고 있습니다.

    앞으로 전망: 인근에 아파트 단지(400세대)가 들어서기로 예정되어 있습니다.

예시: 교회 설립 의견서

매뉴얼교회(가칭)는 OO년 OO월부터 교역자인 김건설 목사 자택에서 회집하기 시작하였습니다. 교역자 가정과 한 가정으로 시작한 이래로 점차 회집 인원이 많아지면서 OOO 지역에 예배 처소를 임대하였습니다. 지난 2000년 정기 봄 노회에서 교회 개척 설립허락을 받은 바 있습니다.

  매뉴얼교회(가칭) 교인들은 성경을 정확 무오한 하나님의 말씀으로 믿으며, 삼위일체 하나님에 대한 바른 신앙고백 위에 장로교 정치제도를 따르기로 서약하였습니다. 무엇보다도 하나님 중심, 성경 중심, 교회 중심의 신앙생활을 고수하면서 세상에 복음을 전파하는 사명을 감당하고자 합니다. 또한 교인들이 성령 안에서 함께 기도하면서 자녀들을 신앙고백적인 삶을 살아가도록 양육하고 있습니다.

  최근 매뉴얼교회 교인수가 증가하여 교단헌법 제14조 개체교회의 설립에서 정하는 바 설립 기준인 장년 교인 20인 이상 기준을 충족하게 되어, 개체 교회 설립에 필요한 서류를 구비하여 교회 설립을 청원하오니 허락하여 주시기 바랍니다.

2000년 OO월 OO일

매뉴얼교회(가칭) 교역자
김건설 목사 ㊞

"물론 교회는 돈으로 세워지진 않지만,
돈 없이 세워지지도 않는다.
교회 건설을 위해 재정 계획은 필수이다."

3장
교회 개척에 있어서 재정의 중요성

들어가면서

교회 개척을 준비하는 목회자는 대개 스스로 이렇게 생각한다. "하나님께서 다 채워 주실 거다." 주변에서도 그렇게 말한다. 이 말은 사실이기는 하지만, 스스로를 향한 격려이며, 마땅히 해 줄 말이 없는 이에게 건네는 위로다. 다시 말해 입 발린 소리이다. 그럼에도 불구하고 목회자는 이 말만 믿는다.

하지만 개척은 현실이다. 뜬구름 잡듯 허황된 생각을 하는 건 본인과 가정, 교회에 엄청난 위험 요소다. 물론 교회는 돈으로 세워지진 않지만, 돈 없이 세워지지도 않는다. 재정은 교회 개척에 있어서 기본이다. 개척을 계획하면서 재정을 제외해선 안 된다. 필수 고려 사항이다. 재정을 고려하지 않은 교회 개척은 몇 년 안 가서 큰 어려움에 봉착하게 될 것이다. 이 어려움을 극복하지 못하고 개척을 포기하게 될 수도 있다. 교회 건설을 위해 재정 계획은 필수이다.

1. 교회 개척을 위해 필요한 재정

교회 개척 시 고려해야 할 재정 사항은 다양하다. 목돈이 필요하고, 매달 들어오는 돈도 필요하다. 목회자의 주택, 목회자 생활비, 교회당 월세, 그 밖의 교회 경상비 등도 고려 사항이다. 목회자의 주택 없이 개척할 수 없고, 목회자의 생활비가 매월 적절하게 채워질 것이 예상되지 않고 개척할 수 없다. 예배를 드리려면 장소도 필요하고, 장소를 마련하려면 그에 대한 비용도 필요하다. 목회자도 사람이기에 매월 지출해야 할 생활비가 있다. 개척 교회 목회자라고 해서 마트나 점포에서 할인해 주지도 않는다. 이 모든 건 현실이다. 그렇기에 절대로 무시해선 안 된다. 돈으로 모든 일을 할 수 있다고 생각해서도 안 되지만, 돈 없이 할 수 있다고 생각해도 안 된다.

1) 재정을 무시했을 경우

재정이라는 현실을 무시하면 큰 어려움에 봉착하기 마련이다. 재정의 어려움은 목회자 개인만 아니라 가족들, 특히 자녀들에게 큰 영향을 끼친다. 가난은 어느 정도 견딜 수 있지만 기근이 닥치면 심각하다. 끼니를 염려해야 할 지경에 이를 수도 있음을 명심해야 한다. 요즘 같은 시대에 뭐 그런 일이 있을까 생각하기 쉽지만, 그럼에도 있다.

재정의 어려움은 목회자 가족만 아니라 교회에도 영향을 미친다. 그러므로 가볍게 생각해선 안 된다. 재정은 현실이다.

2) 경제관념이 약한 목회자들

그럼에도 불구하고 대부분의 목회자들은 경제관념이 약하다. 안 그래도 약한 경제관념 때문에 개척 이후 큰 어려움에 빠지기도 한다. 현실에 대한 직시가 필요하다.

가장 중요한 건 주택 비용이다. 목회자들은 주로 교회에서 제공해주는 사택에서 살다 보니 집값에 대한 이해가 없다. 하지만 개척 이후 집값 문제는 생활에서 가장 본질적인 문제다. 하루가 다르게 오르는 전월세 비용 등을 고려해야 한다. 한국 사회에서 부동산이 차지하는 비중을 생각한다면, 절대로 가볍게 생각해서는 안 된다.

2. 장기적인 재정 계획

개척하는 목회자가 흔히 하는 두 가지 착각이 있다. 첫째는 내가 개척하면 교인들이 구름 떼처럼 몰려들 것이라는 착각이다. 둘째는 내가 개척하면 너도나도 도와줄 것이라는 착각이다. 둘 다 그야말로 착각이다.

분립 개척의 경우 예외겠지만, 목회자와 소수의 교인들로만 시작하는 개척인 경우는 재정에 대한 장기적인 계획을 세워야 한다. 짧게는 3년, 길게는 5년에서 10년 정도의 장기적인 계획을 세워야 한다. 헌금 액수는 어느 정도 될지, 어떻게 후원을 확보할지 등등 고려해야 한다. 생각보다 후원처를 모집하지 못할 경우에는 어떻게 할지 다양한 계획이 있어야 한다. 개체 교회가 하는 개척 교회 후원은 보통 3년 혹은 5년 단위로 끊어진다는 사실을 잊지 말아야 한다. 또한 그 3년과 5년 안에 재정 자립하기란 하늘의 별따기만큼 어렵다는 현실도 무시해선 안 된다.

하나님의 간섭하실 자리를 지나치게 제한하는 것도 조심해야 하지만, '하나님께서 다 채워주시겠지.'하는 막연한 낙관은 더 위험하다. 개척하고 매년 일정하게 교인이 늘어난다는 확실한 보장만 있다면야 걱정할 것도 없지만, 사실상 그렇지 않다. 몇몇 개척 성공담이 자기 이야기가 될 것인 양 생각하는 것을 조심해야 한다. 몇몇 성공 사례에 불과할 뿐이다. 지금도 여전히 상당수의 교회가 미자립 상태라는 사실을 잊지 말아야 한다. 재정과 관련해 몇 가지 현실적인 사항을 구체적으로 말해 보겠다.

1) 처음부터 빚내면 안 된다

처음부터 빚내서 시작하는 개척은 조심해야 한다. 개척 이후 3-5년이 지나면 그때부터 빚내야 할 일은 더 많이 생긴다. 물가도 오르고, 전세, 월세, 모든 게 다 오른다. 그런데 후원은 줄어든다. 교인 수나 헌금액도 제자리걸음일 가능성이 높다. 처음에는 어렵다가 점점 나아지는 경우도 있지만, 오히려 처음에는 여유 있다가 점점 어려워지는 경우가 더 많다. 그렇기에 처음부터 빚으로 시작해선 안 된다.

이미 빚으로 시작했다면 더 이상 빚내는 것도 어렵다. 적자는 그 기간이 길어질 때 메우기가 점점 더 어려워진다. 예컨대, 4인 가족이 최대한 아껴서 쓸 수 있는 생활비가 300만원이라고 가정할 때, 270만원의 생활비가 주어진다면 첫 달은 30만원이 부족하다. 그렇게 계속 30만원씩 모자라면 시간이 흐른 만큼 금액은 점점 증가한다. 1년이면 360만원이 모자라다. 나중에 생활비가 300만원으로 채워지더라도 쌓인 빚은 갚을 길이 없다. 생활비가 400, 500만원이 되어야 갚을 수 있는데, 목회자 수입의 특성상 쌓여가는 적자를 회복하는 것은 쉽지 않다. 미자립 기간이 길어질수록 감당할 수 있는 범위를 벗어나게 된다.

그렇기에 처음부터 빚내서 시작하면 안 된다. 교회 개척은 아파트 값 오를 걸 예상하고 대출을 받아 아파트를 구입하는 것과는 다르다. 목사와 소수의 교인들로 시작하는 상황이라면 절대로 빚으로 시작해선 안 된다.

여유 자금을 어느 정도 확보하라. 그러나 여유 자금을 자랑하고 신뢰하지는 말라. 그 여유 자금조차 시간이 쏜살 같이 흘러가듯이 급격히 줄어들기 때문이다.

2) 후원은 어떻게 모을 것인가?

개척 교회가 서기 위해 후원은 중요하다. 후원은 교회나 개인을 통해 받는다. 후원 모집을 위해서는 평소 지역교회의 목회자들과 가까운 관계를 유지하는 것이 필요하다. 전혀 모르는 교회가 도와주기보다는 평소 가까운 교회에서 돕는 경우가 많다. 노회는 가을노회 시에 재정 청원을 하면 후원을 받을 수 있다. 형편에 따라 다르겠지만 대체로 교회는 선교비 명목으로 십만 원에서 오만 원가량 후원해 준다. 노회 역시 형편에 따라 다르지만 대개 20만 원에서 10만 원정도 후원해 준다. 기대보다 금액이 적을 것이다. 고신교회 안에도 후원하는 교회보다 후원받는 교회가 더 많다. 자립교회의 숫자가 미자립 교회의 숫자에 비해 많지 않다는 것이다. 따라서 주변으로부터 많은 후원을 받을 것으로 기대해서는 안 된다.

3) 이중직에 대해

목회자의 생활비가 적절히 채워지지 않을 때는 이중직도 고려할 만하다. 단, 장기적으로 해선 안 된다. 주지하다시피 목회는 다른 일과 겸하여 할 수 있을 만큼 여유롭지 않다. 대신 짧은 기간 아르바이트 정도는 할 수 있은데, 목회에 방해가 되지 않게 해야 한다. 무리하다가 둘 다 잃을 수 있다.

개척에 전념하고자 개척 초기에 목회자의 아내가 일을 쉽게 그만두는 것도 조심해야 한다. 언제든지 다시 돌아갈 수 있는 직업이라면 모르겠지만, 한 번 그만 두면 다시 돌아갈 수 없는 정규직의 경우, 안정이 보장된 직업을 그만두는 것이 그 순간에는 과감한 결정이고, 신앙적인 행동처럼 비쳐질 수 있지만 장기적으로는 순간의 실수가 될 수 있다. 목회자와 그 아내가 함께 전도 활동에 매진하기 위해 과감히 일을 그만 두는 경우도 있는데, 하루 종일 전도할 게 아니라면 그런 시도는 조심하는 게 나을 것이다. 잠시 휴직을 한다든지 할 수 있겠으나, 그렇지 않다면 만일의 경제적 어려움을 대비하는 것이 좋다. 신중하게 생각한 뒤에 그만두어도 늦지 않다.

4) 예배당

개척 초기 가장 큰 지출은 목회자 생활비와 예배당 유지비이다. 예배당을 얻을 때는 신중해야 한다. 개척 초기 전체 교인이 10명도 안 되는데 100명이 모이는 공간을 임대하는 건 지혜롭지 못하다. 100명 자리에 10명 정도 모여 있으면, 텅 빈 느낌이다. 새로 온 사람에게 텅 빈 예배당은 어색하다. 더 큰 문제는 그에 대한 재정 지출이다. 헌금도 후원도 늘지 않는데, 예배당 임대료는 꼬박꼬박 내야 한다. 그게 다 감당하기 어려운 부담이 된다. 100명 예배당은 나중에 70명 쯤 되었을 때 얻어도 늦지 않다.

예배당에 지나치게 집착하는 것도 문제지만, 예배당은 전혀 중요하지 않다는 생각도 바람직하지 않다. 사람은 공간의 지배를 받는다. 공간은 절대로 무시할 수 없다. 개척 초기부터 화려하고 넓은 공간은 필요 없지만 적절한 공간이 필요하다. 예배를 드릴 만한 분위기가 필요하다. 누구든지 편하게 올 수 있는 장소가 필요하다. 개척 초기에 몇 사람 없다고 집에서 예배드린다든지 하는 건, 오늘날에는 현실성이 떨어진다. 친척이나 친구 집도 잘 방문하지 않는 시대에 집에서 모이는 교회에 낯선 이가 방문하기란 거의 불가능하다. 주일만 사용할 수 있는 외부 공간을 저렴하게 얻든지 하는 게 좋다.

5) 교회 재산과 목회자 재산을 분명히 구분하라

개척 교회들 중 교회 재산과 목회자 개인 재산의 경계가 모호한 경우가 간혹 있다. 하지만 처음부터 교회 재산과 목회자의 재산을 분명히 구분해야 한다. 초기부터 세무서에서 고유번호증을 발급받아 교회 통장을 개설하고, 헌금과 후원 수입은 교회 통장에 입금하도록 해야 한다. 교회에 사용된 비용은 교회 통장에서 지출해야 한다. 목회자의 생활비는 목회자 통장으로 지급한 뒤, 그 통장에서 지출해야 한다. 이렇게 교회 재산과 목회자 재산을 명백히 구분해야 한다. 특히 주택의 경우 목회자 소유인지 교회 소유인지 명확히 해야 한다.

처음부터 명확하게 하지 않으면 나중에 큰 문제가 되고 시험거리가 될 수 있다. 개척 이후 교회가 어느 정도 성장하게 되면 욕심이 생길 수밖에 없다. 이른바 본전 생각이다. 혹시나 개척 시에 목회자의 돈이 많이 투입되었다고 하더라도 그게 헌금이라면 교회 재산으로 분명히 해야 한다. 그렇지 않다면 개인 재산으로 구분해 두어야 한다.

교인이 단 1명이라도 교회 재정은 투명하게 사용해야 한다. 재정으로 인해 교회가 시험에 들면 안 된다.

6) 재정과 어려움

개척 교회에 다닌다고 해서 교인들이 헌금을 더 하지 않는다. 혹자들은 개척 교회 다니면 힘들다고 생각하지만, 교인들이 힘든 건 아니다. 개척 교회 교인이라고 해서 십일조가 아닌 십의 이조를 하는 건 아니다. 그렇기에 재정의 어려움은 상당 부분 목회자가 감당해야 할 몫이다. 개척 목회자는 이에 대한 분명한 이해와 각오가 있어야 한다.

재정 어려움을 교인들에게 지나치게 내색하는 것을 조심해야 한다. 그러면서도 직분자나 혹은 개척 동역자, 신앙생활을 어느 정도 한 이들에게는 지나친 부담을 주지 않는 범위 안에서 가르쳐야 한다. 재정 운영과 소중함을 아는 교인이 있어야 목회자의 생활을 이해할 수 있다. 그런 교인이 없다면, 목회자의 경제적인 삶은 더 위태해 질 수 있다.

교회 재정이 자립에 가까워졌다가도 금세 다시 어려워질 수도 있다. 또 다른 위기가 언제든지 찾아올 수 있음을 명심해야 한다. 교인이 모이고 재정적인 어려움이 덜할 때는 내면의 악이 숨겨져 있다. 그러나 교인이 줄고 재정적인 어려움이 오면 악이 드러난다. 이 악은 의심으로 불신을 조장하여 가까운 관계를 깨뜨리고 사회 질서와 가족보다 더 강한 영적 신뢰 관계의 교회를 약화시키거나 사라지게도 한다. 이 사실을 꼭 기억해야 한다.

나가면서

100개의 교회가 개척되면 그 중에서 2-3개만 겨우 자립하는 것이 현실이다. 이러한 현실 속에서 내가 개척한 교회는 반드시 성공할 것이라는 생각은 교만일 수 있음을 명심해야 한다. 교만은 결국 하나님의 영광을 가릴 수도 있음을 잊지 말아야 한다. 개척은 낭만이 아니다. 현실을 무시한 개척은 실패한다. 이런 점들을 염두에 두고 장기적인 계획을 세우도록 하라.

> **Check!**
> 1. 사택은 마련했는가?
> 2. 매월 생활비는 어떻게 마련할 계획인가?
> 3. 교회당 임대 비용은 어떻게 마련할 계획인가?
> 4. 후원교회와 후원자는 어떻게 확보할 계획인가?
> 5. 개척 멤버들은 재정에 어느 정도 헌신하려고 하는가?
> 6. 교회 개척 후 3년, 5년 단위의 재정 계획이 있는가?

Tip

교회 개척 오답 노트

좋은 성적을 얻기 위해 오답 노트는 도움이 된다. 필자의 개인적 경험에 근거하여서 중요한 오답들을 제시하니 교회를 세우는 데 도움이 되기를 소망한다.

1. 대형 교회를 따라하지 말 것

대형 교회 경험은 10여명 남짓 모이는 작은 교회를 목회하는 데 거의 도움이 되지 않는다. 대형 교회 모델을 별 생각 없이 따르는 것은 필경 자기 무덤을 파는 것임을 기억하라.

2. 일을 벌이지 말 것

작은 교회는 일꾼이 적기 때문에 일을 줄여야 한다. 아무리 작더라도 시간이 지날수록 큰 짐이 된다는 점을 명심하라. 따라서 목사는 교회 일의 우선순위를 늘 고려해야 한다.

3. 소수에게 의존하지 말 것

초기에 특정 누군가만 의지해선 안 된다. 잘 되는 것처럼 보이나 결국 그들에게 휘둘리게 된다. 또 과도한 의존은 부담으로 작용해 그들이 교회를 떠나게 될 수 있음을 기억하라.

4. 비법을 추구하지 말 것

비법은 비범한 사람, 특별한 장소, 특정 시기에만 통할 뿐이다. 교회 성장의 비법은 존재하지 않는다. 작은 교회 목사들이 더 이상 허황된 꿈을 쫓아다니지 않기를 바란다.

5. 방문자에게 지나치게 관심을 가지지 말 것

방문자에게 작은 교회는 공포 그 자체인 것을 기억하라. 방문자에게 부담주지 않는 방법을 늘 고민하라. 비록 등록하지 않더라도 좋은 인상을 남겼다면 주변에 교회를 소개할 것이다.

6. 예배를 지루하게 하지 말 것

지루한 예배는 치명적이다. 보통 지루한 예배의 주요 요인은 설교이다. 생동감 있게 설교를 구성하거나, 그럴 자신이 없다면 짧게 하라. 핵심만 전달하도록 애쓰라. 작은 교회 목사는 내용만 올바로 전했다는 것에 만족해서는 안 된다.

7. 작은 일을 소홀히 여기지 말 것

규모가 작을수록 목사는 성도들에게 쉽게 노출된다. 성도들은 의외로 작은 일에 근거해 목사를 판단한다. 겸손하게 작은 일부터 충성하면서 하나님의 도우심을 구하길 바란다.

8. 비판하지 말 것

보통 작은 교회 목사들은 비판적이다. 하지만 단도직입적으로 말해서 그런 비판들은 유익하지 않다. 타인을 향한 비판은 불평으로 치부되고, 불평은 짜증을 일으킨다는 것을 기억하라.

9. 혼자 놀지 말 것

작은 교회 목사일수록 좋은 친구가 더 필요하다. 친구 사귀기는 쉽지 않기에 공식적인 제도를 사용해야 한다. 시찰회, 노회, 동기회, 목회대학원 등을 활용해 교제권을 확대하라.

10. 고집 부리지 말 것

교회가 작다고 해서 자기 뜻대로 목회한다는 생각을 버려야 한다. 아무리 옳더라도 자기 뜻대로만 하면 교회를 제대로 세울 수 없다. 소신은 공감을 통해 실현된다는 것을 기억하라.

* 자세한 내용은 『비법은 없다』(그책의사람들, 2013)를 참고하라.

"교회 개척은 하나님의 은혜이다.
목회도 하나님의 은혜이고,
교회 자립도 하나님의 은혜이다.
하나님의 은혜와 도우심이 없이는
어느 것 하나 만만한 것이 없다."

4장
교회 개척 사례: 올곧은교회

들어가면서

　교회 개척 사례에 있어 무엇보다도 중요하게 언급해야 할 것은 교회 개척에 대한 열망이다. 교회 개척은 저절로 이루어지는 것이 아니다. 나는 1985년도 즈음에 회심한 이후 신앙생활을 하다가 신학교에 입학하면서부터 항상 목회의 꿈을 지니고 있었다. 이후 몇 차례 유학 생활을 하고 상당 기간 신학교 교수로 사역하면서도 교회 개척과 목회에 대한 열망은 떠나지 않았다. 목사라면 마땅히 매주 설교할 강단이 있어야 하며 목양할 교인이 있어야 하는데, 이것을 하기 위한 첫 번째 방법이 교회 개척이라고 생각했기 때문이다. 누군가 말했듯이 설교할 강단과 목양할 회중이 없다는 것은 목사에게는 너무나 큰 아픔이자 아쉬움이다. 미국 유학 시절 잠시 뉴올리언스 한인교회를 담임하기는 했지만 본격적으로 목양한 것은 2014년 8월에 올곧은교회를 개척한 뒤부터였다. 개척으로의 소명은 신학을 공부하고 목회자 훈련을 받으면서 자연스럽게 발생했다. 개척에 대한 열망이 없는데 무슨 이유로 교회를 심고 세울 수 있겠는가? 단지 신학교를 졸업하고 합법적인 절차에 따라 강도사, 목사가 되었다고 해서 당연히 교회를 개척하는 것은 아니다.

　개척에 대한 열망은 마치 목회자로의 부르심과도 유사하다. 주님의 몸 된 교회를 향한 사랑, 영혼 구원을 위한 강렬한 열망, 그리스도의 복음을 위해 고난을 받으면서도 기꺼이 견디겠다는 다짐, 그에 따른 인내와 절제, 날마다 교회를 위해 눌리며 바울처럼 모든 교회를 위해 염려하는 마음(고후 11:28)이 있어야 한다. 이런 불붙는 것 같은 마음이 없다면 교회 개척은 단순히 밥벌이에 불과하게 될 것이다. 기성교회의 청빙 역시 귀한 일이지만 교회 개척은 그와는 단순 비교할 수 없는 또 다른 영광이 아닐 수 없다.

1. 교회 개척 시 선행되어야 할 요소들

그러나 전술한 바와 같이 교회 개척은 신학교를 졸업한다고 또는 목사 안수를 받았다고 자동적으로 이루어지지 않는다. 특히 개척은 기도하는 가운데 더욱 치밀하고 섬세한 계획이 필요한 작업이다.

1) 명확한 교회관 수립

우선 교회 개척자는 교회가 무엇인지에 대한 명확한 개념을 정립하고 있어야 한다. 목회 사역이 교회관에 따라 좌우될 것이 명약관화하기 때문이다. 교회는 그리스도를 머리로 하는 몸이며, 눈에 보이는 가시적인 천국이자 하나님이 주도하시는 구속 운동의 영적 기관이다. 따라서 교회의 존재 목적은 하나님 나라로서의 천국을 보여주는 것이며, 죄와 타락으로 잃어버린바 되고 멸망당한 영혼들을 구령하는 것이다. 이 사명을 감당하기 위해 교회를 개척해 함께 모여 예배하고 설교하며 교제한다.

올곧은교회는 정기적인 전교인 여름수련회와 기관별 성경학교나 캠프 외에 별다른 교회 행사가 없다. 주일에 모여 예배하고 하나님 말씀인 성경과 교리를 공부하는데 힘쓴다. 주중에는 기도회와 교리반 운영을 통해 성경적 신앙을 확립하기 위해 모인다. 가정에서 사회에서 그리스도의 제자로 올곧게 살아가기 위한 양육이 전부이다. 불필요하게 교인들을 비본질적인 교회 행사에 동원하지 않고 그런 행사를 기획하지도 않는다. 교역자들은 주중에 성경과 신학을 공부하는데 힘쓰며 하나님의 말씀을 전하는 설교 준비에 집중한다.

2) 개척 멤버들

그러나 제 아무리 개척에 대한 열망이 가득하고 성경적인 교회관을 확립했다고 해도 함께 교회를 개척하고 건설해 나갈 사람들이 없다면 아무 소용이 없다. 교회는 그리스도를 머리로 하는 그리스도의 몸이며 교인들이 지체들로 구성되어야 한다. 좋은 건물, 좋은 시설이 아니라 좋은 교인이 우선이다. 그러므로 개척을 함께 준비할 수 있는 가정들이 있어야 한다. "내가 교회를 개척하면 당연히 사람들이 몰려오겠지."라는 생각은 너무 순진하다. 우리가 목회하는 이 시대는 더 이상 교회를 개척하고 나면 사람들이 몰려드는 시대가 아니다.

사실 교회 개척은 노회의 지도하에 교회가 해야 할 일이다. 교회가 교회를 개척하는 것이 장로교회의 개척 원리이다. 이미 성장한 기성교회나 성장하고 있는 교회가 어느 정도 적정 숫자에 이르면 대형 교회나 '메가 처치(mega church)'를 꿈꾸기보다는, 적정 수의 교인을 사명감이 투철한 목회자에게 맡겨 또 다른 교회를 설립하는 것이 마땅하다. 이런 의미에서 2017년 고신총회가 500여 명이 되면 교회 분립 권장을 결의한 것은 매우 고무적인 일이다. 분립 외에 개척을 꿈꾸는 교인들이 함께 모여 기도하는 중에 목회자를 청빙하여 개척하는 경우도 가능하다. 이를 위해서는 철저한 교회 회원권(church membership)이 필요하다. 필자가 경험한 영국의 개혁주의적 복음주의 회중교회들은 이 회원권을 중시했는데, 이것은 목회자 청빙과 관련이 있었다. 교회에 등록하고자 하는 자가 있다면, 여러 가지 과정을 거쳐야하고 신학적인 입장도 점검하지만 담임목회자의 생활을 위해 교회가 정한 후원 원칙에 동의하고 서명하게 했다. 이것이 회원권의 아주 중요한 요소였다. 목회자의 생활을 책임질 수 없는 교회는 임시 설교자를 초청해 예배하기도 했다. 이런 회원권을 바탕으로 하는 교회 개척은 아직 한국 상황에서 어렵다. 그렇다고 넋 놓고 있어서는 안 된다.

올곧은교회는 2014년 뜻을 함께하는 두 가정(8명)이 함께 모여 첫 예배를 드렸다. 목사 가정만 시작하는 것과 함께 개척할 수 있는 회원이 있는 것은 엄청난 차이이다. 새가족 정착 면에서도 다른 교인이 있는 경우가 훨씬 더 높다. 개척한 지 7년째에 접어들었다. 현재 올곧은교회는 70여 명의 교인들이 함께 모여 예배하고 있다. 교회 개척 이듬해인 2015년 5월 노회에 교회 설립을 청원했고, 허락을 받아 설립 감사 예배를 드린 후 당회를 구성했으며 설립부터 조직교회가 되었다. 개척 초기부터 누구에게도, 어떤 기관으로부터도 정기적인 후원을 받지 않았다. 도리어 개척 초기부터 전 교인에게 신학 후원, 선교 후원, 이웃사랑 후원 헌금을 작정하게 해 후원을 받기보다 후원을 하는 교회를 지향했다. 여기에는 함께 교회를 개척한 회원의 역할이 지대했다.

3) 공간 확보

세 번째로 준비할 사항은 교인들이 모일 수 있는 공간이다. 올곧은교회가 현재 고양시 덕양구 행신동의 장소를 선택하게 된 이유는 지상 2층에, 예배당 밖의 조경도 확보되고 주차장도 여유롭게 사용하는데 임대비용은 가장 저렴했기 때문이다. 다른 곳을 찾을 이유가 없었다. 또한 목사의 거주지에서 그리 멀지 않은 위치였고 수도권에서도 접근 가능한 지역이라 판단되었다.

장소를 구할 때 재정이 필요했다. 임대보증금 1,500만 원, 내부 인테리어와 집기 구매비로 1,500만원이 소요되었다. 전액 목사 가정이 부담했다. 일부 지인들이 집기 구매와 인테리어를 위해 후원해 주었다. 후일 교회가 성장함에 따라 임대보증금을 목사에게 상환해주었다. 이것은 교인들과 목사 자신에게 매우 중요하다고 생각한다. 대다수의 목회자들은 개척 준비 비용을 하나님께 헌금했다고 생각한다. 필자 역시 그런 생각으로 임대비용을 냈다. 돌려받겠다는 생각은 추호도 없었다. 그러나 교회 재산이 공적인 것이라면 그 부담 역시 교인들과 함께 지는 것이 바람직하다. 그래야 교회가 성장한 후에라도 목사와 교인들이 이 문제를 공적으로 대처할 수 있게 되기 때문이다.

누군가는 공간이 크게 중요하지 않다고 생각하지만, 필자는 예배를 안정적으로 드릴 수 있는 공간은 필수라고 생각한다. 교회는 가족이 거주하고 먹고 마시고 잠자는 집과 같다. 그 특징이 영적일 뿐이다. 가족이 안전하고 평화롭게 지낼 주거공간이 필수이듯, 교회가 평안하게 예배하는 공간 역시 필수이다. 그러나 교회 건축, 즉 교회당 건축은 예외이다. 교회당 건축은 필요하면 필요한 것이고 필요하지 않으면 필요하지 않은 것이다. 그것은 교회의 계획, 교인의 필요, 당회의 판단에 따라 결정하면 될 일이다. 그러나 통계상 건물이 있을 때 교인들이 안정감을 가지고 신앙생활을 더 잘하게 되는 것은 사실이다. 이민교회에서 목회할 때 경험으로는 건물 또는 독립적인 예배 공간이 없는 교회는 있는 교회에 비해 어떤 문제가 발생했을 때 쉽게 무너지거나 분해되었다. 또 다른 시설에서 임시로 모이는 교회들 가운데 코로나 사태와 같은 여러 변수 때문에 주일에 모이기가 어려운 것을 보기도 했다. 따라서 임대이든 매매이든 교회가 안정적으로 예배할 수 있는 공간을 마련하는 것은 필수이다.

2. 목회자 자신과 재정 준비

다음으로는 목회자 자신과 재정 준비이다. 이 부분은 어떤 면에서 공간 준비나 함께 개척할 든든한 지원군보다 훨씬 더 중요하다.

1) 신학의 준비

우선 무엇보다도 목회자 자신의 신학이 준비되어야 한다. 어떤 신학을 기반으로 개척하고 목양할 것인지 확립되어 있지 않으면, 시간이 흐르면서 목회의 모든 국면에서 목회자 자신이 중심을 잡지 못하고 좌로나 우로 치우치게 될 것이며 그것이 고스란히 교회에 영향을 미치기 때문이다. 어떤 교회는 목회 철학이 분기별로 바뀌기도 한다. 이유는 목회자 자신의 신학이 분명하게 정립되지 않았기 때문이다. 그렇게 되면 유행이나 프로그램을 찾아다니고 물들게 된다. 안타깝게도 이 폐해를 교회와 교인들이 입는다. 따라서 목회자 자신이 개척 전에 올바른 신학을 정립해야 한다. 특히 장로교회에 속하여 개혁신앙을 전수받았다면, 예배와 설교를 비롯해 행정, 교회정치, 성도의 교제, 모든 모임 운영이 역사적 개혁주의 신앙고백에 따라야 한다.

2) 설교 준비

또 하나 아주 중요한 것이 설교 준비이다. 필자가 말하는 설교 준비는 성경 연구와 설교 계획이다. 개척 이후 목사는 매주 설교 준비에 시달린다. 전 고신대 설교학 교수였던 채경락 목사의 말처럼 설교는 '중공군'처럼 밀려들어온다. 길게는 3년, 짧으면 1년 만에 준비해 놓은 모든 설교가 바닥난다. 따라서 개척 전부터 설교를 위한 성경 연구, 책별 연구, 주제별 연구 등을 해야 한다. 무엇보다도 성경 전체에 해박해야 한다. 그렇지 않으면 한쪽으로 치우칠 가능성이 크며 사색과 묵상이 없는 설교가 나오기 쉽다. 성경 연구는 아무리 강조해도 지나치지 않다. 필자는 설교를 크게 주제 설교, 강해 설교, 교리 설교로 구분한다. 최근까지 오전에는 구약과 신약 성경 각 권을 한 주에 한 권씩 설교한다. 오후에는 요한복음 강해 76회, 사도행전 강해 60회를 진행 중이고 수요일에는 소교리문답 강해 설교, 벨직 신앙고백서 교리 강해 설교 등을 진행했다. (*2부 4장 평생 설교 계획 참고)

3) 재정 준비

그 다음은 재정 준비이다. 보통 개척을 하면 3년 안에 교회 문을 닫을지 말지가 결정된다고 한다. 그러나 계속 간다 하더라도 재정 자립을 하지 못하면 목회자의 생활비는 계속 부족할 것이다. 필자도 교회를 개척하고 나서 첫해는 사례를 받지 않았다. 그 이듬해 교회가 사례를 책정했으며, 해마다 사례는 인상되고 있다. 그럼에도 불구하고 5인 가족 생활비로는 부족하다. 한 달 두 달 정도는 보낼 수 있지만 부족분이 1년 2년 쌓이면 감당하기 어려워질 때가 온다. 그렇다고 다른 대안이 있는 것도 아니다. 교인들이 성숙해서 목회자 가정의 생계를 충분하게 책임져 주면 좋겠지만 현실은 그렇지 못하다. 따라서 개척을 하려는 목회자들은 물론 믿음으로 해야겠지만 현실적인 재정 준비를 해야 한다. 교회가 재정 자립을 할 때까지 생계를 유지하기 위해 일정 시간 다른 일을 하는 것도 여러 방안 가운데 하나이다. 목회자가 생계에 위협을 받으면 목양이 버거운 짐으로 다가오기 때문이다. 그러나 목회자가 목회와 다른 일을 병행하다보면 목회에 온전히 집중하지 못하니 길게 할 것은 아니다. 교인이 되고자 하는 이들도 이런 부분까지 염두에 두어야 한다.

필자의 경우 생활비 중 약 60%를 교회가 지원해주고 있다. 나머지는 외부 강의, 설교, 번역 등으로 충당하고 있다. 개척 초기 교인이 적을 때는 필자의 아내가 파트타임으로 일을 해서 생활비를 충당하기도 했다. 하지만 여러 가지를 고려했을 때, 득이 되지 않고 교인들을 돌아보는 일에도 지장이 있을 듯해서 얼마 지나지 않아 그만두었다. 지금은 교인을 돌보는 일과 전도에 더 많은 시간을 쏟고 있다. 목회자도 한 아내의 남편이며 가정을 책임지는 가장이다. 교회를 돌보는 일 만큼이나 자기 가족을 부양하고 돌보는 일 역시 중요하다. 그렇기 때문에 대책 없이 개척에 뛰어들어서는 안 된다. 물론 믿음 없이 현실 문제에만 급급하는 것도 지양해야 할 것이다.

3. 개척 이후 준비

1) 발생할 문제에 대한 대처

개척 이후에는 예상한 어려움뿐만 아니라 전혀 예상하지 못했던 어려움을 만나기도 한다. 구체적으로는 재정과 관계의 어려움이다. 앞서 말한 대로 개척 교회 목회자 사례는 교회마다 최선을 다하지만 생계를 유지하기엔 턱 없이 부족하다. 더욱이 자녀들이 자랄수록 더욱 심각해진다. 또 교인들 중에 대하거나 목양하기 어려운 이들이 간혹 있다. 목사를 이해하고 돕는 이들도 많지만, 본인 생각대로 교회가 움직이지 않아 불평하고 불순종하는 이들도 있다. 그런 사람들을 대하는 것은 여간 어려운 일이 아니다. 또한 그런 사람들로 인해 교회 분위기가 저해되기도 한다. 요즘 같이 교회와 목회자들이 비난과 비판을 받는 시대는 더욱 그러하다. 그러나 이럴 때일수록 더욱 하나님 중심, 성경 중심 교회 중심의 생활 원리를 확립해 성경의 원리대로 행정하고 사랑의 태도로 권면하고 권징해야 한다. 한 번 두 번 권면해도 듣지 않으면, 당회가 공적으로 권면하는 과정들이 필요할 것이다.

교회를 개척하고 나서 가장 큰 행복은 한 영혼의 귀함을 새롭게 깨달은 것이다. 교수 사역을 하고 대형 교회의 협동목사로 있을 때는 미처 간과했던 일이다. 또한 그렇게 한 영혼의 귀함과 성숙을 통해 교회가 해마다 성장하고 안정되는 것을 보는 것은 또 다른 목회의 행복이 아닐 수 없다. 이런 과정을 통해 교회 개척 이후 발생하는 어려움을 이겨내야 한다.

2) 목회자 가정의 준비

개척 교회 목회자의 아내는 그저 식당 봉사를 하고 뒤치다꺼리만 해주는 사람으로 인식되기 쉽다. 이것 역시 귀한 일이지만 본래 목회자 사모는 교회 내 여성 교인들을 돌봐야 하고 그들을 성경적으로 신앙 상담해주어야 한다. 따라서 목회자 아내들 역시 성경에 해박하고 신앙적으로 성숙한 인격을 갖추어야 한다. 이를 위해 목회자는 자기 아내를 지도하는 일도 게을리 해서는 안 된다. 그러나 오늘날 개척 교회 목회자 아내는 거의 대부분 허드렛일만 하고 있다. 이런 것 역시 개선되어야 할 것이다. 하지만 교인 수가 얼마 되지 않고 봉사할 사람이 없다면 일정 기간 동안은 그런 일을 감당할 수밖에 없다.

개척 교회 목회자의 자녀들은 일반적으로 힘들고 어려운 상황 속에서도 믿음과 기쁨으로 교회를 섬기고 교인들을 목양하는 부모를 자랑스러워한다. 그러나 다른 한편으로는 경제적으로 여유롭지 못해 자신감을 잃고 힘들어 하기도 한다. 개척 교회 목회자의 자녀들은 다른 자녀들처럼 하고 싶은 대로 다 하며 살수는 없다. 그런 것을 어느 정도 인정하고 있지만 다른 친구들과 비교하며 실망하기도 한다. 그럼에도 일반적으로 부모들이 복음을 위해 하나님의 영광을 위해 살아가고 있음을 당연히 여기며 기뻐하고 있다. 따라서 개척 교회 목회자들은 여러 가지 어려운 상황에 놓여있는 자녀들에게 자부심을 심어주고, 어려움 속에서도 하나님을 의지하고 경배하도록 양육해야 한다.

나가면서

어떤 방식으로 시작하든지 간에 교회 개척은 목사가 할 수 있는 가장 영광스러운 일일 것이다. 교회 개척은 하나님의 은혜이다. 목회도 하나님의 은혜이고, 교회 자립도 하나님의 은혜이다. 하나님의 은혜와 도우심이 없이는 어느 것 하나 만만한 것이 없다. 사실 필자의 개척 사례를 이야기했지만 주위의 개척 현실은 생각보다 훨씬 더 열악하고 심각하다.

필자가 국내에서 교회를 개척한지 햇수로 7년이 지나가고 있다. 그동안 동기들이나 후배들 중에는 노회에 교회 폐쇄를 신청한 이들도 있고 여전히 가족들과 예배를 드리는 이들도 있다. 교회당 문을 닫고 폐 교회를 신청하는 것만큼이나 고통스러운 것도 없을 것이다. 그러므로 교회를 개척할 때는 심사숙고해야 하며 재삼재사 신중해야 한다.

이 모든 일 위에 하나님의 은혜가 있어야 한다. 그 하나님의 은혜가 무엇이냐고 묻는다면 나도 무슨 대답을 해야 할지 모르겠다. 하지만 분명히 하나님의 은혜가 있어야 개척은 가능한 것이다. 지금까지 지내온 것 주의 크신 은혜이다. 한이 없는 주의 사랑 어찌 이루 말하랴! 교회를 개척한 모든 이들에게 또한 앞으로 교회를 개척할 많은 이들에게 한이 없는 주의 은혜가 충만히 임하시기를 기원한다.

부록

코로나 시대의 교회 건설 전략

코로나 위기, 교회의 체질을 개선할 수 있는 좋은 기회이다

코로나 시대의 교회 건설 전략

들어가면서

코로나19 확산 중에 교회가 온 나라의 지탄의 대상이 되고 있다. 방역 수칙을 준수한 교회도 있지만 교회 내 감염은 빈번하게 일어났으며, 이로 인해 신천지와 같은 취급을 받기도 한다. 위축된 교회는 예배와 모임을 축소하고 있다. 주일학교는 거의 운영이 되지 않는다. 이러한 상황에서 교회 건설은 가당한 일일까? 필자는 단지 부정적이지만은 않다고 생각한다. 오히려 이 상황은 교회의 본질, 예배의 본질을 붙들고 불필요한 에너지 소모를 줄이며 교회를 건설하기에 더욱 좋은 기회가 될 수 있다.

1. 교회당 사용에 대한 생각 전환

우리나라에서 개척을 한다고 하면, 적어도 상가에 장소 하나 마련하는 것으로 시작하는 것이 상식처럼 되어 있다. 그러나 코로나 국면은 이에 대한 새로운 고민거리를 안겨준다. 물론 공예배로 모여야 하기 때문에 특정 장소가 반드시 필요한 것은 사실이다. 그러나 대면 식사 자리나 소그룹 모임에서 확진자가 계속 발생하는 상황을 고려해야 한다. 앞으로 필수적인 공예배 외에 교회 모임, 교제, 교육에서는 사람들이 서로 대면하는 것을 줄이는 방향으로 바뀌어갈 것이다. 바꾸어 말하면 교회당 이용률이 더욱 떨어진다는 것이다. 만일 교회당 마련을 준비하고 있다면 무리하게 장소를 마련하기보다는 주일에 한 번 회집할 수 있는 공간을 공유하거나 대여하여 사용하면서 나머지 모임은 '온라인 대면 시스템'으로 진행하는 것이 효율적일 수 있다.

2. 온라인 대면 시스템 구축

공예배 외에 심방, 교제, 교육은 '온라인 대면 시스템'으로 전환하면 불필요한 에너지를 줄일 수 있다. 특히 개척 초기 상황이라면 더욱 그렇다. 비대면이 아니다. 온라인 대면 심방, 온라인 대면 교제, 온라인 대면 교육이다. 필자는 실제로 온라인 회의 프로그램인 '줌(Zoom)'을 통해 소그룹 모임을 진행해 보았고, 많은 장점을 확인할 수 있었다. 먼저 목사가 강의를 진행했고 강의 후 프로그램 내에서 3-4명씩 소그룹으로 나누어 나눔 시간을 가지게 했다. 화상통화로 진행하기 때문에 말하는 사람에게 더 집중할 수 있었다. 심방 역시 온라인으로 진행하니 시간이나 장소 제약을 받지 않았다. 늦게 퇴근하는 교인이나 1인 여성 교인 심방 등에 특히 용이했다. 심방으로 생기는 식사, 다과, 금전적인 부담 등은 전혀 생기지 않았다. 오프라인 심방보다 부담을 덜 느꼈다. 교육 역시 자녀들의 암송 영상을 홈페이지 공유하도록 하여 서로 확인하며 칭찬하도록 하거나, 자녀들의 교리문답 자료를 홈페이지에 올려 부모들로 하여금 자녀 신앙교육을 온전히 담당하도록 하여 교회 교육의 본질적인 측면을 더 강화할 수 있었다.

3. 주일 식사 문제

코로나 시대 주일 식사는 큰 고민거리가 아닐 수 없다. 대면 식사는 감염의 위험성이 크기 때문이다. 칸막이나 공간을 마련해 식사할 수도 있다. 그러나 이렇게 되는 경우 대화하면서 식사를 할 수 없기 때문에 주일 식사가 가지는 '애찬'과 '교제'의 기능을 크게 잃어버리게 된다. 따라서 오전에 공예배를 마치고 교회에서 준비한 간단한 간식만 수령하여 귀가한 후, 오후에 온라인으로 모이는 것이 더 효율적일 것이다. 빵과 우유, 혹은 떡과 생수를 준비해 나눠주면 집으로 귀가하는 길에 간단히 요기한 후 집에서 식사할 수 있다. 교회 규모가 있을수록 식사 준비와 정리는 큰 부담이다. 게다가 지금 코로나 상황에서는 식사 자체가 부담이다. 차라리 이럴 때는 과감하게 점심 식사를 없애고 예배 중 성찬을 부각시키는 것이 더 나을 것이다. 이를 통해 예배의 본질을 분명히 하고 불필요한 에너지 낭비로부터 자유로울 수 있게 될 것이다.

3. 교회를 알리는 기회

온라인으로 교육하고 강의하는 과정에서 나오는 컨텐츠를 유튜브나 온라인에 올려 교회 홍보에 활용하는 것은 어떨까? 설교야 개체 교회를 향한 하나님의 말씀이기에 공개하지 않는다 하더라도, 개혁신앙으로 교육하는 강의, 말씀 묵상, 성경 공부 강의 같은 것들은 업로드할 수 있을 것이다. 이것 자체로 교회를 알릴 수도 있다. 꾸밈없이 교회에서 일어나는 교육과정을 노출시키는 것이기 때문에, 진정성 있고 정직하게 교회를 알리는 기회가 될 것이다. 사실 교회를 소개하는 것은 많은 에너지를 들여야 하는데 이런 컨텐츠들을 활용하면 많은 설명 없이 교회를 소개할 수 있다. 교회 홍보에 지나친 에너지를 쓰지 않아도 되기 때문에, 남은 에너지로 교회의 본질을 지키는데 사용할 수 있으리라 생각한다.

나가면서

위기는 기회이다. 교회는 늘 위기를 만나왔고, 그때마다 하나님의 보호하심 가운데 교회는 대안을 마련하였고 복음은 전 세계로 퍼져갔다. 성전이 무너지고 안식일의 기능이 중지되었을 때, 하나님이 자기 백성의 성소가 되어주셨다. "그런즉 너는 말하기를 주 여호와의 말씀에 내가 비록 그들을 멀리 이방인 가운데로 쫓아내어 여러 나라에 흩었으나 그들이 도달한 나라들에서 내가 잠깐 그들에게 성소가 되리라 하셨다 하고(겔 11:16)." 스데반이 순교를 당하여 본격적인 박해가 시작되고 교회가 뿔뿔이 흩어졌을 때에도, 교회는 주 예수 그리스도께서 교회에 주신 사명을 확인하며 복음을 전하게 되었다. "그 흩어진 사람들이 두루 다니며 복음의 말씀을 전할새(행 8:4)." 교회를 건설하려는 모든 종들은 코로나로 인해 일어난 변화는 위기가 아니라 교회와 예배의 본질을 회복하는 기회인 것을 확신하고 주께서 인도하시는 대로 나아가자.

코로나 위기,
교회의 체질을 개선할 수 있는 좋은 기회이다

들어가면서

　코로나19로 인해 고통 중에 있는 모든 교회에 삼위 하나님의 평강이 넘치길 바란다. 한두 달 정도면 마무리될 줄 알았던 코로나 사태가 장기화될 것 같다. 이 문제는 이제 우리나라를 넘어서 세계적인 문제가 되었다. 코로나가 진정되더라도 사회 경제적 충격은 우리 사회를 계속 힘들게 할 것으로 예상된다. 교회도 이러한 영향에서 자유로울 수 없을 것이다. 이와 같은 거대한 도전은 한두 가지 대책으로 해결할 수 없다. 비록 고통스럽더라도 교회를 근본적으로 개혁하는 것이 모두가 사는 길이다. 이제 우리 모두가 다가 올 고난을 기정사실로 받아들이고 다 같이 힘을 모아 이 역경을 슬기롭게 극복해 나아가기를 소망한다. '코로나 도전 앞에서 우리 교회는 어떻게 대응할 것인가'라는 질문에 다음과 같이 답하고자 한다.

1. "두려워 말라!"

　교회 역사를 돌아볼 때 우리의 예상과 달리 역병은 교회 성장의 중요한 기회였던 적이 많다. 따라서 올바른 신앙을 가졌다면 역병이나 그 이상의 것이라도 두려워할 필요가 전혀 없다. 전염병이 창궐할 때 참된 신자들은 죽음을 두려워하지 않고 환자들 곁에 남아서 그들을 돌보았다. 그들이 이렇게 할 수 있었던 궁극적인 이유는 부활에 대한 확실한 소망이 있었기 때문이다. 그동안

이 부활의 복음이 너무 피상적으로 전파되지 않았는지 스스로 반성할 필요가 있다. 실제로 이번 코로나 앞에서 부활 신앙은 성도들에게 아무런 힘도 발휘하지 못한 것 같다. 초대교회와 마찬가지로 한국 교회의 미래 역시 성도들이 복음의 본질인 부활 신앙을 얼마나 확고하게 믿고 이 신앙에 따라 얼마나 이웃을 잘 섬겼는가에 따라 결정될 것이다.

2. 임박한 주님의 재림

이 세상에 일어나는 전쟁, 기근, 역병은 주님의 재림이 가까웠다는 것을 알려 주는 신호이다. 따라서 참된 신자들은 이런 역병 앞에서 두려워하기보다는 오히려 주님의 임박한 재림을 사모하면서 기뻐해야 할 것이다. 이점에서 그동안 한국 교회는 재림의 복음을 성도들에게 올바로 선포했는지를 반성할 필요가 있다. 또한 재림과 무관하게 지나치게 눈앞의 현실에만 몰두하지 않았는지 깊은 성찰의 시간이 필요하다. 부활의 복음과 더불어 재림의 복음이 교회 안에서 선명하게 선포될 때 교회의 체질이 강화될 것이다.

3. 청년 친화적인 교회

이번 사건을 통하여 신천지가 얼마나 청년들에게 큰 영향력을 행사하였는지가 분명해졌다. 교회는 청년들이 계속 줄어들고 있지만 신천지는 청년들이 구성원의 과반을 넘었다. 여러 가지 이유가 있겠지만 그들이 신천지에 빠진 가장 큰 이유는 교회가 그들에게 교리 교육을 제대로 시키지 않았기 때문이다. 앞으로 교회가 교리 교육에 계속 무관심하다면 교인들이 (특히 청년들이) 이단에 빠지는 것을 근본적으로 막을 수는 없을 것이다. 교리 교육과 더불어 교회가 다음세대를 이끌어갈 청년들에게 얼마나 관심을 보였는지를 심각하게 점검할 필요가 있다. 무엇보다 청년들의 목소리가 들리고 반영이 되는 교회로 조금씩 변화시켜가야 한다. 무엇보다 청년 친화적인 문화가 교회 안에 자리 잡을 수 있도록 최선을 다해야 할 것이다.

4. 하나 된 예배

예배와 관련된 교회 안의 대립을 신속히 종식시켜야 한다. 코로나로 인해 각 교회는 예배에 대하여 양극단으로 나뉘어 대립했다. 어떤 교회는 현장 예배를 지속한 것에 대해서 자부심을 가지고 있고, 어떤 교회는 그런 교회를 무책임하다고 비난했다. 같은 교회 안에서도 예배당에 나온 교인과 그렇지 않은 교인으로 나뉘었다. 예배에 참석한 교인들이 참석하지 않은 교인들보다 스스로 뭔가 낫다고 생각할 수 있다. 이렇게 되면 교회가 진정으로 하나가 되어 성장하는 것은 불가능하다. 강한 자가 약한 자의 짐을 짊어져서 서로 평화를 이루는 것이 복음의 핵심이다. 교회의 생존과 성장을 위해서라도 예배로 인한 분쟁을 종식시켜야 한다.

5. 설교의 중요성

그동안 많은 교회들이 본질적인 복음 사역보다는 많은 행사들과 프로그램으로 분주하였다는 것을 부인할 수 없을 것이다. 그런 행사나 프로그램들이 교인들에 유익을 준 것은 사실이지만 설교의 위상을 낮춘 것도 사실이다. 이제는 그런 것들을 전혀 시행할 수 없는 상황이 되었다. 이번 기회를 통하여 목회자들은 자신의 역량을 설교를 준비하는 데 더욱 힘써야 할 것이다. 그래서 이전보다 훨씬 깊이가 있고 영감 있는 설교가 강단에 울려 퍼지기를 기대한다. 결국 교회를 살리는 것은 하나님의 말씀이다.

6. 강화된 성례 시행

코로나 사태로 인하여 예배당에 모일 필요성에 대한 근본적인 질문이 제기되었다. 갑자기 보편화된 온라인 예배는 신앙이 깊은 신자들에게는 공예배가 얼마나 중요한지를 절감하게 하지만 신앙이 낮은 신자들에게는 공예배의 중요성을 약화시킬 위험이 있다. 온라인 예배에 익숙하면 굳이 교회당에 가야 할 필요성도 느끼지 못하게 될 것이다. 이것을 극복하는 근본적인 방법은 성례를 강화시키는 것이다. 설교는 집에서도 들을 수 있지만 성례(특히 성찬)는 참여하는 자만이 누릴 수 있는 은혜의 방편이기 때문이다. 그동안 우리 교회는 성례에 대해서 상대적으로 무관심한 것이 사실이다. 이번 기회를 통하여 성례가 교회 안에 제대로 자리잡길 바란다. 물론 비말을 통한 감염에는 충분히 주의하여 성례를 진행해야 할 것이다.

7. 자녀들의 신앙교육

교회의 다음세대를 생각한다면, 주일학교의 중요성은 아무리 강조해도 지나치지 않을 것이다. 자녀들은 우리 교회의 미래이다. 그러나 지금까지 자녀 신앙교육을 지나치게 교역자들이나 교사들에게 맡기지 않았는지를 반성할 필요가 있다. 이제 자녀들을 교회에 보내기가 힘들게 된 이상 부모들이 신앙교육에 대해서 책임을 져야 한다. 그 출발점은 가정예배이다. 가정예배가 회복되어야 한다. 각 교회는 가정예배가 실제로 가능할 수 있도록 여건과 지침을 제공할 필요가 있다. 특히 온 가족이 같은 찬송을 부를 수 있도록 교회는 지도해야 할 것이다.

8. 당회의 막중한 책임

당회는 치리회 본연의 임무를 회복하여 회원권을 강화시켜야 한다. 말씀,

성례와 더불어 치리는 참된 교회의 표지이다. 이번 사태로 인하여 교회가 회원권을 올바로 관리하는 것이 얼마나 중요한지를 모두가 절감하게 되었다. 교회 안에 신천지와 같은 이단들이 자리잡지 못하게 하는 최종 책임은 회원권을 담당하는 당회에 있다. 이제부터 당회는 교회의 행정이 아니라 성도의 영혼을 다루는 일에 힘써야 한다. 치리회로서 당회는 또한 개체교회의 예배를 주관하는 큰 권세를 가졌다. 최근 공예배와 관련된 모든 불필요한 논쟁과 상호비방은 근본적으로 당회의 권위가 제대로 확보되지 못했기 때문이다. 당회의 권위가 제대로 행사되기 위해서는 이제부터 당회원들이 모두 동역하여 양무리를 돌보는 사역에 헌신해야 한다. 심방을 통하여 예배에 참석하지 못하는 자들을 살피고 돌보는 것은 목사뿐만 아니라 장로들의 임무이기도 하다. 어려운 시기일수록 당회의 지도력이 결정적이기 때문에 당회원 한 명 한 명을 바로 세우는 일에 지금부터 온 교회가 힘써야 한다.

9. 가난한 이들에 대한 구제

코로나로 인해서 많은 성도들이 경제적인 고통을 겪게 될 것이다. 심지어 생존의 위협을 느낄 수도 있을 것이다. 이제 교회는 불필요한 지출을 최대한 줄이고 가난한 이들을 도울 준비를 해야 한다. 하지만 가난한 자들을 돕는 것은 그렇게 쉬운 일이 아니다. 돈만 있으면 되는 것도 아니다. 가난한 자들을 어떻게 돕는 것이 가장 현명한지를 각 개체 교회는 깊이 고민하면서 구체적인 지침을 세밀하게 마련해야 할 것이다. 이를 위해서 집사들에게 본래 직무인 구제를 제대로 담당시켜야 할 것이다.

10. 노회의 역할과 책임

경제적인 위기로 인하여 적지 않은 미자립 교회가 임대료를 제대로 내지 못하는 극한 상황에 몰리게 될 것이다. 노회는 이런 상황을 예상하고 미리 대처할 필요가 있다. 이를 위해서 상회비를 지금보다 더 현저하게 올릴 필요가 있다. 힘들지만 교회 규모가 큰 교회일수록 더 많은 부담을 해야 한다. 이것이 바로 균등하게 하는 복음의 원리이다(고후 8:14).

11. 총회와 헌법의 재정비

안타깝게도 현재 장로교회의 헌법은 비상 상황에 대한 고려가 거의 없다. 앞으로도 이런 상황이 반복될 수 있는데, 비상 상황에서 능동적으로 대처할 수 있도록 법적, 제도적 장치를 보완해야 한다. 또한 총회 안에 전문 위원들로 구성된 특별 위원회도 필요하다고 생각한다. 의학이나 정책에 대한 정확한 판단은 전문가들의 도움이 없이 제대로 이루어질 수 없기 때문이다.

12. 전도의 어려움

비록 이번 사태에서 한국 교회의 절대 다수가 최대한 방역에 협조를 했음에도 불구하고 극히 일부 교회 때문에 한국 교회 전체가 비난을 받았다. 이와 같은 부정적 인식은 상당히 오래갈 것으로 예상된다. 이것을 극복하는 것은 우리들의 선행밖에 없다. 우리의 신앙고백에 따르면 복음 전도를 아름답게 장식하고 원수들의 입을 막는 것은 우리의 타당한 변론이 아니라 하나님의 말씀에 따라 묵묵히 선을 행하는 것이다(신앙고백서 16장 2항).

나가면서

코로나 사태 속에서 대부분의 교회가 어려움을 겪고 있음에도 불구하고 비록 소수이지만 어떤 교회는 오히려 회원 수가 늘고 헌금도 증가했다. 결국 코로나가 문제가 아니라 교회의 체질이 문제이다. 반석 위에 지은 집은 비와 바람에도 불구하고 무너지지 않는다고 우리 주님께서 말씀하셨다(마 7:25). 코로나는 교회의 중대한 도전이지만 또한 체질을 바꿀 수 있는 절호의 기회이다. 말씀에 따라 개혁하는 교회만이 코로나의 위협에도 굳건하게 견디어 낼 것이다.

집필진

김성운 교수
고려신학대학원 선교학 교수로 개혁신학에 기초한 선교학 정립과 선교적 실천을 연구하고 가르치고 있다.

성희찬 목사
현재 창원에 있는 작은빛교회를 섬기고 있다.

손재익 목사
서울남부노회 한길교회에서 목회하고 있다.

신호섭 목사
올곧은교회를 개척하여 지금까지 목회하고 있다. 현재 고려신학대학원 교의학 겸임교수, 목사아카데미 대표이다.

안재경 목사
이 땅에 거룩한 공교회가 세워지길 소망하며 온생명교회를 목회하고 있다. 현재 개혁교회건설연구소 소장이다.

유해신 목사
2009년에 서울대 근처에 관악교회를 개척해 섬기고 있다.

이성호 교수
고려신학대학원에서 교회사를 가르치고 있으며 교회개척과 성장에 많은 관심을 가지고 있다.

이정규 목사
2010년, 구로디지털단지에 시광교회를 개척해 현재까지 섬기고 있다.

임경근 목사
개혁신앙으로 교회를 세우고자 다우리교회를 개척해 목회하고 있다.

정중현 목사
수원에서 빛이신 그리스도를 가르치는 광교장로교회를 섬기고 있다.

조약돌 목사
평택에서 오직 삼위 하나님을 기뻐하고 즐거워하는 장로교회가 세워지기를 소망하며 고덕장로교회를 개척하여 섬기고 있다.

최만수 목사
현재 개척을 준비 중에 있다.

황대우 목사
고신대 학부대학 조교수로 16-17세기 개혁신학을 연구하며 가르치고 있다. 현재 고신대 개혁주의학술원 책임연구원이다.